Paul Josef Kardinal Cordes

Drei Päpste – Mein Leben

Paul Josef Kardinal Cordes

Drei Päpste
Mein Leben

HERDER

FREIBURG · BASEL · WIEN

Zur Vereinheitlichung des Leseflusses wurde die Schreibweise in Dokumenten der neuen deutschen Rechtschreibung angeglichen.

MIX
Papier aus verantwortungsvollen Quellen
FSC® C083411

www.herder.de

Satz: Barbara Herrmann, Freiburg im Breisgau
Herstellung: CPI books GmbH, Leck

Printed in Germany

ISBN 978-3-451-33519-8

Inhalt

Hinführung

Am Anfang stand das Mitleid. Es galt meiner Person. Man sprach mich da und dort an. „Gehst du nach Rom? Sollst du wirklich in den Vatikan?“ Die Fragen klangen besorgt. „Das ist doch wohl nicht wahr. Kann man denn nichts tun gegen eine solche Versetzung?“ Von Ermutigung keine Spur. Ein Bekannter befand brieflich: „Du in Rom – ich kann Dich nur bedauern.“ Bis ich dann im Frühjahr 1980 mit den Brüdern von Taizé zu tun bekam. Frère Roger, der Gründer dieser ökumenischen Ordensgemeinschaft aus Burgund, hatte meine Einladung akzeptiert, bei der deutschen Eröffnung der MISEREOR-Aktion jenes Jahres in unserer Diözese dabei zu sein. Der Gottesdienst sollte durch ihn ein größeres öffentliches Interesse erhalten. Einige seiner Mönche kamen schon zeitig zur Vorbereitung und wohnten in meinem Hause. Für mich stand der Ortswechsel inzwischen fest. Gelegentlich erwähnte ich gesprächsweise gegenüber einem meiner Gäste, Bruder Rudolf, einem Protestanten aus Hamburg: „Ich werde wohl nicht mehr lange in Paderborn sein. Ich gehe nach Rom.“ Seine Antwort war so ganz anders als all die bisher gehörten Kommentare: „Freuen Sie sich, Rom, das ist das Herz der Kirche.“ Nach Bruder Rudolf war ich nicht zu bedauern. Er sah in Rom offenbar die zentrale Triebkraft, Menschen für Gottes Heil zu gewinnen, und darum eine besondere Chance für mich im kirchlichen Dienst.

Später traf ich dann zunehmend auf Neugier und Interesse an meiner neuen Arbeit. Verwandte, Studienkollegen und priesterliche Mitbrüder, Pfarrgemeinden und Medienleute befragten mich, wenn ich „nach Hause" kam oder wenn sie mich bei ihren Italienreisen besuchten. Ich hatte viel zu erzählen – über das Umfeld, Beobachtungen zur südländischen Mentalität, besondere Erlebnisse, Eindrücke von anderen Ländern und Kontinenten. Vor allem war man freilich an einem Blick hinter die vatikanischen Kulissen interessiert. Nach Jahren setzte mir dann ein deutscher Verleger den Floh ins Ohr, doch einmal meinen Werdegang vollständig aufzuschreiben, oder noch besser: einen Rückblick auf mein Leben zu Papier zu bringen. Solche Flöhe sind lästig, aber nicht leicht wieder loszuwerden. Eine Zeit lang kämpfte ich gegen den Vorschlag. Mir wurde nämlich das Risiko bewusst, das in jeder Selbstpreisgabe liegt. Wohl ist heute das „Outing" besonders im Fernsehen modisch geworden und macht nicht selten Schlagzeilen. Dennoch blieb ich überzeugt, dass unser Lebensweg von Scham – dem Feingefühl für die Privatsphäre – geschützt bleiben sollte, besonders wenn Glaubenswahrheit ihn klar mitbestimmt hat.

Andererseits leuchtete mir ein, dass eine Versprachlichung des eigenen Lebens Sinn machen kann. Sie eröffnet einen Zugang zum Inneren der Person, die den Mitmenschen andernfalls vorenthalten bliebe. Mag sein, dass jemand in sich schon lange etwas Kostbares gehütet hatte. Bislang blieb es jedoch verborgen. Erst durch die Äußerung erreicht es andere. Der Sprechende setzt dadurch freilich eine unwiderrufliche Tat; denn in ihr legt er sich fest. Dabei ist nicht zu verhindern, dass der Schritt für das Ich zur „Preisgabe" (H. U. von Balthasar) wird. Andere können Macht gewinnen – über den Sprecher und über das Geäußerte. Er kann „beim Wort genommen" werden. Man kann die Worte auch umbiegen, ihre ursprüngliche Intention verdrehen. Demnach ist Versprachlichung ein Wagnis. Sie muss sorgsam erwogen und sparsam gebraucht werden. Dennoch wird Versprachlichung nicht unterbleiben. Zu ihr drängt es den Sprechenden. Er riskiert sie in der Hoffnung, dass sein Wort vernommen, verstanden, empfangen wird – genau so, wie es gemeint war. Nur so kann ich die Freiheit des andern in ihrem personalen Kern anrühren. Das hat nämlich jeder von uns schon bei sich selbst erfahren. Er hat ein personales Wort in sich vernommen, verstanden und empfangen. So wurde er vom Eigensten eines andern erreicht und beeinflusst. Und er hat ermessen, welche Bereicherung es ihm brachte. Die eigene Betroffenheit weckte daraufhin den Wunsch, andere in derselben Weise zu be-treffen. Auf der Hand liegt, wie viele zwischenmenschliche und auch seelsorgliche Früchte hier warten.

Doch der Floh stach mich nicht nur mit dem Wagnis der Preisgabe des Ichs. Auch eine mögliche Selbstüberschätzung stand dem Projekt im Wege. Irgendwann las ich den Ausspruch von einem ganz frühen Nachfolger Petri auf dem römischen Bischofsstuhl. Papst Klemens (gest. 101) schreibt in seinem Brief an die Korinther: „Der Demütige lege nicht für sich selbst Zeugnis ab, sondern überlasse es andern, sein Zeuge zu sein.“ Eigenlob lauert an der Tür der Autobiographie. Und es schien eine Weile so, als hätte ich mit diesen Überlegungen den Floh im Ohr nun wirklich zerquetscht. Bis mich dann der große Seelenkenner und Gottsucher Augustinus wieder durcheinanderbrachte. Wohl hält er anscheinend die Warnung von Papst Klemens für durchaus berechtigt. Trotzdem hat er seine Biographie – die weltberühmten „Bekenntnisse“ – aufgeschrieben und in Umlauf gesetzt. Seiner Begründung wegen wagte ich schließlich die Niederschrift, nicht nur weil sie mir die neuen Sorgen wegnahm, sondern auch weil Augustins Innenschau von uns

Menschen so zutreffend und seine Formulierung so genial sind.

> „Aber siehe, in Dir, o Wahrheit, erkenne ich, dass mich Lob nicht meinetwegen, nur um des Nutzens meines Nächsten willen bewegen dürfe. Und ob das bei mir so ist, weiß ich nicht. In solcher Suche bin ich selbst mir weniger bekannt, als Du mir bist. Ich beschwöre Dich, mein Gott, enthülle Du mich auch mir selbst …“[1]

Augustins „Bekenntnisse“ sind ein bleibender Markstein in der europäischen Geistesgeschichte. Seit Jahrhunderten beeinflusst diese Autobiographie bis heute unser Bild vom Menschen und prägt das Verständnis unseres Glaubens. Es wäre vermessen, sie zusammen mit meinen hier zusammengetragenen dürftigen Notizen überhaupt nur zu erwähnen, wenn ich nicht versucht hätte, gleich ihr im Blick auf mein Leben vor allem Gott die Ehre zu geben – nicht mit dem durchdringenden Scharfblick und der unversiegbaren Energie des Adlers, sondern mit der beschränkten Kraft eines Sperlings; nicht in der Begegnung mit den großen Strömen des zeitgenössischen Denkens, sondern mit den Personen und Strukturen der heutigen Kirche. Die entstandene Publikation „Drei Päpste. Mein Leben“ ist nicht mehr als der Versuch einer bescheidenen Nahsicht.

Wie Eltern sich irren können

Unter alten Papieren fiel mir eines Tages ein Blatt im Postkartenformat in die Hände. Auf ihm stand: „Die Geburt eines kräftigen Stammhalters zeigen hocherfreut an … Paul Cordes und Helene, geb. Nagel." Meine ältere Schwester Helga hatte einen Bruder bekommen, dem sie zeitlebens in Treue verbunden blieb – auch weil er selbst keine Familie gründete und demnach die stolz angekündigte Namensweitergabe sowie Geschlechterfolge durch ihn nicht eintraf. Der Knabe ging andere Wege.

I. Werdegang – unstet wie die Schnitzeljagd

> Sich an das erinnern, was Gott für mich, für uns getan hat und tut, sich an den zurückgelegten Weg erinnern – das öffnet das Herz für die Hoffnung auf die Zukunft. Lernen wir, uns an das zu erinnern, was Gott in unserem Leben getan hat.
>
> *Papst Franziskus*

Glücklicher Tanzkönig, rebellischer Ministrant

Geboren wurde ich am 5. September 1934 in Kirchhundem, in einem kleinen Dorf im Sauerland. Meine Eltern führten eine Gastwirtschaft und eine Pension. Aus dem nahen Ruhrgebiet und aus Holland fanden sich fast das ganze Jahr über Erholungssuchende bei uns ein. Der familiäre Zusammenhalt ergab sich eher aus der gemeinsamen Arbeit als aus behütender Umsorgung. Auch betrieben wir ein kleines Kino. Die Liebe zum Film hat mich ein Leben lang begleitet.

Scheuklappen jeder Art waren unserer Familie fremd. Dennoch – oder deshalb – gelang ihr die Vermittlung des katholischen Glaubens so selbstverständlich und unmittelbar wie die Weitergabe der Muttersprache. Trotz der offenen Atmosphäre hatte das gemeinsame Gebet bei uns seinen täglichen Raum. Die Teilnahme am Sonntagsgottesdienst zählte bei aller Arbeit zu den unbestrittenen Pflichten. Auch als

Heimatfeste wurden die Höhepunkte des Kirchenjahres gefeiert. Im Stundenplan der Schule stand obenan der Religionsunterricht; in ihm gelang es der jungen Luise Neuhaus, die später den Ordensberuf wählte, uns Kinder für die Liebe zu Jesus einzunehmen.

Der bejahrte Pfarrer Minze war für das ganze Dorf eine Respektsperson und hochgeachtet. Johannes Thiele, der junge Vikar, machte die Kirche menschlich und gewann uns Gemeindemitglieder durch seine persönliche Nähe zu allen; er wusste sich in jeden von uns hineinzuversetzen; wir spürten sein Wohlwollen. Er gehörte zu uns und hieß einfach nur „der Vikar". Seine natürliche Gabe half ihm, uns sein eigenes, sehr starkes Christusbild zu vermitteln. Auf solche Art prägte er entscheidend die Vorbereitung auf die Sakramente der Beichte und der Kommunion, sodass deren Empfang für uns Kinder vor allem eine tiefe emotionale Erfahrung wurde. Beim Ministrantendienst weckte er bei mir den Sinn für die Liturgie und den ehrfurchtsvollen Umgang mit dem „Heiligen" – etwa als er uns die Gelegenheit gab, dass wir in der Sakristei den Speisekelch des Priesters oder die Monstranz für die Aussetzung des Allerheiligsten vorsichtig berühren durften. Auf eine zutreffende und berührende Art fasste er eine Generation später in seinem Brief an mich anlässlich meiner Berufung ins Bischofsamt am 25. November 1975 meine ersten Lebensjahre zusammen: „Vom Elternhaus und Deiner Heimatgemeinde darfst Du bekennen: ‚All meine Quellen entspringen in dir', Ps 87."

Rückblickend kann ich ihm nur vollauf zustimmen. Mein Glaubensfundament legten für mich Kindheit und Jugend. Es war die Basis für alle späteren Stockwerke. Bezeichnend für die Gediegenheit dieses Unterbaus scheint mir eine Diskussion viele Jahre später (1997) in Rom mit vier

Besuchern aus Deutschland. Zur Transzendenz hatten sie offenbar keine Beziehung. Drei von ihnen stellten klar, der aufgeklärte und moderne Mensch richte sein Leben ein ohne die „Arbeitshypothese Gott". Als ich mich zum Glauben an Gott bekannte, versuchten sie, mich mit ihrem Beruf einzuschüchtern. „Du redest hier mit drei praktizierenden Psychoanalytikern!" Ich darauf: „Na und?" Darauf der eine von ihnen: „Aber dein Glaube ist ja so einfach und sicher wie der eines Kindes!" Meine polemische Antwort: „Das hoffe ich doch sehr!" Fraglos war meine Herkunft mit ihren verschiedenen Wurzeln für solche Glaubensgewissheit bestimmend. Natürlich ist auch mein Glauben erwachsen geworden, und ich habe mich dann auch wissenschaftlich mit der Theologie befasst, aber die immer noch lebendigen Quellen dieses Glaubens liegen zweifellos in meiner Kindheit.

Nicht als ob mein Heimatort Kirchhundem eine selige Insel gewesen wäre. Auch dort waren die dunklen Zeiten des Nationalsozialismus mit seinem Schrecken spürbar, sogar für mich als Kind. In den ersten Kriegsjahren spielten bei einem Dorfgemeinschaftsabend Jugendliche aus dem Ort den „Fahrenden Schüler im Paradies" von Hans Sachs. Ich durfte mich hinter der Bühne aufhalten, denn ich hatte in einer Pause mit einem gleichaltrigen Mädchen „Und der Hans schleicht umher …" zu singen. Da trat unangekündigt ein NS-Funktionär aus der benachbarten Stadt Siegen auf die Bühne. Er hielt eine flammende Ansprache auf Führer, Volk und Vaterland. Alle erstarrten. Mir entging nicht, wie Otto Sabel, der Apotheker des Dorfes, der auch das Theaterstück der Laienspielgruppe eingeübt hatte, dem jungen Conférencier etwas ins Ohr flüsterte. Helmut Kumpf trat auf die Bühne und zitierte Friedrich Schiller: „Ernst ist das Leben, heiter die Kunst. Wir wollen lachen. Alles andere ist Dunst." Der Beifall blieb nicht aus, und alle Peinlichkeit verflog. Doch dem Apotheker wurde als dem eigentlich „Schuldigen" bald der Prozess gemacht. Er kam mit einer Gefängnisstrafe davon.

Anderes weckte größere Angst: Bei einer Wallfahrt zum nahen Marienheiligtum Kohlhagen an einem Sonntagmorgen predigte Pfarrer Peter Grewe mit klaren Worten gegen die Unterdrückung des Glaubens durch die Nazis und gegen ihre Unmenschlichkeiten, von denen man sich sonst nur hinter vorgehaltener Hand erzählte. Seine mutige Offenheit beeindruckte mich zutiefst, obwohl ich noch keine zehn Jahre alt war. Sie ließ mich aber gleichzeitig um ihn fürchten. In der darauffolgenden Woche ging es dann wie ein Lauffeuer durch den Ort: Die Gestapo hat Pfarrer Grewe abgeholt! Das Regime kannte kein Erbarmen. Nach dem Krieg kam er nach Brachthausen zurück. Er hatte physisch überlebt, war aber ein gebrochener Mann. So lernten wir aus direkter Anschauung, was es heißt, in einem verbrecherischen Unrechtsystem leben zu müssen.

Nicht nur wegen dieser Einbrüche der bösen politischen Realität blieb meine Kindheit, obschon sie gesegnet war, nicht frei von schmerzlichen Erfahrungen. Am schlimmsten war der plötzliche Tod meines kleinen Bruders, der meine ganze Familie tief erschütterte. Es passierte am späten Vormittag des ersten Ostertags 1939. Die Schneeschmelze hatte das Flüsschen Hundem durch eine wilde Überschwemmung zu einem reißenden Bach anschwellen lassen. Das Wasser lockte uns Kinder. Wir warfen Steine hinein. Dieter, gerade zweijährig, tat es uns nach. In einem unbeachteten Augenblick wagte er sich zu nah an die Strömung. Sie erfasste ihn und spülte ihn weg. Obwohl auch ich erst fünf Jahre alt war, sprang ich ihm nach, konnte ihn aber nicht mehr packen. Nur mit Mühe fand ich zurück zum rettenden Ufer. Andere Kinder liefen zu meinen Eltern. Ich selbst hatte die Tragweite des Unglücks wohl nicht erfasst. Mit einem unklaren Schuldgefühl stand ich allein auf der Straße, ließ traurig und niedergeschlagen das kalte Wasser von mir abtropfen. Erst nach einer langen und dramatischen Rettungsjagd gelang es dann meinem Vater, den kleinen Dieter am anderen Ende des Ortes tot zu bergen.

Wer mag das Leid ermessen, das ein solches Verhängnis über die Eltern bringt? Dennoch habe ich später nie wahrgenommen, dass es unser Gottvertrauen gemindert hätte oder gar in zornigen Protest gegen ihn umgeschlagen wäre. Offenbar bäumten sich meine Eltern nicht auf, weil ihre Frömmigkeit von Ergebenheit und Geduld (vgl. etwa Röm 5,3 f.) durchzogen war.

Kurz vor dem Zusammenbruch 1945 beunruhigten uns alle die drohenden Bomben der Alliierten. Ich hatte die Aufgabe, das Haus zu warnen, wenn Flugzeuge anrückten: Ein englischer Sender, den zu hören streng verboten war, gab deren Position durch. Noch heute erinnere ich mich an die Koordinaten des Planquadrats, in dem wir wohnten: „Martha-Richard-vier“. Die Erstkommunion eines Freundes feierten wir in der Pfarrkirche unter Artilleriebeschuss. Bedroht kauerten wir alle an der massiven Kirchenwand, die uns schützen sollte. – Schließlich das Heranrücken der feindlichen Front: Vorbereitungen für einen Unterschlupf im nahen Berg – das Anlegen einer Höhle, das Einlagern eines Lebensmittelvorrats und von Decken für Übernachtungen. Dann die Beklemmung und Panik bei dem Einzug der Engländer: Würden sie über uns herfallen? Es gab schlimmes Gerede über die Rache der Sieger. Während die Artillerie den Weg für die Truppen freischoss, war ich im Luftschutzkeller des Nachbarhauses. Unser lautes Gebet übertönte fast noch das fortwährende Granatfeuer und die nahen Einschläge. Eine Phosphorgranate traf mein Elternhaus. Als ich später auf die Straße kam, war es fast völlig niedergebrannt. Weinend stand ich vor der brennenden Ruine.

Den ersten Schritt über die dörflichen Grenzen machte ich 1946. Ein Schulwechsel auf das benachbarte Progymnasium in Altenhundem stand an. Die erste Klasse, die Sexta, zählte anfangs mehr als sechzig Jungen, von denen jedoch nicht wenige bald wieder abgingen. Unter einigen von uns formte sich dann langsam echte Klassenkameradschaft. Sie ergab sich in erster Linie durch vermehrte Kontakte mit unserem Religionslehrer Vikar Franz Josef Ostrup. Ab der 9. Klasse stießen die gleichaltrigen Mädchen dazu. Daher wurde bald die Idee eines gemeinsamen Tanzkursus geboren. Zum Abschluss wählte man mich zum „Tanzkönig“, worauf ich recht stolz war. Ich entdeckte die Freude am Tanzen auf heimatlichen Festen und auch den Reiz von hübschen Partnerinnen. Bei einer meiner Klassenkameradinnen wurde mir deren Anziehungskraft stärker bewusst. Ich freute mich immer sehr, sie zu sehen und sie auf dem Schulweg, den wir im selben Zug oder Autobus zurücklegten, zu treffen. Ihretwegen unternahm ich Radfahrten in den Nachbarort. Von Zeit zu Zeit gab ich ihr kleine und sehr diskrete Zeichen der Zuneigung. Offenbar fanden sie auch bei ihr Anklang.

Obwohl ich im nahe gelegenen Altenhundem das Gymnasium besuchte, blieb dennoch die heimische Kirchengemeinde ein wichtiger Bezugspunkt für mich. Für einige Jugendliche bestand der Höhepunkt des Einsatzes in kleinen Theateraufführungen. Wir spielten etwa „Das Gänseliesel und der Kuckuck“ oder eine „Herbergssuche“. Die Proben kosteten viel Zeit, und vor allem die Darbietungen waren mit viel Lampenfieber verbunden. Bei Erfolg beglückten wir auch die eine oder andere Nachbarpfarrei mit „Gastspielen“. Ferner gehörte ich zur Pfadfindergruppe und verbrachte – zum Leidwesen meiner Eltern – viel Zeit außer Haus mit Fußballspielen. Beim Tischtennis im TT-Verein der katholischen „Deutschen Jugendkraft“ (DJK) brachten wir es sogar zum Kreismeister. Wie die meisten meiner Altersgenossen diente auch ich als Ministrant am Altar und wurde dort ebenfalls als Lektor eingesetzt.

Das Lichtspielhaus, das meine Eltern nach dem Wiederaufbau des Hauses im Jahr 1949 eröffnen konnten, wurde für unsere Familie zu einer Belastung. Es stieß auf die Ablehnung unseres Pfarrers. Dieser befürchtete vielleicht, es möchte das Glaubenswachstum in der Pfarrgemeinde in Mitleidenschaft ziehen und behindern. Er setzte seine kirchliche Autorität ein: Gelegentlich wandte er sich beim Sonntagsgottesdienst von der Kanzel gegen das Filmprogramm unseres Kinos. Seine Kritik erschien uns unberechtigt, da wir durch die Zeitschrift „Katholischer Filmdienst“ die moralische Wertung der Filme kannten und die mit „abzulehnen“ oder „abzuraten“ zensierten niemals anboten. – Einmal, nicht lange vor dem Abitur, sollte ich für den Pfarrer die Inhaltsangaben der amtlichen Kirchenregister nachtragen. Wenig später erging wieder sein öffentlicher Einspruch beim Sonntagsgottesdienst gegen einen von uns gezeigten Streifen. Ohne seinem Auftrag nachgekommen zu sein, brachte ich ihm die Bücher zurück und protestierte – trotzig und erregt – gegen seine unberechtigte öffentliche Rufschädigung und die Belastung unserer Kirchlichkeit.

Für die Technik und Mechanik der Filmvorführung brachte ich kaum Interesse auf; nur höchst selten ging ich in den Vorführraum, von dem aus der Film auf die Leinwand projiziert wurde. Stattdessen studierte ich die Produktionslisten der verschiedenen Verleihfirmen und wusste bald, was auf den Markt kommen würde. Uraufführungsnachrichten und Kritiken war ich immer auf der Spur. Die Aspekte „Erfolg“, „Qualität“ und „Moral“ wurden für die Auswahl die wichtigen Kriterien. Manchmal hatte ein verheißungsvoller Film leider Durchschnittsstreifen „im Schlepptau“. Der Vater entschied zwar, welche Filme ins Programm kommen würden, setzte aber durchaus auf mein Urteil. Es kam auch vor, dass meine Kalkulation misslang. So hatten wir etwa für die Buchung von Pier Paolo Pasolinis Klassiker „Das 1. Evangelium – Matthäus“ mehrere „Kröten schlucken“ müssen. Mir erschien seine Vorführung sehr erstrebenswert – auch weil ich eine Glaubensbotschaft für unser Publikum erwartete. Doch blieb dann das erhoffte Publikum aus.

Unser geistlicher Religionslehrer am Gymnasium, Vikar Ostrup, wurde auch zum Initiator meiner ersten Auslandsreise. Mit sieben Schülern des Progymnasiums Altenhundem machten wir uns im Sommer 1953 auf die Reise. Das Jet-Set-Tempo war damals nur ganz wenigen vorbehalten! Uns hingegen kosteten die Kilometer des Weges lange Zeit, waren aber voller faszinierender Erlebnisse. In Italien ging die Fahrt nicht selten über kurvenreiche Landstraßen; die Autostrada del Sole wurde erst viel später gebaut. Zuerst fielen mir die überdimensionalen Plakatwände auf; der Reklameaufwand stieß mich ab. Ferner waren wir zu Hause von Kennern belehrt worden, auf den Märkten nicht bereitwillig die angegebenen Preise zu entrichten, sondern zuerst zu handeln. Es funktionierte beim Kauf von Sonnenhüten in Florenz. Und der Satz „Troppo caro – Das ist zu teuer!“ – wurde auf diese Weise gleichsam zum Fundament meiner Kenntnis der italienischen Sprache.

Endlich erreichten wir die Ewige Stadt: für uns, die Jugend vom Lande, eine wirklich neue Welt. Der chaotische

Verkehr, das quirlige Leben, ein Vollbad der klassischen und kirchlichen Geschichte. Der Anblick des Petersdomes nahm uns den Atem. Wir zelteten auf dem Circus Maximus, ohne dass uns jemand belangt hätte. Im Kolleg Santa Maria dell'Anima arbeitete eine deutsche Ordensfrau, die uns bekannt war; bei ihr hatten wir ein wunderbares italienisches Mahl.

Besonders beeindruckte uns die Generalaudienz bei Papst Pius XII. im Sommersitz des Papstes. Obschon wir ihn nur fern in einem Fenster des Palastes sahen, waren wir alle bewegt und ergriffen. Trotz meiner festen Absicht, beim damals recht teuren Fotografieren nur weniges auszuwählen, fand ich hernach die viel zu vielen Abzüge mit immer demselben – fernen und kleinen – Kopf des Papstes. Meine Aufregung hatte mich meine guten Vorsätze total vergessen lassen.

Er will mich … Er will mich nicht …
„Der Teufel ist im Weihwasser"

Nach der sogenannten „mittleren Reife" zu Ostern 1952 wechselte ich wie meine Klassenkameraden an das Gymnasium Attendorn. Ab der letzten Klasse übernahm ein neuer Lehrer den Religionsunterricht, Gerd Horstkämper. Er war ein junger Priester, tief gläubig, mitreißend, kurzweilig und weltoffen. Wenn in seinen Stunden unser künftiges Studienfach angesprochen wurde, warb er ganz offen für den Weg zum Priestertum. Mir hatte der Gedanke daran bislang ziemlich ferngelegen. Andererseits entdeckte ich zunehmend, dass es mich drängte, mit anderen Menschen über Gott zu sprechen –

sogar bei „unpassenden Gelegenheiten“: So kam es etwa einmal während des Schützenfestes in Kirchhundem abends an der Theke beim Bier zu einer längeren Unterhaltung, und zwei Bekannte stimmten schließlich meinem Vorschlag zu, bald eine von ihnen hoch geschätzte Tante, eine Ordensschwester, in deren Kloster zu besuchen; und durch sie wurden dann wirklich auch beide ganz neu von Gott berührt. Auch dazu kann ein Schützenfest gut sein.

Trotz dieser Neigung sah ich mich keineswegs als künftigen Priester. Zu klar standen mir die Besonderheiten dieses Lebensweges und das große Risiko des Scheiterns und Misslingens vor Augen. Mich bewegte die Frage: „Wer ruft dich – etwa der Religionslehrer?“ Unsicherheit und vielfältige Bedenken meldeten sich, und ich entschied mich, erst einmal eine Zeit der Selbstprüfung auf mich zu nehmen. Ich begann also erst einmal das Studium der Medizin in Münster, mit all seinen Besonderheiten: Semester-Abschlussprüfung, physikalisches Praktikum mit „Schein“, Präparier-Kurs an der Leiche, Pflegeausbildung im Krankenhaus – aber auch mit dem Eintritt in die katholische Studentenverbindung Sauerlandia und damit in den „Cartellverband katholischer deutscher Studentenverbindungen“, um auf diese Weise die Freiheit des Studentenlebens zu genießen. Freilich setzte ich mir ein festes Zeitlimit: Wenn ich nach einem Jahr des Medizinstudiums immer noch den Eindruck haben würde, dass Gott mich für das Priestertum wolle, müsste ich wohl in diesen sauren Apfel beißen. Im Grunde des Herzens war ich nämlich überzeugt: Gott will mein Glück. So ist es besser, seinem Willen zu folgen. Außerdem hat er ohnehin den längeren Atem.

Zum Abschluss des Wintersemesters 1955/56 machte die Katholische Studentengemeinde Münster einen Einkehrtag, an dem wir Verbindungsstudenten teilnahmen. In der Beichte sprach ich gegenüber dem Priester auch das Problem meiner Berufswahl an. Zu meiner Verwunderung kam die Auskunft des Priesters recht unvermittelt: „Das ist nichts für Sie!" Doch auch der Gedanke an die Fortsetzung der Medizin beruhigte mich nicht. Jeden Abend betete ich nachdrücklich um Klarheit und gewann eine gewisse innere Sicherheit. Auch dachte ich, bis zur endgültigen Bindung durch die Weihe würde es ja noch dauern; ich könnte in den Jahren immer wieder zurück zu meiner ersten Liebe. So entschied ich mich schließlich gegen den Rat, den mir der Beichtvater beim Einkehrtag gegeben hatte. Wenig später hörte ich von Mitstudenten: „Unser Exerzitienpater hat seinen Priesterdienst aufgegeben und sich eine Frau genommen." So war ich wohl beim Sakramentenempfang auf den falschen geistlichen Führer getroffen. Heute fällt mir dazu der Satz des großen französischen Dichters Georges Bernanos ein: „Der Teufel ist im Weihwasser."

Nun aber stand auf dem vorgesehenen Weg eine weitere beachtliche Hürde vor mir: Wie konnte ich die Eltern überzeugen? Ich hatte sie in meine Überlegungen bislang gar nicht einbezogen. Mein Vater hätte für mich gern eine Karriere in der Gesellschaft gesehen. Meine Mutter würde sich sorgen: Es gab schon damals mehr als einen Priester im Bekanntenkreis, der sein Amt aufgegeben hatte und offenbar unglücklich oder sogar zum Gegner der katholischen Kirche geworden war. Bekümmert betrat ich nach dem zweiten Semester Medizin das Elternhaus. Dort die erste Frage: „Du hast also in Münster deine Zelte abgebrochen? Wo soll es denn hingehen?" Meine Antwort: „Setzt euch erst einmal!" Dann brachte ich es heraus: „Ich wechsle nach Paderborn." Der Vater: „Wie, gibt es da auch eine medizinische Fakultät?" „Ich habe vor, Priester zu werden." Meine Eltern und meine

Schwester schwiegen – vorerst wohl betroffen. Doch war das ihre Art, mich freizugeben; sie hätten mir in meiner Berufswahl gewiss nie Vorschriften gemacht.

Im Mai 1956 wurde ich ins Theologenkonvikt Leoninum meiner Heimatdiözese Paderborn aufgenommen und begann das Studium an der – wie sie später genannt wurde – Katholisch-Theologischen Fakultät. Der Stoff und die Vorlesungen waren ein eher reizloses Pflichtpensum. Lediglich die Exegese weckte bei mir Neugier und ein Interesse an eigenständiger Vertiefung. Dank des Konvikts vollzog sich die Ausbildung in einem hilfreichen, ordnenden Rahmen, und gute Priester vermittelten ansprechende geistliche Impulse. Dennoch überwogen bei mir zunächst die „Nebentätigkeiten“: Sport, Ämter bei der Studentenverbindung, Ablegen der Führerscheinprüfung und häufige Kinobesuche. Im zweiten Halbjahr wählte mich unser Kurs – wir zählten damals mehr als sechzig Studenten – zu ihrem Senior. Das bedeutete gleichsam eine zusätzliche Vollzeitbeschäftigung: Dem Semestersenior oblag das Gelingen der nächsten Fastnachtssitzung. Geeignete Mitstudenten waren dafür zu suchen sowie Büttenreden und Sketche vorzubereiten. Fastnacht war im Konvikt einer der vitalen Höhepunkte des Jahres und wurde traditionell zum dringend nötigen Ventil der ganzen Hausgemeinschaft, zur geistreichen Abrechnung mit dem Hausvorstand und den Herren Professoren.

Student mit Gustavo Gutiérrez – fremd in Frankreich

1956 bekam unser Haus Besuch von einigen jungen Franzosen. Da im Nachbarland die Ferien schon früher begannen, wollten sie die freie Zeit nutzen, um ihre deutschen Sprachkenntnisse zu verbessern. So verbrachten sie zunächst mehrere Tage im Flüchtlingsdurchgangslager Stukenbrock nahe Paderborn und waren dann unsere Gäste im Leokonvikt. Da damals mehr als 180 Theologen im Konvikt wohnten, wurden die Franzosen in der Hektik der Examenszeit des Semesterendes ein wenig übersehen und hatten kaum mit uns zu tun. Mir aber fielen sie rasch auf – wohl auch, weil während der Münsteraner Zeit unser Studentenpfarrer Egon Schmid uns oft ermuntert hatte, den in Vorlesungen auszumachenden fremdländischen Kollegen gastfreundlich zu begegnen. So suchte ich auch jetzt das Gespräch mit den Franzosen. Langsam verdeutlichte sich mir der tiefere Grund ihres Kommens: „Wir müssen den Graben zwischen unsern beiden Völkern zuschütten. Auch ihr Deutschen könnt die Vorurteile abbauen und den Frieden fördern. Kommt doch ein Jahr nach Frankreich zum Studium!" Wir begegneten uns mehrfach. Unseren Einwand „Wir sprechen doch kein Französisch!" ließen sie nicht gelten. „Die Sprache könnt ihr lernen!" Ein wenig freundeten wir uns an. Schließlich siegten ihre Überzeugungskraft und Ausstrahlung; zusammen mit Fritz Stahl, einem Studienkollegen, ließ ich mich auf das Abenteuer ein.

Die erste „Fremdberührung" fand statt auf dem elterlichen Hof von Père Philippe Pamart, einem der Schrittmacher dieses Versöhnungsprojekts: eine Woche „Crash-Kurs" *culture française* in der Nähe von Beauvais. Philippe nahm uns auch mit zur Bruderschaft der ihm befreundeten Kleinen Brüder von Charles de Foucauld (Autrêches/Oise). Sie sorgten Tag und Nacht für eine kleine Zahl von Lepra-Kranken; die Medizin hatte damals diese Seuche noch keineswegs im Griff. Auch bewunderten wir, dass die Tür ihrer Fraternität immer für alle Besucher offen war; sie suchten die Nähe zu den Menschen aller sozialen Schichten. Trotz der verbindlichen Gebetszeiten, in denen sie sich ganz Gott zuwandten, setzten sie sich dem Leben der Menschen geradezu schutzlos aus – ohne bürokratische Öffnungszeiten, ohne Vorzimmer, ohne den Abstand des Schreibtisches. Sie gaben mir einen ersten Eindruck von dem, was ihr Gründer, der selige Charles de Foucauld, meinte, wenn er „der Bruder aller Menschen" werden wollte.

Im Oktober 1957 begann für uns das Leben im Séminaire universitaire, Place Abbé Larue, Lyon. Sofort stießen wir auf den Sinn unserer Versöhnungsmission: Schon bei der Begrüßung erfuhren wir, dass der Vater des Vizerektors Maurice Jourjon in Deutschland im KZ umgekommen war. Das hinderte den Père jedoch keineswegs, uns äußerst liebenswürdig zu begegnen und sich unserer sehr brüderlich anzunehmen.

In der Hausgemeinschaft der Seminaristen entdeckte ich Schritt für Schritt die mir bislang unbekannten Nachbarn: die Brillanz französischer Intellektualität mit ihren Wortspielen und Anspielungen (wobei ich mir mangels Sprachkenntnis die Lacher häufig genug erklären lassen musste!). Vor allem schlug mich die Theologie in ihren Bann: Wie spannend konnte Studieren sein! Ich kam auf den Geschmack. Nicht selten warteten wir ungeduldig auf die nächste Vorlesungsstunde – wie auf „Teil zwei" eines Krimis – um etwa in der Exegese oder in der Christologie die Antwort auf die dargelegte Unklarheit oder Streitfrage zu erfahren. Auch wenn mir nach mehreren Stunden Unterricht in der noch fast fremden Sprache der Kopf brummte.

Für deren Erlernen nahm sich besonders ein Mitseminarist aus Peru, Jorge Álvarez Calderón, meiner an und begleitete mich kenntnisreich und geduldig. Über ihn lernte ich auch seinen Landsmann, den damals wissenschaftlich nicht besonders auffälligen Gustavo Gutiérrez, kennen. Er absolvierte in diesen Jahren sein Theologie-Studium an der Katholischen Universität Lyon und wurde später weltweit bekannt als einer der Begründer der sogenannten Befreiungstheologie.

Trotz aller Freundlichkeit der Gastgeber konnten wir freilich den Schatten der Vergangenheit nicht entgehen. Sie wurden zur Herausforderung. Im Widerstand anderer gegen mein Vaterland lernte ich, dass ich Deutscher bin; vorher war mir meine Nationalität kaum bewusst gewesen. Einmal war ich beispielsweise per Anhalter unterwegs. Der Fahrer des Wagens hatte mich anscheinend für einen Engländer gehalten. Als ihm beim Gespräch dann mein Herkunftsland klar wurde, sagte er böse Worte und ließ mich aussteigen. Nur ein Hinweis auf die damals noch sehr lebendigen und verbreiteten Ressentiments! Es bedrückte mich gleichfalls, dass die sonst wohlgesonnenen Mitseminaristen sich gelegentlich von Deutschland distanzierten oder, wohl eher aus Unkenntnis, abschätzige Bemerkungen machten. Eines Tages publizierte die große Wochenzeitung „L'Express" einen Artikel des damals sehr angesehenen katholischen Nobelpreisträgers für Literatur François Mauriac, in dem es polemisch hieß: „Ich liebe Deutschland so sehr, dass ich froh darüber bin, dass es zwei davon gibt." All diese Nadelstiche stärkten jedoch meine geschichtlichen Wurzeln, die ich wegen der Schande des Nationalsozialismus, der Kriegsschuld und wegen der totalen Ausblendung der jüngsten Geschichte in der Schulzeit nie vor Augen gehabt hatte. Ich entdeckte in meiner französischen Zeit meine eigene Geschichte und die meines Volkes.

Da jeder der Hausbewohner im Laufe des Studienjahres einmal Gelegenheit zu einem kurzen Vortrag vor den Mitseminaristen und dem Hausvorstand hatte, dem „petit mot", nutzte ich die Gelegenheit, François Mauriac wegen seiner sarkastischen Idealisierung Ostdeutschlands zu kritisieren: Er habe keine Ahnung von dem Zwang und den Leiden, die die Diktatur des Kommunismus über einen Teil meiner Landsleute bringen; nur Ahnungslose oder Zyniker könnten vom „Glück" eines doppelten Deutschlands sprechen und solche Thesen in die Öffentlichkeit setzen. – Ich konnte kaum einen großen Gesinnungsumschwung bei meinen Mitseminaristen erhoffen. Aber es erwies sich, wie wertvoll der Ratschlag der französischen Priester gewesen war, die uns zu Versöhnungsinitiativen eingeladen hatten.

Das tägliche Zusammensein mit den andern Seminaristen, gemeinsame Ausflüge und die Einladungen bei Lyoner Familien ließen dann meine Animositäten schwinden. Ich spürte die Aufgeschlossenheit der Altersgenossen, entdeckte ihre intellektuelle Brillanz und rasche Aufnahmefähigkeit, die Verbundenheit mit ihrer Geschichte, ihrem Volk und ihrer Kultur, die große Kraft ihrer familiären Bindung. Ich sang mit ihnen mittelalterliche Troubadour-Lieder, berauschte mich an ihren zeitgenössischen Chansons und modernen religiösen Liedern. Ich gewann sie lieb. Auch berührte mich – dafür bin ich sehr dankbar – ihre marianische Frömmigkeit – etwa wie man das Fest der Unbefleckten Empfängnis Mariens am 8. Dezember beging: Abends war die ganze Stadt auf den Beinen. In den Häuserzeilen an der Rhône und an der Saône standen in allen Fenstern brennende Kerzen, die sich in den Flüssen spiegelten. Dann erlebte ich die gegen tausend Männer, als sie in der Nacht den steilen Weg zur Wallfahrtsbasilika Fourvière hinaufpilgerten und laut den Rosenkranz beteten. Unvergesslich ist mir, wie sie das lateinische „Gloria Patri et Filio et Spiritui Sancto …“ mit herrlich französischem Akzent laut sangen. – Irgendwann kam uns beiden Deutschen die Idee, wir sollten uns zur Gottesmutter nach Lourdes aufmachen. Die freien Tage um Ostern boten sich an. Mehr als 600 km Entfernung waren zu bewältigen. Dennoch entschieden wir uns, die Fahrt über die Straße per Autostopp zu machen. Quartier würden wir in den Priesterseminaren und kirchlichen Häusern zu finden versuchen. Der eine oder andere Pfarrer dürfte uns Pilger gewiss auch einmal zum Essen einladen. Natürlich blieben uns die unvermeidbaren Komplikationen und Widrigkeiten – mir stahl man etwa irgendwann 100 DM, meine ganze Geldreserve – nicht erspart. Aber Lourdes entschädigte uns reichlich: ein Ort des Betens, der besonders im Bereich der Erscheinungsgrotte wie selbstverständlich auch uns erfasste; die große, internationale Feier der Osternacht in der eben fertiggestellten riesigen unterirdischen Kathedrale; nicht zuletzt aber unser Dienst an dem *brancard,* an der fahrbaren Krankenbahre. Mit ihr halfen wir den vielen Leidenden, die in Lourdes bei der Jungfrau Maria Heilung und neue Hoffnung suchten.

Die Zeit im Seminar in Frankreich hat mich geprägt, als Menschen und als Priester. Freundschaften mit Franzosen, die ich durch das eine Jahr in diesem Land knüpfte, haben mich ein Leben lang begleitet und getragen. Eine dieser Freundschaften war die mit Jean-Marie Lustiger, dem späteren Kardinal von Paris (gest. 2007). Er kam aus einer jüdischen Familie und hatte über Jahre im besetzten Frankreich selbst unter den Nazis gelitten. Seine Mutter war in Auschwitz vergast worden. Wir sahen uns erstmals 1967 bei einer Studenten-Wallfahrt nach Chartres, die er nach Jahren wieder ins Leben gerufen hatte. Sein tiefer Glaube trat mir vor Augen, als er als Leiter des Studenten-Zentrums Richelieu an der Pariser Sorbonne nach einem deutschen Priester für sein Leitungsteam Ausschau hielt und ganz auf das innere Sensorium eines solchen für eine tief innere geistliche Empfindung setzte. Er wählte dafür die Worte: „Ich suche jemanden, der den Geschmack Gottes hat."

Nicht dass er den Gesuchten in meiner Person gefunden hätte! Doch unsere Begegnung hatte nachhaltige Folgen. Wir sahen uns dann und wann in Paris oder später in Rom. Regelmäßig sandte er mir seine Publikationen. Zur Seligsprechung von Edith Stein am 1. Mai 1987 begleitete ich ihn bei der liturgischen Feier. Dieser Gottesdienst im Kölner Fußballstadion schien seiner Seele offenbar auf einmal den ganzen Horror der Verfolgung, das ganze Leid der Juden nochmals aufzuladen. Nach der heiligen Messe blieb ich an seiner Seite, und er brachte bei der nicht eben kurzen Busfahrt in die Stadt kein einziges Wort heraus. Auch bei der Seligsprechung von Alfred Delp in München waren wir zusammen. Dort sagte er mir nach der Eucharistiefeier spontan und wie befreit: „Jetzt kann ich wieder atmen." Ein gutes Jahr vor seinem Tod trafen wir uns ein letztes Mal. Er besuchte mich in Rom und schrieb in mein Gästebuch: „Die Freundschaft in Christus ist ein unzerstörbares Geschenk, weil sie aus der Liebe geboren wird. Ich sage Gott Dank für den Weg, den er uns gemeinsam im Dienst der Kirche gehen ließ, ob wir uns nahe oder fern waren" (15. Januar 2006).

Ein anderer Mensch, der mich schon in jungen Jahren tief beeindruckt hatte und dessen Vorbild mich immer ansprach, ist Franz Stock. Die Gräben des Hasses und der Rache zwischen Personen, Völkern und Rassen zuzuschütten, bedarf zuallererst der Klugheit und des Einsatzes von Politikern und allen Menschen guten Willens. Dennoch lehrt leider die Erfahrung, dass menschliches Engagement oft genug nicht das ersehnte Gelingen bringt. Am Leben von Franz Stock ist abzulesen, bis in welche Tiefen ein notwendiger, anstehender Versöhnungsprozess vorzustoßen hat. Diesen Priester meiner Heimatdiözese nötigte er zur Totalhingabe, als er seine Berufung entdeckte, die „Erbfeindschaft" zwischen Franzosen und Deutschen nach dem Ersten Weltkrieg zu beenden. In der Jugend entwickelte er eine bemerkenswerte Zuneigung zu Frankreich und den Franzosen. Zwischen den beiden Kriegen, im Jahr 1926, machte er sich entgegen aller verbreiteten Rachepropaganda auf, um an einem Friedenskongress in Bierville teilzunehmen. Als Priester wählte er später die deutsche Gemeinde in Paris für den Seelsorgsdienst und ließ sich 1934 zu deren Rektor ernennen. Gegen Ende des Krieges oblag ihm die priesterliche Begleitung der zum Tod verurteilten französischen Widerstandskämpfer und nach Kriegsende die der verurteilten deutschen Wehrmachtsangehörigen.

Aufzeichnungen über seine Gespräche mit den Todeskandidaten, über seine Versuche des Tröstens und über sein Mitleiden liegen uns noch vor. Dieses einfache Schulheft erzählt uns, dass er mehr als tausend Verurteilten oft mit „tiefster Erschütterung" beistand. Die Schriftstellerin Ida Friederike Görres riet, sich beim Lesen dieses Tagebuchs allein zurückzuziehen; denn niemand könne sicher sein, dass ihn Stocks Notizen nicht zu Tränen rührten. Später war Franz Stock Regens, das heißt Leiter, des improvisierten Priesterseminars von deutschen Kriegsgefangenen in Frankreich, dem Séminaire des Barbelés (Seminar hinter Stacheldraht) in Chartres. In ihm lebten Anfang 1946 429 Seminaristen. Nach dessen Auflösung blieb Franz freiwillig als

Seelsorger bei den zahlreichen deutschen Kriegsgefangenen, die nach dem Krieg nicht nach Deutschland zurückkehren wollten. Am 24. Februar 1948 starb er mit nur 43 Jahren, verbraucht und unbeachtet. Als Nachruf klagt der Intellektuelle Joseph Folliet in der Zeitschrift „Témoignage Chrétien" über sein Begräbnis: „Man sagt, die Erfordernisse der Politik ließen die Teilnahme größerer Gruppen der Bevölkerung unerwünscht erscheinen. Armselige Politik! Armselige Politiker!"

Auch Charles de Foucauld war ein Mensch, dessen Leben und Werk mich seit meiner Zeit in Frankreich nicht mehr in Ruhe ließ. Während des Studiums in Lyon dachte ich oft an Autrêches und unseren Besuch in der Fraternität des seligen Bruders Karl. Zwischen zwei Studiensemestern versuchte ich im April 1958 im Postulat Saint-Rémy/Montbard herauszufinden, ob Gott mich für die Gemeinschaft der Kleinen Brüder Jesu bestimmt hätte. Das wurde keine Ferienbeschäftigung: schwere körperliche Arbeit in Wald oder Feld, karger Essens- und Lebensstil, wenig Schlaf, ein Miteinander auf engstem Raum. Gleichzeitig verstärkte sich in mir die schon in Autrêches erlebte Bewunderung für diese Lebensweise.

In Hochstimmung machte ich mir am Bahnhof zwischen zwei Zügen einige Notizen: Solche Gemeinschaften sind wie ein Zeichen, das andere ohne Worte für Jesus Christus gewinnen kann. Die Brüder stützen das aktive Apostolat der Seelsorger und Missionare, indem sie beten und stellvertretend auch für andere die Gemeinschaft mit dem erlösenden Herrn suchen. In der Gegenwart des eucharistischen Christus opfern sie sich mit Jesus dem Vater. Sie bezeugen mit ihrem Leben, dass die Kontemplation in allem Engagement die Kraft der Aktion ist. In der Mitte der Brüder weiß man sich geborgen und fühlt sich wohl.

Sie lassen sich in der Anbetungsstunde vor dem Altarsakrament vom Herrn formen und nähren sich dabei von seinem Wort. Auch wenn Gott in jedem Menschen wohnt, auch wenn Christus unter den zwei oder drei ist, die sich in seinem Namen versammelt haben; auch wenn er selbst in der Heiligen Schrift zu uns spricht – so vermag doch der Herr in der Brotsgestalt uns auf besondere Weise zu vereinnahmen und umzuformen. Seine sichtbare Präsenz bewegte leichter zum Akt der Hingabe an ihn; er wurde zur Brücke für die geistliche Begegnung mit seinem Kreuzesopfer und der Kraft seiner Auferstehung; er verlängerte den Höhepunkt der Eucharistiefeier in den gegenwärtigen Augenblick. Dabei war das in uns aufbrechende Gefühl hilfreich und gefährlich zugleich. Doch die Nähe zum nüchternen Wort des Evangeliums und die unabdingbare Selbstdisziplin bewahrten uns vor dem Geschmack an sentimentaler Ergriffenheit. Der männlich-nüchterne Ton untereinander und die Härte des Lebens, wie ich sie im Postulat erlebte, taten ein Übriges und sorgten für eine gesunde Erdung.

Auch wenn der Aufenthalt nur kurz war, so sprach mich die erlebte Brüderlichkeit fühlbar an. Ihre Offenheit beim Sprechen über ihre Gottesbeziehung war mir neu und niemals peinlich; bei der „Lebensbetrachtung in Gemeinschaft" *(révision de vie)* zeigte sich mir das Glück der erfahrenen Christusnähe und das Ringen um seine Freundschaft. Die Brüder suchten das klärende Licht der Offenbarung in der immer neuen Hinwendung zu Gott, und für sie durchdrangen sich Lebens- und Glaubenswelt. Gleichzeitig prüften sie ihre Verfügungsbereitschaft den Mitmenschen gegenüber; diese durchdrang die Erkenntnis Jesu Christi und ihr Verhältnis zum Herrn. Auch Not und Freude des Lebens wurden so zum Vehikel für ihre Christusbeziehung.

Dass ich trotz solchen seelischen Bebens den Weg zum Weltpriestertum nicht verließ, hatte einen letztlich einfachen Grund: Nach einem Monat im Postulat erkrankte ich; ich war den körperlichen Anstrengungen einfach nicht gewachsen. Das nahm ich als Hinweis „von oben“.

Einfühlung: breite Brücke zum Du

Unser spiritueller Seismograph korrespondiert mit unseren Lebensumständen. Reife im Glauben nimmt demnach auch die Alltagserfahrungen und deren Impulse ernst. Hören auf Gott ist nicht auf die eigene mystische Tiefe fixiert. Recht verstanden gewinnt der Mensch geistliches Unterscheidungsvermögen ja ohnehin nicht ohne die Tore seiner Sinne. Das Gewicht von Communio, von Gemeinschaft in der Kirche, ist prüfbar am Miteinander der Christen. In meiner Paderborner Zeit, nach meiner Rückkehr aus Frankreich, unterhielt ich mich eines Tages wieder einmal mit Heinrich Wienken, der mir auf dem Weg zum Priestertum einige Semester voraus war. Er stammte von einem Bauernhof in Südoldenburg und war Spätberufener. Mich beschäftigte die Frage, wie ich wohl einmal in dem so bunten Feld seelsorglicher Herausforderungen die wirklich dringlichen Ziele ausmachen könnte. Bislang hatte ich Mitseminaristen erlebt, die von Plänen für die künftige Arbeit überschäumten, und ich fühlte mich ihnen gegenüber ziemlich unbedarft. Er darauf in seiner trockenen Art: „Du musst nur Augen und Herz offen halten. An Anregungen wird es dir nicht fehlen. Diese hast du zu prüfen, dann Überzeugendes auszuwählen und konsequent durchzuziehen.“ Seine Haltung widersprach offenbar der verbreiteten Vorstellung von der Beziehung Gottes zur Welt: als hätte der Schöpfer bloß irgendwann den Anstoß gegeben für das Weltgeschehen und sich dann zurückgezogen – wie ein Uhrmacher, der sein Werk aufzieht und es dann sich selbst überlässt. Nein, nach ihm war Gott in unserm Leben. Dessen Umstände und unsere Weggenossen waren oft genug seine Boten. Durch sie lenkte Gott unsere Geschichte und erwartete, dass jeder von uns seine ganz persönliche Antwort gab. Ich habe mir gewiss die Auffassung meines Mitseminaristen nicht auf den Spiegel geschrieben, doch im Rückblick erkenne ich, wie sie sich in meinem Leben bewahrheitete.

Niemand kann ja übersehen, dass keiner allein unterwegs ist, sondern vielmehr mit anderen. Und der viel zitierte Satz „Niemand ist eine Insel" gilt ohne Frage auch für unseren Glaubensweg. Er wurde zuerst im elisabethanischen England von dem Dichter John Donne (gest. 1631) formuliert. Ähnlich lehrte uns schon seit der Antike die Philosophie, dass menschlicher Geist und menschliches Wollen im Gegensatz zum tierischen Instinkt die Kraft haben, eine geistige Brücke über Raum und Zeit hinweg zu anderen Menschen zu bauen. Uns kennzeichnet Beziehungsfähigkeit, mehr noch: Sie ist es letztlich, die uns zur Reife bringt. Unser Selbst verhält sich von Anfang an zugleich zu anderen: „Das Ich erwacht, sich angeblickt und angerufen erfahrend, als Du." Dann aber gilt, dass sich unser Wesen ohne Offenheit für ein Du nicht entfalten kann. Darum hat das Ich über sich hinauszusehen „in selbstvergessenem Erwidern auf sein Du und dessen Anblick. Ihm dankt es sich, hat jedes Ich doch nur als Du eines Du sich erstlich gefunden."[2]

Die Verwiesenheit auf den Andern ist mir ein Freiheitsraum für Begegnung. Sie kann mir im Du eine neue Welt erschließen – in der alltäglichen Normalität wie beim elektrisierenden Ereignis, gegenüber vertrauten Weggefährten, Lebens-Führern oder Gott-gesandten Glaubensboten. Bislang verschlossener Reichtum tut sich auf in dem Maß, in dem ich mich von einem Mitmenschen „treffen" lasse. Wenn er sein Eigenstes preisgibt, mag seine Geschichte zu meiner eigensten werden. So nehme ich dank meiner Beziehungsfähigkeit Anteil und werde zu einem Beschenkten – freilich unter der Bedingung, dass ich mich in den Mitmenschen und dessen Erfahrungsfelder einfühle. Dann werde ich in seine Mitwelt eingebunden. Und nicht länger bestimmen lediglich meine eigenen geschichtlich-greifbaren Daten die Richtung meines Lebensweges. Auf das Fällen meiner Entscheidungen wirken sich fraglos auch die Lebensmaßstäbe, Wertvorstellungen und der Feinsinn derer aus, denen ich in einem Netz der Zuneigung und Ehrerbietung verbunden bin.

Das waren für mich persönlich die Altersgenossen und Schulkameraden, die Mitstudenten und Freunde, gottverbundene Personen und geistliche Hirten, Arbeitsbekanntschaften und nicht minder die letzten Nachfolger des Apostels Petrus. So weitete sich durch andere mein seelischer Rezeptionsbereich erheblich. Dabei schlug sich einprägsam bei mir nieder, was sie bewegte – ihre Freuden und Schmerzen, die Erlebnisfelder, die auf sie einwirkten, und die Stachel der Beschwernisse, die sie quälten. „Einfühlung" oder auch „Empathie" ist eine heute oft erwünschte Fähigkeit – nicht als Zwang zur mechanischen Nachahmung, aber als Schule der Erkenntnis vom Menschsein des Mitmenschen. Einfühlung hat erwiesenermaßen ihren tiefen Sinn sowohl für unsere Alltagsorientierung wie für unseren Weg zu Gott. Er meldet sich zu diesem Zweck auf vielerlei Weise in jedem von uns, um uns zu führen. Hellhörigen mag dann eine innere Stimme zum Kompass werden, der sie lenkt. Mein Leben lang habe ich versucht, auf diese Stimme in mir zu achten. Für die großen Seelsorger der frühen Christenheit war der Hinweis auf die innere göttliche Weisung ein fester Bestandteil ihrer Predigt. Sie lebten selbst die Präsenz von Vater, Sohn und Heiligem Geist im gläubigen Christen. Die Dreifaltigkeit sahen sie als einen kostbaren Schatz unserer Seele, dem sich der Glaubende mit der Selbstvergessenheit eines Liebenden zuzuwenden hat. Dabei bedienten sich die Kirchenväter für unsere Verwiesenheit auf Gott selbst einer Erfahrung, die jeder machen kann. Sie nutzten unsere gängige Wahrnehmung und deuteten sie.

Der Märtyrerbischof Irenäus von Lyon (gest. um 202) etwa lehrt, der Mensch könne bei sich selbst beobachten, wie sich die Nähe Gottes oder die Ferne von ihm auf ihn auswirkten: Er könne spüren, dass es unendlich viel besser sei, bei diesem Gott zu sein. Dieser Gott wolle durch die leidvolle Erfahrung der Ferne von ihm uns zur Erfahrung seiner Nähe führen:

> „Durch die Großmut, die Gott ihm erwies, lernte der Mensch beides kennen, das Gute des Gehorchens und das Böse des Ungehorsams, auf dass das Auge des Geistes in der Eigenerfahrung von beidem einsichtig die Wahl des Besseren vollziehe, nie mehr träge und nachlässig sei für Gottes Gebot und am eigenen Leibe verspürend, dass es das Böse ist, nie mehr auch nur versuche, was ihm das Leben raubt."

Der Theologe – einer der größten der Christenheit – nimmt dann den Gesichts- und den Geschmackssinn als Beispiele dafür, dass der Mensch ja durch die Gegensatzerfahrung von „weiß" und „schwarz" bzw. von „süß" und „bitter" in sich selbst eine Unterscheidungsfähigkeit habe. Diese gelte es nun auch auf das Gottesverhältnis anzuwenden. Denn Gott selbst lasse sich herab, uns im Inneren unseres Herzens selbst anzuleiten. Er selbst weise den Weg – wenn wir nur genügend Feinfühligkeit für das Spüren und ausreichend Gehorsam gegen seinen Willen entwickeln.[3]

Heimlichkeiten einer Nonne

Empirisch prüfbare Daten treten zwar beim Rückblick auf unsern Lebensweg in den Vordergrund, können ihn aber nur teilweise erfassen. Innen- und Außenperspektive wirken zusammen. Es gibt ein Spiel geistlicher Kräfte im Verborgenen, die oft unbeachtet bleiben, aber doch von größter Relevanz sein können. Ein Glücksfall, wenn sie gelegentlich aufgedeckt werden – mag uns auch solche „Fernsteuerung" zunächst nicht immer gefallen! Die unerbetene Einflussnahme anderer auf meine Lebensplanung machte mich jedenfalls eines Tages ziemlich ärgerlich.

In meinem Heimatort gab es in meiner Jugend eine kleine Niederlassung der Olper Franziskanerinnen. Deren Oberin war Schwester Candida. Ich wusste um die örtlichen Ordensfrauen und dass sie viel Gutes taten, ohne mich jedoch wirklich für sie zu interessieren; ich kannte damals nicht einmal ihre Namen. Ihre Oberin nun hatte sich in den Kopf gesetzt (oder besser: sich von Gott in den Kopf setzen lassen), der Herr möchte mich, diesen jungen Mann, den sie als Messdiener und Lektor beim Gottesdienst erlebte, als Priester annehmen. Das wurde ihre Bitte an Gott. Sie sprach jedoch nie mit mir über ihr Gebetsengagement, geschweige denn, dass sie meine Zustimmung für ihre Intention erfragt hätte. Und sie ließ auch nicht nach, als ich begann, Medizin zu studieren; sie gab auch nicht auf, als sie von Kirchhundem versetzt worden war und nun in unserer Kreisstadt Olpe als Oberin des großen Mutterhauses viel Verantwortung trug.

Nach einigen Semestern erzählte mir jemand von der Hartnäckigkeit dieser Ordensfrau: dass sie seit Jahren das Priestertum für mich von Gott erbitte. Ich war keineswegs erfreut, vielmehr recht ungehalten – nicht nur, weil ihr frommer Wunsch mir doch manche seelische Kämpfe verursacht hatte, sondern auch, weil es mein Stolz nicht ertrug, dass jemand meinen Lebensweg ohne meine Zustimmung so entscheidend mitbestimmte. Andererseits gab es nun ja wohl kein Zurück mehr. So suchte ich die Franziskanerin auf und schilderte ihr – halb verwundert, halb unwillig – mein Missfallen. Sie jedoch war durch meinen Groll gar nicht zu beeindrucken. Sie lachte und freute sich. Sie erzählte mir eine Begebenheit aus der Zeit vor ihrem Ordenseintritt: Ihr Pfarrer habe fünf jungen Volksschülern Lateinunterricht gegeben. Das kam damals im Sauerland des Öfteren vor, wenn aufgeweckte junge Burschen noch zu klein waren für den langen Schulweg zum entfernten Gymnasium. Priester unterrichteten sie dann noch während der Volksschulzeit in alten Sprachen. Man nannte sie Lateinschüler. Nun sei – berichtete Schwester Candida weiter – eines Tages der Pfarrer zu ihr gekommen und habe gesagt: „Anna“, so hieß sie damals, „jetzt bete mal für meine fünf Lateinschüler, damit sie auch Priester werden.“ „Und wissen Sie was“, gestand sie weiter, „von den fünf sind vier zum Priester geweiht worden. Ich kann schon Priester losbeten!“ Nun lachte auch ich.

Unübersehbar wurde mir Schwester Candida zu einem Wegzeichen. Natürlich beeindruckte mich ihr Bericht. Ihre

Einfühlung hatte sich meines Lebensweges angenommen. Auf ihr Gebet hin hatte Gott mein Herz gelenkt, indem er meinem Leben durch äußere Umstände und innere Klarsicht die Richtung wies. Ich drängte sie dann zu einem geistlichen Pakt: Wenn schwierige Aufgaben für mich anstünden, würde ich sie informieren, und sie solle mir durch ihre besondere Fürsprache dabei helfen, sie zu meistern. Verständlicherweise wurde sie mir ein bleibender Garant der unglaublichen Wirkmacht des Gott ergebenen Gebetes sowie zeitlebens ein Ansporn, kontemplative Orden zu verteidigen und zu fördern.

Priester ohne Dienstkompass

Am 21. Dezember 1961 empfing ich zusammen mit meinem Weihekurs im Hohen Dom zu Paderborn durch Erzbischof Lorenz Jaeger die Priesterweihe. Die geistliche Vorbereitung hatte Rektor Heinrich Spaemann geleitet. Er war der Vater des bedeutenden Philosophen Robert Spaemann und hatte noch als Witwer das Weihesakrament empfangen. Durch seine eigenständige und überraschende Interpretation der Heiligen Schrift verstand er es, uns junge Leute anzurühren, uns Christus als dem tragenden Du unseres Lebens in seinem Wort und der eucharistischen Anbetung auszusetzen. Er sensibilisierte uns schon vor dem Zweiten Vatikanischen Konzil für eine Liturgie, in die die ganze Gemeinde einzubeziehen sei.

Das Sakrament der Priesterweihe übertrug uns eine besondere geistliche Qualität. Durch sie unterschieden wir uns künftig von den übrigen Getauften; wir waren in eine neue sakramentale Bindung mit Christus, dem ewigen

Hohen Priester, getreten. Aus dieser theologischen Wahrheit jedoch lediglich einen Abstand der „Hochwürdigkeit" zu folgern, würde den Dienstcharakter des kirchlichen Amtes, wie er wenig später durch das Zweite Vatikanische Konzil herausgestellt wurde, verkennen. Der Neugeweihte bleibt vielmehr trotz seines besonderen Weihecharakters der Gemeinschaft der Getauften eingegliedert. Die starke Anteilnahme von Verwandtschaft und Dorfgemeinschaft bei der ersten Eucharistiefeier und die fortwährende Erfahrung der Zuneigung vieler bestätigte mir nicht nur die Sinnhaftigkeit der Berufswahl, sondern verhinderte auch alle belastende Isolierung. Der Priester ist für die Gemeinde da, und die Gemeinde trägt den Priester.

Dem Neupriester wird nach dem Empfang der Weihe die Tätigkeit in einer Pfarrei zugewiesen. In unserer Erzdiözese erwartete ihn zur damaligen Zeit normalerweise bereits eine Vikarie, in die er einzog und in der er seinen Haushalt eröffnete. Wir alle freuten uns darauf, nach den langen Jahren des doch recht einseitigen Lebens der Ausbildungszeit endlich wieder in die kirchliche Normalität einzutauchen und konkreten täglichen Umgang mit denen zu haben, für die wir Priester sein wollten: für Familien und Kinder, für Jugendliche und alte Menschen. Es drängte uns, sie besser kennenzulernen, ihre Freundschaft zu gewinnen, ihr Leben zu teilen. Die erste Pfarrei war daher oft genug der „Wonnemonat" des Priesterweges genannt worden.

Bei mir waren meine Erfahrungen in Frankreich der Grund für eine gewisse Zurückhaltung gegenüber den wohlgeordneten deutschen Kirchenstrukturen. Weniger Bürgerlichkeit und die Einschränkung materieller Mittel schienen mir angezeigt. So hatte ich den Verantwortlichen des Seminars gegen Ende der Ausbildung meine Bereitschaft signalisiert, bei meinem ersten Seelsorgseinsatz dem Haushalt des Pfarrers angegliedert zu sein und ohne eigenen Haushalt zu beginnen. Diese Wahl erwies sich als sehr folgenreich, da ein solcher Wunsch in unserer Diözese eher die Ausnahme war: Mein Wunsch wirkte sich gleich auf meine erste Ernennung aus. Es ging nach Bad Driburg.

In diesem Städtchen am Teutoburger Wald unterhielten die Bistümer Paderborn und Münster ein Studienheim für sogenannte Spätberufene. In ihm bereiteten sich mehr als 200 junge Männer auf das Abitur vor, um später das Theologiestudium an der Universität antreten zu können. Wegen der Krankheit des Rektors sahen sich plötzlich die Verantwortlichen des Hauses ihrer Aufgabe nicht mehr gewachsen. Dringend wurde ein weiterer Priester gebraucht. Darum machte die Diözesanverwaltung meine schon ausgesprochene Ernennung für die Vikarsstelle an St. Michael in Hagen rückgängig, und man schickte mich, den Priester ohne eigenen Haushalt, als „II. Präfekten" ins Studienheim St. Klemens in Bad Driburg. Die Ernennung, in der mir dies alles mitgeteilt wurde, war bürokratisch knapp formuliert. Doch sie versäumte nicht einen doppelten Hinweis auf die „Vorläufigkeit" dieser Beauftragung: Meine Tätigkeit dort würde „kaum von längerer Dauer" sein. Der Traum ausgedehnter priesterlicher Flitterwochen in einer lebendigen Pfarrei war zerplatzt. Noch war ja nicht abzusehen, dass sich auch in diesem Falle ein Provisorium als recht beständig erweisen sollte; denn für mich zog sich diese Tätigkeit dann schließlich über mehr als vier Jahre hin.

Der priesterliche Dienst in Bad Driburg wurde mir zu einer großen menschlichen und geistlichen Herausforderung. Er vereinnahmte mich voll und ganz vom frühen Morgen bis in die Nacht. Dafür waren die Probleme und Freuden der

Schüler, für die ich nun da zu sein hatte, der Hauptgrund. Wie hätte ich hier bei meiner Arbeit mit den jungen Leuten halbherzig bleiben können? Für die jungen Männer war irgendwann der Gedanke an einen geistlichen Beruf wach geworden. Sie hatten nach ihrer abgeschlossenen Berufsausbildung einen sicheren Weg in die Zukunft abgebrochen, um eine erste Etappe der Vorbereitung auf die Priesterweihe zu riskieren. Das bedeutete für die meisten: Einkommen und Eigenständigkeit aufzugeben und wieder die Schulbank zu drücken, um Latein und Griechisch zu lernen – eine wagemutige Entscheidung, wie sie nur Idealisten zu treffen wagen. Deren Leben in seinen Höhen und Tiefen zu teilen, erschien mir unabdingbar. Natürlich wollte ich dem Völkerapostel nacheifern, der „allen alles geworden war" (vgl. 1 Kor 9,22).

Im Sinne des heiligen Paulus suchten wir – mein Mitbruder Günter Lange und ich – den Studenten in der Hausgemeinschaft Halt und Weisung zu geben. Wir sahen bald ein, dass dafür unser Herr Jesus Christus selbst unser Anker werden musste: um die uns Anvertrauten auf dem Weg zu halten und sie zu menschlicher und geistlicher Reife zu führen, die intellektuelle Formung und konkretes Wissen einschließt. Entsprechend der Zielsetzung des Instituts sollte das Leben im Haus geistlich geprägt sein; die Neuzugänge hatten es gewählt, weil sie das Priestertum ernsthaft anstrebten. Aber statt einem Minimum an unabdingbarer Ordnung herrschte eher das Chaos, dem wir nun – nicht wenige der Schüler waren älter als ich – Einhalt zu gebieten hatten. Wirtshausbesuche einiger Schüler aus den Oberklassen in benachbarten Gaststätten waren keine Seltenheit, ebenso deren gelegentliche nächtliche Abwesenheit. Sogar an den Diebstahl eines wertvollen Fotoapparats erinnere ich mich. Es passierten Dinge, die wir eher in einem Haus für Schwererziehbare als in einem Seminar vermutet hätten. Dazu verbreitete dieser oder jener angesehene Studienrat des Lehrerkollegiums im Unterricht seine Kirchenkritik und untergrub den möglichen Berufswillen der Kandidaten.

Kirchenklimatisch bewegte uns gleichzeitig die Aufbruchsstimmung des eben angekündigten Zweiten Vatikanischen Konzils. Natürlich erwarteten wir hoffnungsvoll etwa die muttersprachliche Liturgie und eine größere gesellschaftliche Offenheit der Kirche zur Verbreitung der Glaubensbotschaft. Für den Aufbau einer geordneten Seminarausbildung erwies sich der weltweite katholische Schwung allerdings als weniger hilfreich. Die Aufhebung priesterlicher Ehelosigkeit erschien nicht wenigen überfällig. Ich nahm an einem Podiumsgespräch in Paderborn teil. Der in der Diözese neu ernannte Verantwortliche für das Aufspüren geistlicher Berufe versicherte dort vor den knapp 200 Priesteramtskandidaten: „Ich garantiere Ihnen, dass es in fünf Jahren keine Zölibatsverpflichtung mehr geben wird." Manche propagierten für die Zukunft ein völlig neues kirchliches Dienstamt: nebenberuflicher Teilzeitpriester; Verteilung der amtlichen Tätigkeiten auf unterschiedliche Träger für die Gemeindeleitung, die Verkündigung und die Sakramentenspendung; Zulassung von Frauen zum Weihesakrament. Nicht unlogisch war die Streichung der Seminarausbildung für künftige Priester überhaupt, wie sie sich etwa in dieser Zeit für die niederländischen Diözesen durchsetzte.

Solche Wellen machten es noch schwerer, einen schützenden Rahmen für Glaubenswachstum und Berufsfindung zu schaffen. Dennoch verdienten die sehr engagierten und ernsthaft suchenden jungen Männer angemessene Hilfen für ihren Weg. Eine aufgezwungene „Hausordnung" musste sich fraglos als ohnmächtig erweisen, mochte sie von uns, der

Hausleitung, noch so aufmerksam kontrolliert werden. Die Gottesdienste waren eine Hilfe, die Berufung wach zu halten. Unterrichtsstunden und Bibelkreise gaben Gelegenheit zum Austausch des individuellen Glaubenszeugnisses. Die brüderliche Begegnung wurde zu unserer Methode. Nur im offenen persönlichen Umgang konnten wir mit den Studenten ihr Berufsziel klären. In Ausnahmefällen konnte nur dieses Netz vor Kurzschlüssen bewahren und Entmutigte auffangen. Denn schulische Misserfolge führten ja hin und wieder in eine tiefe existenzielle Krise.

Einer der Schüler hat sie durchgemacht. Später berichtete er mir davon in einem Brief. Er schilderte zunächst einige Wirren seiner Adoleszenz und fuhr dann fort: „Dann kam die Zeit in Bad Driburg. Ich war so voll des Glaubens und hoffte nun, alles überstanden zu haben. Ich meldete mich an und wurde auch angenommen. Jedoch sollte ich dort die größte Enttäuschung erleben. Nach dreijähriger Schulzeit sagte man mir, dass ich besser kein Priester würde und das Studienheim verlassen solle … Dann habe ich es zu Hause wieder mit der Schule versucht. Leider klappte die Sache des Englischen und meiner Gesundheit wegen auch nicht und auch weil ja mein Abschlusszeugnis von Driburg mit einer Nicht-Versetzung versehen ist … Inzwischen habe ich all meinen Mut verloren. Beten tue ich kaum noch, denn ich habe kein Vertrauen mehr. Neben dem Gottvertrauen habe ich auch mein eigenes ‚Ich' und meinen Ehrgeiz verloren. Lieber Herr Vikar, ich bitte Sie noch einmal, mir nicht böse zu sein. Sie waren der Erste, der zu mir kam, um mir zu helfen."

Natürlich habe ich auch viele schöne und positive Erinnerungen: erfrischende Gespräche beim Religions- und Philosophieunterricht, Fußballspiele mit den Schülern und Volleyball mit den Lehrern, Studienfahrten etwa nach London oder Florenz. Dennoch erscheint mir heute die Zeit im Studienheim St. Klemens als echte Feuertaufe für den Anfang meines priesterlichen Dienstes, in der mich die Hoffnung und die Turbulenzen der mir Anvertrauten oft genug mich selbst vergessen ließen. Keinesfalls konnte ich in der geistlichen Begleitung auf distanzierte Selbstbewahrung setzen für die Hinführung anderer zu Gott und zum Glauben. Zeugnis und Anteilgabe am eigenen Leben waren gefragt und besonders die Einfühlung, wenn jemand vor den Trümmern seiner Ideale stand.

Dem Studienheim St. Klemens war ein altsprachliches Gymnasium angegliedert, das der staatlichen Schulordnung folgte. So kamen wir Priester mit den Schülern in den Genuss längerer Ferien. Diese Tatsache nahm mein damaliger Regens aus Paderborn zum Anlass, mir eines Tages vorzuschlagen, eine theologische Promotion zu beginnen. Ich brauchte etwas Zeit, um innerlich zuzustimmen: Würde ein Doktorat nicht ungute Distanz zwischen mir und meinen Mitgläubigen schaffen? Außerdem kannte ich keinen Professor einer deutschen theologischen Fakultät, den ich als „Doktorvater" hätte gewinnen können. Andererseits hatte ich in Lyon die Faszination der Theologie schon geschmeckt. Und schließlich beschäftigte mich der Wunsch, theologische Hilfen für den Glaubensweg der Priester zu formulieren, da so viele verunsichert waren. Nach dem Vaticanum II erschien ja wohl jede Woche in theologischen Zeitschriften ein Artikel zum veränderten Priesterverständnis und jeden Monat eine Monographie. Ein Beobachter brachte die beunruhigende Formel in Umlauf: „Das Konzil hat die Priester zwischen Episkopat und Laikat zerrieben."

Mir halfen drei Patres des Jesuitenordens, eine geeignete wissenschaftliche Materie für mein Interessengebiet zu finden: P. Georg Mühlenbrock, damals Novizenmeister der Norddeutschen Provinz, P. Friedrich Wulf, Schriftleiter der Zeitschrift „Geist und Leben“ und schließlich P. Karl Rahner, Professor in Münster, der mich zunächst beauftragte, einen Abschnitt des Priesterdekrets des Zweiten Vatikanischen Konzils für den Konzilskommentar des renommierten „Lexikons für Theologie und Kirche“ zu kommentieren. Durch Rahner gelangte ich zu dessen Assistenten an der Theologischen Fakultät, Karl Lehmann, und fand in ihm einen kenntnisreichen, anspruchsvollen und mitbrüderlichen Doktorvater. Dank seiner wissenschaftlichen Begleitung, für die ich nach wie vor sehr dankbar bin, und mit ihm – inzwischen Ordinarius für Dogmatik in Mainz – als Erstgutachter konnte ich die Arbeit im Dezember 1971 abschließen: „Sendung zum Dienst. Exegetisch-historische und systematische Studien zum Konzilsdekret ‚Vom Dienst und Leben der Priester‘“. Die Untersuchung erbrachte für Theologie und Spiritualität des Weihesakraments offenbar hilfreiche Ergebnisse.[4]

Aufsässig im Dienst der Deutschen Bischofskonferenz

Mein Paderborner Ortsbischof Kardinal Lorenz Jaeger war ein großzügiger Oberhirte, wenn es um materielle Unterstützung von Bedürftigen oder um irgendeine andere Hilfe ging; auch im persönlichen Umgang war er ein mitfühlender, feiner Herr. Doch in der Freigabe seiner Priester war er – gelinde gesagt – wirklich geizig. Er tat sich äußerst schwer, auf auch nur einen seiner diözesanen Mitarbeiter zu verzichten. Mir hatte er während meiner Studienzeit schon mehrfach seinen Wunsch signalisiert, ich möchte bald in den Dienst der Erzdiözese zurückkommen. Wieder einmal war auch eine Seelsorgsstelle bereits benannt. Doch auch dieses Mal durchkreuzte die Vorsehung die administrativen Pläne.

Johannes Joachim Degenhardt, damals Weihbischof in Paderborn, vertrat zusammen mit zwei deutschen Ortsbischöfen die Deutsche Bischofskonferenz bei der Weltbischofssynode 1971 im Vatikan. Diese war zusammengerufen worden, um über den priesterlichen Dienst zu beraten. Gewohnheitsgemäß wurden die Synodenväter zu ihrer persönlichen Konsultation von einem Sachverständigen begleitet. Da ich wegen meines Promotionsstudiums in die Materie eingearbeitet war, durfte ich unsern Weihbischof in die Ewige Stadt begleiten – natürlich ein verlockendes Angebot. Zusammen mit den anderen deutschen Synodalen und deren Beratern wohnten wir im Collegio Teutonico. So lernte ich auch den damaligen Geistlichen Direktor des Zentralkomitees der deutschen Katholiken und späteren Bischof von Aachen, Klaus Hemmerle, näher kennen.

Wie ich später erfuhr, suchte zur gleichen Zeit der Sekretär der Deutschen Bischofskonferenz, Prälat Josef Homeyer, einen Mitarbeiter für das Sekretariat, das damals noch in der Münchener Theatinerstraße seinen Sitz hatte. Anlässlich eines Treffens mit Klaus Hemmerle erkundigte er sich nach einem möglichen Kandidaten. Dieser wusste, dass meine Promotion kurz vor dem Abschluss stand, und verwies auf mich. Ein andermal traf Josef Homeyer auf Karl Lehmann und trug wieder sein Anliegen vor. Auch Lehmann nannte mich. Dann überzeugte der Sekretär den Vorsitzenden der Deutschen Bischofskonferenz, Kardinal Julius Döpfner, dass bei der anstehenden Würzburger Synode (1972–1975) die Frage des priesterlichen Dienstes große Relevanz bekommen würde. So wandte sich dieser an meinen Paderborner Erzbischof, um mich in Paderborn für die Münchener Aufgabe abzuwerben.

Als ich gesprächsweise von diesen Absichten hörte, weckte das mein Interesse. Auch wirkten meine französischen Eindrücke noch nach: Mir schien, die deutsche Pastoral müsse stärker auf Glaubensvertiefung und geistliches Leben setzen als auf den Aufbau von kirchlichen Institutionen und auf die gesetzliche Absicherung der gesellschaftlichen Präsenz von Kirche – so sinnvoll Letztere auch waren. Die zahlreichen Angebote zur Kooperation mit der öffentlichen Hand, die eine wohlwollende staatliche Regierung ihr seit 1949 anbot, hatten ihre Kehrseite: Sie wuchsen sich zu einer enormen Rüstung aus, nahmen ihr die Wendigkeit des David und machten die Kirche zu einem ungelenken, starren Goliat.

Mein Bischof, Kardinal Jaeger, unterrichtete mich am 2. Februar 1972 schriftlich von den Absichten Kardinal Döpfners und Prälat Homeyers. Der Brief an mich drückte seine entschiedene Missbilligung solcher Pläne aus. Der Erzbischof verwies auf seine eigenen Absichten mit mir. Auch dürfte man der zu erwartenden Auseinandersetzung um das priesterliche Amt keinen Dienst erweisen, würde man mich „in die hochgehenden Fluten werfen", ohne mir vorher die Zeit gegönnt zu haben, mich „für dieses mühsame Ringen zu kräftigen und zu stärken". Prälat Homeyer habe dennoch auf einem Gespräch mit ihm bestanden, so der Kardinal in seinem Schreiben an mich. „Ich habe ihm gesagt, dass ich ihm das nicht verwehren könne, dass ich aber auch nach einem solchen Gespräch gegen Ihre Freigabe für die Münchener Aufgabe sei. Man solle sich für diese Aufgabe einen älteren Theologen suchen."

Nicht lange danach bat Kardinal Jaeger mich zu einer Audienz. Gewiss hatte ich ihm in meiner Antwort auf seinen

Brief eine gewisse Bereitschaft für die Aufgabe im Sekretariat signalisiert. Dennoch dachte ich nicht, ihn zu meiner Freigabe zu drängen. So stand ich recht unvorbereitet im Besuchszimmer des Kardinals. Er trat ein, begrüßte mich eher missmutig und sagte dann: „Sie wollen also nach München!" Ich darauf: „Nein, ich bin gekommen, um zu hören, welche Entscheidung Sie getroffen haben." Darauf der Kardinal: „Gehen Sie nach München; dort werden Sie verheizt!" Sein Ärger war ganz offensichtlich. Andererseits konnte er wohl nicht umhin, sich dem Druck des Konferenzvorsitzenden zu beugen. Später hat er dann seinen Unwillen mir gegenüber wieder vergessen. Ich war froh, dass ich bei verschiedenen Gelegenheiten seine menschliche Integrität und sein väterliches Wohlwollen erfahren durfte.

Gott sei's gedankt, dass mir die Zerreißprobe erspart blieb, vor der mich Kardinal Jaeger gewarnt hatte. Die neue Arbeit stellte mich sehr zufrieden. Sie weitete meinen kirchlichen Horizont und brachte mich in Kontakt mit manchen wichtigen Persönlichkeiten. Zwar hatte ich manchmal Schwierigkeiten, dem Arbeitstempo des Sekretärs der Bischofskonferenz zu folgen, doch wir standen miteinander im besten Einvernehmen. Auch stieß ich durch die Würzburger Synode auf viele Männer und Frauen, die der Kirche in Deutschland Profil gegeben hatten und sie auch weiter inspirieren wollten. Freilich wurde andererseits bei dieser Gelegenheit mein Ideal von kirchlicher Communio für mich schmerzhaft korrigiert.

In meinem theologischen Spezialstudium war ich auf das intensive Ringen und den großen theologischen Fortschritt gestoßen, den das Vaticanum II der katholischen Kirche gebracht hatte. Vor allem waren es biblische Wahrheiten, die den Konzilsvätern zu fälligen Neuanfängen verholfen hatten.

So brachten etwa einige Sätze aus dem 1. Petrusbrief – die in den Konzilsdokumenten am häufigsten zitierten neutestamentlichen Verse vom „gemeinsamen Priestertum aller Gläubigen“ (vgl. 1 Petr 2,9) – ein neues Bewusstsein von der Würde aller Getauften und der den kirchlichen Ständen vorausgehenden Gemeinschaft aller Glieder des Volkes Gottes. Der viel berufene Begriff „Amtskirche“ musste archiviert werden. Manche schlossen später freilich fälschlicherweise aus diesem Neuanfang, Demokratie sei nun die der Kirche zukommende Ordnungsform. Bei der Würzburger Synode waren die teilnehmenden Bischöfe nicht selten den belastenden Konsequenzen dieses Irrtums ausgesetzt. Es kam zu hitzigen Auseinandersetzungen. „Ich schäme mich für meine Kirche“, rief etwa eine Synodale und erhielt den Beifall vieler. Dazu kam, dass der Transparenz wegen von Anfang an für die Beratungen der Kirchenführer und engagierten Laien die Öffentlichkeit gesucht wurde. Diese Entscheidung war wohl unumgänglich, erwies sich aber als sehr belastend. Über die Medien wurde Druck auf die Versammlung ausgeübt. Jürgen Habermas hat schon in einer seiner frühen Untersuchungen darauf hingewiesen, dass für die Neuzeit die Medien „aus bloßen Nachrichtenpublikationsanstalten auch Träger und Leiter der öffentlichen Meinung“ wurden.[5] Dies zeigte sich auch für die Würzburger Synode. Dabei fehlt Medien oft das Verständnis für das Eigentliche der Kirche. Sie betrachten die Kirche unter Gesichtspunkten, die deren Glaube und Lehre ganz fremd sind, und sie üben unter solch irriger Perspektive mitunter schädlichen Einfluss auf die Wahrheitsfindung der Kirche aus. So benutzten bei der Würzburger Synode Medienvertreter ihre Macht und unterstützten bestimmte Synodale, die kirchliche Weisungen und pastorale Praxis dem Zeitgeist anpassen wollten. Gegen solche Einflüsse hatten die Bischöfe während der Synode den Sinn für medial nicht gut vermittelbare Glaubenswahrheiten wachzuhalten, die an Gottes Wort gebundene Lehre der Kirche zu verteidigen, etwa gegenüber dem Propagieren eines „Schlupflochs der Barmherzigkeit“ als Ausweg bei Problemen mit der Unauflöslichkeit der Ehe oder im Hinblick auf den priesterlichen Zölibat. Sie mussten dabei fortwährend – direkt oder indirekt – das Wort des Völkerapostels verteidigen: „Gleicht euch nicht dieser Welt an, sondern wandelt euch und erneuert euer Denken“ (Röm 12,2). Bischof Heinrich Tenhumberg kleidete diesen Appell in die westfälische Volksweisheit: „Nur tote Fische schwimmen mit dem Strom“ und rief mit diesem Satz lautstarken, zornigen Protest in der Aula hervor (25. Mai 1974). Bei einer anderen Sitzung wurde der betagte Kardinal Jaeger, der sich in Rom und weltweit wie nur wenige Hirten für die Ökumene eingesetzt hatte – er stammte selbst aus einer konfessionsverschiedenen Ehe –, ausgebuht, als er seine Pläne für die Wiedervereinigung der Christen darlegte.

Die turbulenten Sitzungen nötigten auch mich dazu, „die Geister zu unterscheiden“. Vor allem wurde mir die Letztverantwortung des geweihten Amtes für die kirchliche Leitung klar. Es konnte nicht sein, dass öffentliche Pression die kirchliche Lehre festlegte. Den Ausschlag hatten nach aufmerksamer Betrachtung der seelsorglichen Situation und genauer Prüfung der Lehrvorgaben die Bischöfe zu geben.

Den zu beratenden Materien stellten sich die verschiedenen synodalen „Sachkommissionen“. In einer von ihnen kristallisierte sich das Thema „Glaubenssituation und Verkündigung“ heraus.[6] Ihr Vorsitzender war mein Doktorvater, Professor Karl Lehmann. Man befasste sich u. a. intensiv mit der Predigtkrise. Sie trat rasch in den Kontext des Berufsprofils der Pastoralreferenten und -assistenten, deren Anzahl in

Deutschland deutlich zugenommen hatte und deren wissenschaftliche Aufgeschlossenheit die akademischen Lehrer der Theologie schätzten. So entstand die Frage, in welchem Grade auch Nicht-Geweihte, die ja schon wesentlich in den Dienst der Katechese gestellt waren, in die amtliche Verkündigung des Wortes Gottes einzubeziehen seien. Der Würzburger Pastoraltheologe Rolf Zerfaß, der sich 1971 zur Thematik der Laienpredigt in Münster habilitiert hatte, bestimmte wesentlich die Überlegungen. Die Beratungen schlugen sich dann nieder in einer Vorlage zur „Beteiligung der Laien an der Verkündigung". Als deren „springender Punkt" ragte die These heraus, dass innerhalb der Feier der Eucharistie ein Nicht-Ordinierter die Predigt übernehmen könne. Wohl wollte man diese Möglichkeit auf „außerordentliche Fälle" beschränken sowie eine theologische Ausbildung des Predigers und der Predigerin zur Bedingung machen und plante eine Beauftragung durch den Bischof (Missio homiletica).

Mir erschien die Grundabsicht der Sachkommission durchaus verständlich. Doch die Idee und Begründung dieser Neuerung überzeugten mich nicht. Gerade in der Feier der Eucharistie durchdringen sich Wort- und Kultdienst des Priesters, weil sich in ihr seine Predigt im sakramentalen Zeichen verdichtet und das Sakrament als sichtbar gewordene Verkündigung aufzufassen ist. Meiner Ansicht nach war das angeregte Modell zudem keineswegs in die Lehre vom Weihesakrament zu integrieren, wie sie das Zweite Vatikanische Konzil ausführlich dargelegt hatte. In meiner Promotion hatte ich erarbeitet, wie sehr durch die jüngste Kirchenversammlung die bislang maßgebliche Sicht des Konzils von Trient (1545–1563) erweitert worden war. Hatte man im 16. Jahrhundert noch gegen die Irrtümer Luthers den Ordinierten vor allem als Sakramentenspender definiert, so stellte nun das jüngste Konzil heraus, er sei durch seine Weihe auch für die Verkündigung und die Gemeindeleitung spezifisch qualifiziert. Durfte sich die Würzburger Synode über das Konzil hinwegsetzen und – wenn auch in bester seelsorglicher Absicht – den gerade erreichten theologischen Fortschritt wieder verspielen?

In dieser Situation kam mir der Gedanke, ich müsste durch einen erläuternden theologischen Text einen Irrweg der Synode verhindern. Nach der ersten synodalen Lesung zur Thematik der „Laienpredigt" im Mai 1972 erstellte ich ihn und wandte mich an den damaligen Chefredakteur der „Herder-Korrespondenz", David Seeber, stellte ihm die Problematik dar und bat ihn um baldige Veröffentlichung meiner Bedenken. Er sagte prinzipiell zu, traute sich aber wohl nicht, ihn ohne die Darlegung der Gegenposition abzudrucken. Als ich lange vergeblich auf die endgültige Bestätigung einer Veröffentlichung des Beitrags gewartet hatte, fragte ich telefonisch nach. Seine Auskunft war, mehrere Nachfragen bei Kennern der Sache hätten keine Zustimmung gefunden. So müsse er leider ablehnen (26. September 1972). Seine Versuche, einen Partner für einen zweiten Artikel zu finden, hätten zu keinem Erfolg geführt. So könne er sich nicht für einen Abdruck entscheiden. Offenbar wollte man eine kontroverse öffentliche Debatte dieses Themas vermeiden und mich mit meinen Bedenken ins Leere laufen lassen.

Es schien mir nun unumgänglich, auf andere Weise meine Überlegungen in die Synodenberatungen einzubringen. Schließlich war zu verhindern, dass die Diözesen in Deutschland einen theologischen Irrweg einschlugen. Allerdings blieb mir nicht viel Zeit. Meine Argumente konnten die Schlussabstimmung über die Vorlage nur beeinflussen, wenn sie vor der anstehenden Vollversammlung zur Kenntnis der Synodalen gelangten. In Paderborn übernahm der Schriftleiter der Vierteljahresschrift „Catholica“, Albert Brandenburg, meinen Artikel für das erste Exemplar von 1973. Da diese Nummer jedoch erst im Frühjahr 1973 auf den Markt kam, zog er meinen Text als Sonderdruck vor.[7] Mit Hilfe des Sekretärs der Bischofskonferenz, Prälat Josef Homeyer, gelangte der Aufsatz dann in die Hände aller bischöflichen Synodalen sowie der wichtigsten Mitglieder der zuständigen Sachkommission.

Die Reaktionen auf die Publikation eines Querdenkers zeigten, dass das theologische Establishment Öffentlichkeit und Medien nur für konforme Auffassungen begrüßte. Mitglieder der Sachkommission reagierten nicht argumentativ, sondern polemisch.[8] Karl Lehmann schrieb mir einen empörten Brief. Ob in der Fülle des umlaufenden Materials und in der Hektik der Beschlüsse die Bischöfe meine Bedenken überhaupt wahrnehmen konnten, entzieht sich meiner Kenntnis. So wurde schließlich die Vorlage zur „Beteiligung der Laien an der Verkündigung“ von der Synode am 4. Januar 1973 angenommen und am 3. März 1974 durch die Deutsche Bischofskonferenz in Kraft gesetzt. Nur neun Jahre später kam allerdings der Katzenjammer. Der neue Kodex des Kirchenrechts von 1983, der sich ganz am Zweiten Vatikanischen Konzil orientierte, bestimmte unmissverständlich: „Unter den Formen der Predigt ragt die Homilie hervor, die Teil der Liturgie selbst ist und dem Priester oder dem Diakon vorbehalten wird“ (c. 767 § 1 CIC). Daraufhin mussten die deutschen Bischöfe die inzwischen vielerorts eingeführte Laienpredigt wieder untersagen, was verständlicherweise zu Frustration und Ärger bei den Betroffenen führte. Genau diese Entwicklung hätten sie bei Beachtung meiner Intervention verhindern können.

Heute denke ich mit Genugtuung an den Ausgang des Streits, auch wenn ich einsehen musste, dass ich zum Diplomaten nicht geeignet bin. Wenn ich etwas als wahr und nötig erkannt habe, dann vergesse ich leicht möglichen eigenen Nachteil, setze mich vielmehr mit aller Kraft dafür ein.

Überraschend Bischof: sonderbare Botschaften

Mein Paderborner Heimatbischof Lorenz Kardinal Jaeger starb am 1. April 1975. Das Paderborner Domkapitel hatte schon nach dessen Rücktritt Johannes Joachim Degenhardt zum Nachfolger gewählt. Offenbar bemühte sich dieser recht bald, mich meinem Heimatbistum zurückzuerstatten. Als sicherster Weg zu diesem Ziel erschien ihm wohl meine Berufung zum Weihbischof. Und tatsächlich, am 29. Oktober 1975 erhielt ich durch Papst Paul VI. meine Ernennung zum Titularbischof von Naisso und zum Weihbischof in Paderborn. Im dortigen Dom wurde ich am 1. Februar 1976 durch Erzbischof Johannes Joachim Degenhardt zum Bischof geweiht; Mitkonsekratoren waren die Bischöfe Paul Nordhues und Paul-Werner Scheele. Kardinal Döpfner hatte, als ich ihn vor Weihnachten zu dieser Feier einlud, noch vital und temperamentvoll seine Freude geäußert: „Normalerweise rauche ich im Advent nicht; jetzt aber stecke ich mir eine Zigarre an." Als er wenig später von München anreiste, zeigte er dann jedoch unübersehbar Züge seiner geschwächten Gesundheit. Schon am 24. Juli des Jahres vollendete er seinen Lauf, nur wenig über sechzig Jahre alt; der Dienst in der Diözese und die Auseinandersetzungen der Synode hatten ihn vorzeitig aufgerieben.

Meine Ernennung zum Bischof erschien mir als ein Geschenk aus der Hand Gottes, der mich schon merkwürdig und unverdient zum Priestertum geführt hatte. Spontan gab ich meine Zustimmung und zerbrach mir – anders als bei der Berufung zum Priestertum – nicht lange den Kopf. Nicht alle Gefährten meines bisherigen Lebensweges taten sich so leicht mit dieser Entscheidung. Mein peruanischer Freund Jorge beispielsweise, der sich meiner bei meinen ersten Schritten im „Séminaire Universitaire“ in Lyon so brüderlich angenommen hatte, zeigte sich reserviert (Brief vom 17. Juni 1976):

> „Ich fühlte plötzlich eine Gefahr: das uns beiden anvertraute und während all den Jahren intensiv vollzogene Priestertum, das uns immer nachdrücklicher dem Herrn und seiner Kirche verbunden hatte, könnte uns auf unterschiedliche Wege bringen. Dich hat es mehr und mehr zu den Zentren der Macht in der Kirche geführt, mich mehr und mehr an ihren Rand: d. h. nicht ‚heraus‘, sondern zu denen, die draußen sind und von vielen Christen so angesehen werden, auch von vielen Bischöfen. Die Armen haben mich nämlich immer enger denen angenähert, die leiden und kämpfen. Denen, die ein großes Herz haben und ihr Leben einsetzen, damit die Welt menschlicher wird. – Ich bin den revolutionären Christen und Nichtchristen nahe, mit denen zusammen ich den Sinn aller Worte der Bibel in neuer Weise verstehe und bei denen ich mich ganz klein und nichtig fühle. Ich leide auch sehr, dass ein guter Teil der Kirche diese Art von Menschen missachtet, uns als politisiert bezeichnet, als ‚unterwandert‘, kommunistisch. Und ich fühle auch das ganz Neue dieses Stroms der Kirche, die auf unserm Kontinent mehr und mehr verfolgt wird.

Und ich fürchte, Deine Situation könnte Dich nicht nur praktisch entfernen von diesen Kleinen (die Du mit Charles de Foucauld liebst), sondern auch von diesen mutigen Kämpfen gegen das Unrechtssystem, das ‚auf christliche Weise' entmenschlicht. (Du weißt, alle faschistischen Diktaturen Lateinamerikas sind gegenwärtig fromm-christliche, obschon sie die Kleinen verachten, unterdrücken, quälen.) Mich bedrückt eine wirkliche Gefahr für die Kirche, nämlich die, neue Ideen wie die von Gustavo [Gutiérrez] nicht zu verstehen."

Solche Zeilen irritierten mich; sie waren eine Art Warnschuss: Die emotionale Nähe und hilfreiche Bestätigung durch einige Weggefährten würde mir wohl als Bischof nicht mehr selbstverständlich geschenkt werden. Doch sie waren nicht der einzige Kommentar. Ich stieß auch auf viel Zustimmung. Ja, und über eine Auswirkung dieser Weihe war ich tatsächlich sehr verwundert, auch wenn ich von ihr erst sehr viel später erfuhr. Der Brief einer Bekannten meiner Jugend teilte sie mir mit (Brief vom Advent 1986):

„In meinem Herzen bewahre ich seit Jahren eine Geschichte auf, die Dich angeht und die ich Dir heute schenken möchte, wenn Du eine kleine Weile zuhören magst. Es liegt nun schon mehr als dreißig Jahre zurück, als wir in Kirchhundem einen Spaziergang zu den ‚Vier Linden' machten. Wir sprachen über unsere Berufspläne und fast wörtlich sagtest Du: ‚Ich möchte gerne Theologie studieren, aber ich schaffe es nicht allein. Es müsste jemand für mich beten, denn es ist alles eine Frage der Gnade.' Abends haben wir dann noch ein bisschen Schützenfest gefeiert, bevor Du den nächsten Tag wegfuhrst. Noch in der Kirchhundemer Kirche begann ich mit dem Gebet für Dich. Es wurde ein anhaltendes und inständiges Gebet um Klarheit und Gnade für Dich, bis meine Tante uns erzählte, dass Du Dich für den Priesterberuf entschieden hättest.

Etwa zu diesem Zeitpunkt geriet ich in große Dunkelheit, die ich heute als Gottesferne bezeichnen würde und die ich trotz ehrlichen Suchens nicht durchdringen konnte. Schließlich war es die Liebe meines Mannes, die mich rettete und trug – und das Glück mit den Kindern. Dennoch war mir schmerzlich bewusst, dass ich etwas Kostbares verloren hatte. Zu einem viel späteren Zeitpunkt großer Müdigkeit gab ich mein Suchen und auch die Hoffnung auf.

Wieder war es meine Kirchhundemer Tante, die mir an ihrem Namenstag 1975 von Deiner bevorstehenden Bischofsweihe erzählte. Diese Nachricht erschütterte mich zutiefst, und traurig und einsam saß ich am Tag Deiner Weihe in der Heiligen Messe. Wie verschieden waren unsere Wege vor Gott! Ich verstand meinen Weg nicht, nahm aber meine Dunkelheit aufs Neue an. Im Verlauf dieser Heiligen Messe geschah etwas Wunderbares an mir. Auf überaus stille Weise wurde ich in einem einzigen Augenblick getröstet und durfte auch auf der Stelle erkennen, dass ich Seine so lange ersehnte Nähe und Liebe erfuhr. ‚Getreu ist Gott' erfüllte sich an mir, und in der bald folgenden Karwoche wurde ich in unverwechselbare Freude und Geborgenheit geführt, die mich auch heute noch tragen.

Dies ist meine Geschichte, die ich so und nicht anders erlebt habe. Ich kann sie Dir erzählen, weil ich mich schon lange darüber freuen kann."

Noch ein weiteres Mal kam mir eine eigenartige Information zu Ohren, die meinen Lebensweg betrifft. Sie hat zu tun mit der französischen Mystikerin Marthe Robin (gest. 1981). Diese Frau wurde 1902 in Châteauneuf-de-Galaure geboren. Eigentlich glaubte sie sich für den Karmel berufen, konnte aber ab 1929 ihr Bett nicht mehr verlassen, da sie am ganzen Körper gelähmt war. Fünfzig Jahre lang fesselte sie das Krankenlager. Von dort aus inspirierte sie auf ganz erstaunliche Weise die Erneuerung des Glaubenslebens in Frankreich. Sie rief die Exerzitien-Bewegung „Foyers de Charité – Feuerstellen der Liebe" ins Leben, die heute in aller Welt an ca. achtzig Orten klassische Geistliche Übungen durchführt. Bedeutsam war sie jedoch nicht nur für dieses Werk, sondern auch für viele andere aufbrechende geistliche Bewegungen, weil deren Initiatoren sie um Rat und Weisung baten. So suchten sie sehr unterschiedliche Initiatoren von Neugründungen auf – etwa die der „Kleinen Schwestern von Charles de Foucauld" (1943), der Bewegung „Clair-Amitié" (1946), des „Nid" (1949), des „Focolare" in Frankreich (1962), Pierre Goursat von der Gemeinschaft „Emmanuel" in Paris (1973) und Jean Vanier von der „Arche".

1986 besuchte ich das Zentrum in Châteauneuf, um im Namen des vatikanischen Rates für die Laien der Gemeinschaft eine lang ersehnte päpstliche Anerkennung „auf Zeit" mitzuteilen. Natürlich war es mir eine Freude, nach all den Jahren wieder in die Nähe von Lyon, ins Departement Drôme zu kommen. Noch mehr bewegte mich die Wärme und Herzlichkeit, mit der ich von der Gemeinschaft begrüßt wurde. Von einem geistlichen Kräftespiel, das sich hinter den Kulissen bei diesem Schritt vollzogen hatte, hörte ich aber erst später und war nicht schlecht erstaunt. Ich wurde es gewahr durch einen Brief vom 9. April 1992, den mir Joseph

Bastin schrieb – ein Priester, der aus dem belgisch-deutschen Grenzland stammte.

Das Ende des Zweiten Weltkrieges hatte diesen Mitbruder in den Harz verschlagen. Dort lernte er ein deutsches Förster-Ehepaar kennen und wurde in dessen Familie wie ein Sohn aufgenommen. Nach dem Krieg zog die Familie zurück in ihre ursprüngliche Heimat, das westfälische Sauerland. Père Bastin hielt den Kontakt, besuchte seine Bekannten dort mehrfach und wurde mit diesem Landstrich Deutschlands, seinen Dörfern und Familien recht vertraut. Er lernte sogar meinen Geburtsort Kirchhundem kennen.

Père Bastin traf erstmals 1960 auf Marthe Robin. Durch ihre Inspiration tat er seinen priesterlichen Dienst vor allem, indem er zu den geistlichen Exerzitien der „Foyers" einlud und sie gestaltete. Bei den häufigen Besuchen der Kranken erwähnte er auch nicht selten, dass er bei einer sauerländischen Familie eine zweite Heimat gefunden und wie sich auf diesem Wege die Versöhnung zwischen Deutschen und Franzosen Bahn geschafft hatte. Einmal, Anfang der 70er Jahre, ging er zu Marthe, um sein Gewissen zu beruhigen. Wie er mir später schriftlich mitteilte, fragte er sie: „Würde ich nicht besser daran tun, eine Exerzitien-Woche einzulegen, statt' wieder einmal zu dem alten Förster ins Sauerland zu fahren?" Darauf Marthe in ihrer spontanen Art: „Père, Sie vergeuden gewiss nicht Ihre Zeit! Wie freuen sich die Leute, wenn ihr Sohn kommt. Lassen Sie immer alle daran teilhaben, den guten Geist auszubreiten; denn es könnte eine Zeit kommen, dass einer aus dieser Gegend Châteauneuf besucht, der für uns sehr wichtig ist." Père Bastin fährt dann fort in seinem Brief: „Als Sie dann (1986) mit einer ganz wichtigen Entscheidung in Châteauneuf am Rednerpult standen, wurde ich mir der Worte von Marthe Robin erst recht bewusst – wie so manches Mal nach den Gesprächen mit Marthe. Bei ihrem so klaren Gedächtnis hatte ich erfahren, dass sie in ‚unserem' Sauerland ganz zu Hause war; denn wie oft zogen wir im Geist zusammen zur ‚Chère Maman' nach Kohlhagen. In Wirklichkeit bin ich auch schon mit Ihnen dorthin gewallfahrtet. Ob Marthe auch schon dabei war …?"

Doch nun zur Alltäglichkeit meines neuen Dienstes. Er bestand hauptsächlich in Pfarreibesuchen. In vielen Gemeinden feierte ich das Sakrament der Firmung für die damals noch sehr zahlreichen Kinder: Allein im Jahr 1977 begegnete ich so fast 9000 Heranwachsenden bei der Liturgie und nach Möglichkeit auch zum Kennenlernen in einem vorbereitenden Treffen. Gleichzeitig war in den Pfarreien die kanonische Visitation durchzuführen, das heißt: Gespräche mit den Priestern, Durchsicht der Akten, Treffen mit den Kirchenvorständen, den Pfarrgemeinderäten und den freiwilligen Helfern der Caritas, evtl. Besichtigung der zugehörigen Kapellen, anderer geistlicher Stätten, der Krankenhäuser, der Kindergärten.

Gegenüber den Jahren, da ich selbst das Firmsakrament empfangen hatte, war inzwischen vieles anders geworden. Nach dem Zweiten Vatikanischen Konzil entschieden die Bischöfe, das Sakrament solle nicht mehr im Kindesalter, sondern es solle Jugendlichen gespendet werden; die vermittelte Gabe des Heiligen Geistes zielte ja auf das Glaubenszeugnis des Empfängers und seine aktive Teilnahme an der kirchlichen Sendung. Außerdem wurde angeregt, gläubige Gemeindeglieder an der Vorbereitung der Heranwachsenden auf den Empfang des Sakraments zu beteiligen. Diese Neuerung beabsichtigte nicht, den Priester für die geistlich-gnadenhaften Elemente bei der Hinführung zum Sakrament auszuschalten; ihm oblag weiterhin die Vermittlung eines persönlichen Verhältnisses der Firmanden zu Christus: dass Gottes Geist Freundschaft mit dem Herrn schenkt; dass er die Frucht seines Todes und die Kraft seiner Auferstehung ist; dass er das Verständnis von Sünde und Beichte vertieft; dass er zur Gemeinschaft mit dem eucharistischen Sohn Gottes drängt. Doch galt es, die hohe Theologie vom gemeinsamen Priestertum aller Getauften in eine – wenn auch kleine – pastorale Form umzusetzen.

Die Einbeziehung aktiver, gläubiger Laien in den Firmunterricht erwies sich als glückliche Neuerung – nicht nur weil sie den Priestern Arbeit abnahm, sondern vor allem weil erwachsene Christen im Pfarrdienst die Freude an der Glaubensweitergabe erlebten. Immer wieder begegnete ich Frauen und Männern, die mir berichteten, wie sie diese Aufgabe ansprach und erfüllte. Sie wurden angeregt, sich den Stärken und Schwächen des eigenen Glaubens zu stellen, ihre theologische Kenntnis zu vertiefen sowie Mut zum persönlichen Zeugnis zu fassen. Erstmals ahnte ich die pastoralen Chancen und Kräfte, deren volle Ausprägung ich später in den „Neuen Geistlichen Bewegungen“ erlebte.

Gleichzeitig wuchsen in mir bei meinen vielen Visitationen im Erzbistum Paderborn trotz des festlichen und frohen Rahmens eines „Bischofsbesuchs“ ernste Sorgen um die Zukunft der Gemeinden. Manche Mitbrüder klagten darüber, dass verschiedene Firmanden sich am Leben der Pfarrei kaum beteiligt hätten. Es sei schwierig gewesen, sie überhaupt für die Mitfeier des Sonntagsgottesdienstes zu gewinnen, auch weil die Eltern mitunter der Kirche entfremdet seien. Und es war nicht selten abzusehen, dass sie sich mit dem Empfang des Firmsakramentes ganz von der Kirche verabschiedeten. Diese Sachlage nötigte förmlich zur Erkenntnis, dass die seelsorglichen Mittel der gängigen Pfarrseelsorge für die Weitergabe des Evangeliums nicht mehr hinreichten. Es genügte also nicht, die Pfarreien einfach technisch besser auszurüsten. Nicht einmal die Anpassung von Strukturen würde eine drohende Versteppung unserer Glaubenslandschaft verhindern; sie mochte zwar das „System Kirche“ stützen, um aber ein Feuer von Gottesgeist zu entzünden, bedurfte es aktiver Evangelisatoren. Dass diese sich nicht auf die neue Gruppe der „Firmhelfer“ beschränken konnten, zeigten mir in meiner späteren Arbeit die aufbrechenden Laiengemeinschaften, die sich den Appell von Johannes Paul II. und Benedikt XVI. zur „Neuevangelisierung“ zu eigen machten. Sie haben sich inzwischen auch in unseren Breiten als eine bewährte Wehr gegen das Absinken des christlichen Grundwasserspiegels erwiesen.

II. Karol Wojtyla – „Ein Papst, der von weit her kommt“

Durch die dickste Mauer des finsteren Kerkers genügt der enge Schlitz einer Schießscharte, um die Sonne zu bezeugen. So auch diese jetzt noch undurchsichtige und dumpfe Welt: die flüchtige Begegnung mit einem Heiligen genügt, Gott zu bezeugen.

Henri de Lubac

Zu meiner Arbeit im Sekretariat der Deutschen Bischofskonferenz gehörte gelegentlich die Teilnahme an übernationalen Zusammenkünften. Bei einem Treffen in Luxemburg bewog mich ein polnischer Kollege, P. Alojsy Orszulik, zu einem Besuch seines Landes. Aus ihm ergaben sich im Laufe der Zeit viele Kontakte zu den Menschen dort, und ich war dann von 1975 an wohl jedes Jahr mindestens ein Mal in Polen. Im August 1978 – in den Tagen, als Papst Paul VI. starb – machte ich mit Freunden Ferien in der Nähe von Augustów in Ostpolen am Wigry-See. Wir hatten viel Abwechslung beim Schwimmen und bei Bootsausflügen. Einmal erzählte ein anderer Feriengast von verschiedenen mysteriösen Begebenheiten, die ich nicht ernst nahm und gleich unter der Rubrik „Geschichten für das Lagerfeuer“ einordnete: Vorahnungen und Träume von Künftigem, Botschaften Verstorbener, verwunschene Orte, teuflische Machenschaften. Natürlich ärgerte es meinen Mitbruder, dass ich über seine Geschichten eher lächelte. Als die Nachricht vom Tod des Papstes dann durch die Welt ging, traf ich ihn wieder in Augustów auf der Straße. Er sofort: „In der vorigen Woche hat ein mir bekannter Priester geträumt, dass Paul VI. stirbt und der Kardinal von Krakau sein Nachfolger wird. Jetzt ist der Papst wirklich gestorben. Wir haben diesem Träumer schon gesagt: Ein kleiner Prophet bist du bereits; vielleicht wirst du einmal ein großer Prophet sein." Ich war verwundert. Als dann freilich Ende des Monats Johannes Paul I. gewählt wurde, vergaß ich die eigenartige Geschichte aus Ostpolen.

„Wyszynski ist gut, Wojtyla ist besser"

Schon vor den erwähnten polnischen Ferien war der erste offizielle Besuch einer Delegation der Bischöfe Polens in der Bundesrepublik Deutschland angekündigt worden. Wohl hatten diese während des Zweiten Vatikanischen Konzils ihren deutschen Amtsbrüdern in einem bedeutungsvollen Brief zugesagt: „Wir gewähren Vergebung und bitten um Vergebung." Dennoch hielten es die Bischöfe des Nachbarlandes wegen möglicher Repressalien der kommunistischen Machthaber für gefährlich, über vielfältige private Kontakte und hilfreiche Kanäle hinaus ihrer guten Beziehung zu den deutschen Katholiken öffentlichen Ausdruck zu geben. Nun aber schien ihnen der Zeitpunkt gekommen. Die Reise war für Ende September 1978 vorgesehen. Prälat Homeyer oblag die Organisation. Wenige Tage vor dem Termin rief er mich an, es sei vergessen worden, der Delegation einen Repräsentanten der Deutschen Bischofskonferenz als ständigen Begleiter zuzuordnen; so sei es aber eigentlich nach diplomatischen Gepflogenheiten gefordert. Ob ich das übernehmen könne?

Ich hatte zwar einige Firmtermine im Sauerland, konnte aber einen bischöflichen Stellvertreter finden, und so erklärte ich mich bereit.

Im Grunde genommen wurde der Besuch gar nicht als der einer Reisegruppe der Polnischen Bischofskonferenz wahrgenommen; die ganze Aufmerksamkeit galt nämlich Kardinal Wyszynski, ihrem legendären Vorsitzenden, der von einigen eher unwichtigen Herren begleitet wurde. Die Wagenkolonne nahm den Weg von Fulda über Köln, Neviges und Dachau nach Mainz. Im ersten PKW saß dabei der Primas von Polen mit dem jeweiligen Ortsbischof, im zweiten der damals kaum bekannte Kardinal von Krakau, Karol Wojtyla, mit mir. Während der vielen Straßenkilometer hatte ich Gelegenheit, den bislang fremden Mitbruder ein wenig besser kennenzulernen. Mir ist in Erinnerung geblieben, wie feinfühlig und zurückhaltend er auf ihm begegnende Menschen und Situationen reagierte; dass Kardinal Wyszynski ihn um sein Wort bat, wenn eine Stellungnahme zu politisch Delikatem anstand; dass wir über theologische Untersuchungen sprachen; dass ich ihm eines der letzten Exemplare meiner Doktorarbeit anbot und ihm das Versprechen abnahm, es zu lesen. Ohne Frage: In den wenigen gemeinsamen Tagen hatte Karol Wojtyla mich für sich eingenommen. Als ich dann nach Paderborn zurückkam, traf ich vor dem Generalvikariat Prälat Hermann Christoph, einen der Domkapitulare. Er hatte die Reise am Fernsehen verfolgt und sprach begeistert von den Predigten und Reden des Primas. Ich kommentierte mit dem knappen Spruch: „Wyszynski ist gut, doch Wojtyla ist besser."

„Nun, was sagen Sie denn jetzt?"

Johannes Paul I. war seiner Krankheit und körperlichen Schwäche rascher erlegen, als die Kardinäle bei seiner Wahl vorhersehen konnten. So stand die Kirche am 29. September 1978 erneut ohne römischen Bischof da. Ich war in meinem Heimatdekanat, um den Jugendlichen das Firmsakrament zu spenden. Auf das Äußerste gespannt verfolgte ich in den Medien alle Nachrichten. Vor allem interessierten mich Spekulationen über die Chancen, die ein Nicht-Italiener beim Konklave haben würde. Noch am Nachmittag hatte ich mich bei einem Besuch des eucharistischen Herrn in meiner Taufkirche – statt zu beten – wieder und wieder gefragt, ob sich nun der merkwürdige Traum des polnischen Mitbruders erfüllen würde.

Meine innere Ruhelosigkeit explodierte geradezu, als ich am 16. Oktober abends nach der Firmfeier in Silberg hörte: „Der Kardinal von Krakau ist zum Papst gewählt worden!" Wir waren mitten im Gespräch mit den Firmhelfern. Ich stand auf – bleich im Gesicht, wie man mir später sagte. Sofort war mir klar: Ich musste bei der Einführung des neuen Papstes in Rom sein! Nie wieder, so schien mir, wirst du den Bischof persönlich kennen, den Christus zum obersten Hirten der Kirche bestellt hat. Erneut hatte ich einen Lückenbüßer für die anstehenden Verpflichtungen zu suchen. Mein Erzbischof gab sein Einverständnis für den Flug. Alles klappte. Unterwegs las ich in der Zeitung, Don Stanislaw Dziwisz, dem ich beim Deutschlandbesuch der Polen begegnet war, würde als Privatsekretär des neuen Papstes im Vatikan bleiben. Also kannte ich wenigstens eine Person in dessen neuem Umfeld. Samstagsspätnachmittags in Rom angekommen, ermöglichte sich für mich leichter als erwartet die Teilnahme an der ersten öffentlichen Eucharistiefeier Johannes Pauls II. Doch mich trieb ein noch vermessenerer Drang: Ich wollte den neuen Papst auch persönlich treffen und ihm meine Freude und Anteilnahme zeigen. Mein Freund aus Polen, Alojsy Orszulik, musste mir helfen. Abends – es wurde schon dunkel – trafen wir uns auf der Piazza del Risorgimento, und ich notierte mir im Schein der Straßenlaterne eine Telefonnummer, über die möglicherweise der Papstsekretär erreichbar wäre. Mein Wunsch ließ mir keine Ruhe, und ich ging allen Möglichkeiten nach, mochten sie auch wenig aussichtsreich sein. Alles geschah unter großem Zeitdruck, denn am Montagvormittag spätestens musste ich nach Deutschland zurück.

Der Einführungsgottesdienst war bewegend und dauerte mindestens drei Stunden. Anschließend begegnete ich an den Kolonaden des Petersplatzes Frère Roger Schutz, dem Gründer der Brüdergemeinschaft von Taizé. Ich kannte ihn schon seit meinem Studium in Frankreich 1958. Beide waren wir überrascht, uns hier wieder zu treffen. Beiläufig hörte ich, der Papst werde am Sonntagnachmittag nicht ausruhen, sondern gegen fünf Uhr die nichtkatholischen Christen empfangen, die seinetwegen nach Rom gekommen waren. War das die Chance auch für mich? Bei Schwester Henriette, der Oberin der Schwestern des Collegio Teutonico, setzte ich mich nach dem Mittagessen ans Telefon und wählte wieder und wieder die Telefonnummer des Privatsekretärs. Erst nach einer halben Stunde erreichte ich ihn und erkundigte mich: „Ist es mir möglich, den Heiligen Vater zu grüßen? Könnte ich zur Audienz mit den nichtkatholischen Ehrengästen zu Ihnen kommen?“ „Wie viele sind Sie?“ „Ich bin allein.“ „Also gut, um 16.30 Uhr.“ Ich borgte mir vom Rektor des Kollegs eine Soutane und mischte mich zur gegebenen Zeit unter die „getrennten Brüder“. Einige, die mich kannten, waren überrascht. Man trennte mich schließlich von der Gruppe und führte mich in einen der Empfangsräume. Nie vorher war ich im Apostolischen Palast gewesen.

Ich wartete. Von irgendwoher waren Reden zu hören, dann Applaus, weitere Reden, Gemurmel. Ich wartete. Es war ganz still, und ich dachte: Offenbar hat man mich vergessen. Da ging plötzlich die Tür auf, und der Papst trat in den Saal. „Nun, was sagen Sie denn jetzt?“, war seine Frage auf Deutsch. Meine verdutzte Antwort: „Ich freue mich so, dass Sie zum Papst gewählt wurden, und ich wollte Ihnen das auch persönlich sagen.“ Wir wechselten einige Worte. Ich erwähnte den Traum des Priesters von Augustów. Und der Papst darauf: „Auch ich habe einen Traum gehabt. Es war während meines Urlaubs in einer einsamen Hütte der Karpaten. Es gab kein Radio, keine Zeitung, keine Post. In diesen Tagen starb Papst Paul VI. Bevor ich irgendeine Nachricht erhielt, habe ich von einem Konklave geträumt, war dann sehr betroffen von der Mitteilung seines Todes und habe innig darum gebetet, dass der Traum für mich nichts bedeuten möchte.“

Unser Gespräch war gewiss nur kurz. Dennoch hatte ich wirklich ein sehr schlechtes Gewissen, diesem Mann an einem solchen Tag die Zeit zu stehlen. Dann sagte er unversehens: „Aber Ihre Doktorarbeit habe ich noch nicht gelesen!“ Da war wieder sein Einfühlungsvermögen für den andern, sein Fremdverstehen – obschon doch am 22. Oktober 1978 die halbe Welt auf ihn schaute und obwohl ich unsere Absprache längst vergessen hatte. – In der Montagsausgabe des „Osservatore Romano“ stand dann zu lesen: „Es hat überrascht, dass Papst Johannes Paul II. nach seiner Inthronisation als zweites Mitglied des Weltepiskopats den Weihbischof von Paderborn in Privataudienz empfangen hat. Über den Inhalt des geführten Gesprächs ist wie üblich nichts bekannt gegeben worden.“

Wenige Monate später erlaubte ich mir eine erneute Zudringlichkeit gegenüber dem Nachfolger des Apostels Petrus. Sie war jedoch weniger unbeschwert als der erste Kontakt. Zusammen mit dem Dominikanerpater Manfred Entrich, der später im Sekretariat der Bischofskonferenz meine Tätigkeit übernehmen sollte, hatte ich im Dezember 1978 eine längere Reise nach Lateinamerika unternommen. Allen Tourismus wollten wir entschieden ausschließen. Mich beschäftigte vielmehr nach wie vor die Reserviertheit, die mein peruanischer Mitstudent aus Lyon anlässlich meiner Ernennung zum Bischof gezeigt hatte. Sie legte nahe, jedenfalls ein wenig in das Elend der Armen einzutauchen, soweit dies durch einen kurzen Aufenthalt überhaupt möglich wäre. Erlebte Nähe zu den Ärmsten sollte in unsere Sicht auf die Kirche einfließen. Während Besuchen bei einigen deutschsprachigen Mitbrüdern wollten wir zum Abschluss unsere Eindrücke verarbeiten.

Wir begannen in Bogotá, der Hauptstadt Kolumbiens. Am ersten Adventssonntag feierten wir den Gottesdienst mit der deutschen Gemeinde. Wie in Deutschland wurde auch hier die Adveniat-Kollekte gehalten. Wenig später stellte ich verwundert fest, dass die Pfarrei bei ihrer Aktion alleingelassen wurde. In den anderen katholischen Gemeinden Bogotás gab es offenbar keine Sammlungen zur Bewältigung menschlicher und pastoraler Not – obschon die Armut in den Slums doch jeden erschüttern musste, der sich in sie hineinwagte. Der große soziale Gegensatz zu den Vierteln und Lebensstilen der Wohlhabenden musste dann ins Auge springen: ein einziger Trinkwasseranschluss für Hunderte von Menschen; die Abwässer, die durch die Straßen flossen und in denen die Kinder spielten; die Wohnverschläge aus Blech und Karton, die nicht einmal dem Wind, geschweige denn dem Regen trotzen würden; die Halden von Abfällen, auf denen die Hunde streunten und sich Hungernde etwas Essbares suchten. Und nicht selten nur einen Steinwurf entfernt gab es die durch Mauern geschützten Viertel der Reichen, Villen mit üppigen Vorgärten, sauberen Abflüssen und Fernsehantennen. Ich war schockiert und solidarisierte mich bald mit einigen Priestern und Ordensleuten, die sich gegen das schreiende Elend und die soziale Ungerechtigkeit engagierten. Sie vermittelten uns Kontakte mit Gleichgesinnten in den Ländern, die wir anschließend besuchen würden: Ecuador, Peru, Argentinien, Brasilien, Chile.

Meine Empörung über das Ungleichgewicht zwischen Arm und Reich steigerte sich von Land zu Land: Etwa wenn in einer Region Brasiliens eine multinationale Firma das Monopol für Milch erhält und gleich kurzerhand dekretiert: „Wir interessieren uns nur für die, die mehr als 1.000 Liter Milch erwirtschaften, und wir brauchen nicht mehr als 3.000 dieser Produzenten." Diese Verfügung betraf 30.000 kleine Milchbauern in der Gegend. Was werden die armen Bauern nun tun? – Das war nur ein Hinweis auf die Misere, die die Landbevölkerung quälte. In mir wuchs der Zorn angesichts einer menschenverachtenden Wirtschaftspolitik von Ländern mit katholischer Mehrheit und auf die multinationalen Zwingherren. In Chile angekommen, machte ich mir in einem Brief an Papst Johannes Paul II. Luft (21. Dezember 1978); denn die Dritte Vollversammlung des Zusammenschlusses der Bischofskonferenzen Lateinamerikas, der CELAM, in Puebla stand vor der Tür, und ich wusste, dass der Papst sie besuchen würde:

„Seit gut zwei Wochen bin ich in diesem Kontinent, um einige befreundete Mitbrüder zu besuchen. In Bogotá, Lima, La Paz und Santiago habe ich Gespräche geführt mit Bischöfen, Priestern, Ordensfrauen und Laien. Ich bin ihnen begegnet in ihren Büros und Wohnungen, habe sie aufgesucht an den sozialen Brennpunkten, wo sie im Dienst des Evangeliums stehen.

Immer wieder haben wir über Puebla gesprochen. Das Zusammentreten dort ist für die Glaubenden hier ein Anlass, durch die Verbesserung der Pastoral auch größere soziale Gerechtigkeit zu erwarten. Den Grund für diese Erwartung kann man gerade angesichts der schreienden Not und des großen materiellen und geistigen Elends nachvollziehen. Dennoch äußern manche mit Blick auf Puebla die Befürchtung, dass zwar theologisch eindeutige Koordinaten formuliert werden möchten, dass diese aber die wirkliche Misere von Teilen des Kontinents nicht überzeugend aufnehmen könnten. Denn wenn man auch denen nicht beipflichten kann, die die anzutreffende pastoral-soziale Situation zu einer ‚Offenbarungsquelle' erheben, so ist doch gewiss festzuhalten, dass die Offenbarung auf den gelebten ‚Ort' hin interpretiert werden muss.

Darum, verehrter Heiliger Vater, hängt – so scheint mir – auch für Ihre Stellungnahme zu der Thematik von Puebla so viel von einer möglichst umfassenden Information über die Lage der katholischen Christen in Lateinamerika ab. Von verschiedenen meiner Gesprächspartner wurde nun aber die Meinung geäußert, dass gewichtige Repräsentanten von CELAM entsprechend ihrer legitimen Perspektive Ihnen nur die eine Seite der bekanntermaßen polarisierten Auffassung von notwenigen pastora-

> len Schritten für diesen Kontinent hätten vermitteln können. Mir kam daraufhin der Gedanke: Vielleicht wäre es gut, wenn Sie noch vor Konferenzbeginn ein auf Puebla hin orientiertes Gespräch führen könnten, das zusätzliche Informationen einbrächte." (Es folgen einige Namen, die mir meine Gesprächspartner empfohlen hatten.)

Ob der Heilige Vater meinen Brief je erhalten hat, konnte ich später nicht in Erfahrung bringen. Er ist wohl auch meinerseits eher ein Aufschrei als ein Ruhmesblatt gewesen. Denn ich war durch meine Begleiter und die stets gleichen Erfahrungen in gewisser Weise in die Einseitigkeit hineingezogen worden, die ich an den Repräsentanten von CELAM beklagt hatte – allerdings um sie zu verurteilen. Außerdem brauchte niemand Papst Johannes Paul II. zu motivieren, den Reichen ins Gewissen zu reden und an die Verantwortung der Christen für mehr soziale Gerechtigkeit zu appellieren. Schon in seinem Kommentar zu den Konzilsdokumenten hatte Kardinal Wojtyla 1972 „wirtschaftliche Ungleichheiten" zwischen Völkern und Gruppen als einen zentralen Grund für Konflikte und Kriege benannt. Er hatte damals von der Kirche eine „konstruktive Präsenz" für den Aufbau einer „Welt des Friedens" und „einer brüderlichen Menschengemeinschaft" gefordert.[9] – Als man ihn dann nach der Veröffentlichung seiner ersten Sozialenzyklika im kleinen Kreis wegen seiner mutigen Relativierung des Privateigentums lobte – „das Recht auf Privateigentum ist dem gemeinsamen Recht auf Nutznießung untergeordnet"[10] –, hörte ich ihn sagen, die Formulierungen hätten eigentlich noch schärfer ausfallen müssen; denn viele Menschen und auch Christen müssten ihre Verpflichtung gegen die Armen und Elenden auch trotz der Jahrzehnte katholischer Soziallehre immer noch erst entdecken. – Während der Weihnachtsansprache 1984 vor den Mitarbeitern der vatikanischen Kurie knüpfte er schließlich bei der „bevorzugten Option für die Armen“ an, die die CELAM-Konferenzen der Weltkirche anempfohlen hatten: „Diese Option, die heute besonders stark von den Episkopaten Lateinamerikas unterstrichen wird, wurde von mir wiederholt bekräftigt, nach dem Beispiel übrigens meines unvergesslichen Vorgängers Papst Paul VI. … Angesichts der heutigen Formen der Ausbeutung kann die Kirche nicht schweigen. Sie erinnert auch die Reichen an ihre bestimmten Pflichten. Gestützt auf das Wort Gottes, verurteilt sie nicht wenige Ungerechtigkeiten, die leider auch heute zum Schaden der Armen verübt werden.“

Im Rückblick auf meinen Klageruf stellte sich mir später eine andere Frage: Warum blieb Johannes Paul II. trotz aller schreienden Ungerechtigkeit und trotz seiner Sensibilität für das Elend so vieler gefeit gegen die Fallen einer verabsolutierten Befreiungstheologie, der mein peruanischer Freund nahestand, von der die meisten unserer Reisebegleiter überzeugt waren und die so manche Theologen und Kirchenleute lange in ihren Bann zog? Gewiss schenkte ihm seine persönliche Geschichte und die selbst erlittene Grausamkeit des kommunistischen Kampfes für „Menschlichkeit“ ein klares Unterscheidungsvermögen. Noch stärker mag ihn aber sein starker Glaube vor der Illusion bewahrt haben, für die Verbreitung der Menschenwürde allein mit irdischen Mitteln kämpfen zu können und sich – wenn nötig – gar auch des Hasses und der Gewalt zu bedienen für den Aufbau eines „irdischen Paradieses“. Karol Wojtyla war ein Gott verbundener Mensch. Darum ließ er sich nicht absorbieren vom menschlichen Leid und rang immer wieder um Licht und Tröstung „von oben". Nur wenige Daten dieses seines ständigen Bemühens sollen hier erwähnt sein.

Bei der bereits angesprochenen Reise des polnischen Episkopats nach Deutschland wurde er in Köln an einem Freitagnachmittag vermisst: Man fand ihn schließlich in einem Gotteshaus, wo er den Kreuzweg betete. Offenbar versäumte er freitags niemals, solche Gemeinschaft mit dem leidenden Herrn zu suchen. – In Krakau stellte er in der Kirche seines Palasts vor dem Allerheiligsten einen Tisch auf. Dort schrieb er wichtige Überlegungen nieder, im Dialog mit dem eucharistischen Herrn. – Kurz nach meinem Dienstantritt im Vatikan (1980) wurde ich zur Teilnahme an seiner morgendlichen Heiligen Messe eingeladen. Sie begann um 7.30 Uhr. Ich war relativ früh und der erste der Gäste. So trat ich in seine Hauskapelle. Dort fand ich ihn in der Mitte des Raumes, hinter seinem Armstuhl auf dem Boden kniend, die Arme auf der Rückenlehne dieses Stuhles und das Gesicht in den Händen. Er war damals noch jung und hielt – wie ich später hörte – vor Messbeginn morgens immer eine halbe Stunde lang stille Anbetung. Als er mich eintreten hörte, wandte er sich mir kurz zu. Als ich sein Gesicht sah, fiel mir das Wort ein, das die Italiener nach seiner Wahl geprägt hatten: „Un papa che viene da lontano – ein Papst, der von weit her kommt." Das war für sie eine Anspielung auf des Papstes fremde Volkszugehörigkeit. Mir erschien jedoch sein Gesicht auszudrücken, dass er sozusagen von Gott her kam, den wir Menschen für den „Fernen" halten – ein ferner Gott freilich, der ihm ganz nahe war in seiner mystischen Verbundenheit mit Christus.

Der Sprung ins kalte Wasser: Rom

Am 24. Januar 1980 erhielt ich ein Telefonat des Apostolischen Nuntius, Erzbischof Guido del Mestri. Der Botschafter des Papstes fragte mich nach meiner Bereitschaft, von Paderborn nach Rom zu wechseln, und gab mir zwei Tage Bedenkzeit. Ein Sprung ins kalte Wasser! Die sauerländische Heimat und Paderborner Ortskirche, die überschaubaren und inzwischen vertrauten Aufgaben als Weihbischof mit Dienstwagen, die Kanoniker-Wohnung, den Familien- und Freundeskreis, die deutsche Sprache und Kultur – all das hatte ich zu lassen. Dennoch sagte ich Ja. Meine eigene Erfahrung hatte mir aufgezeigt, dass wir alles tun mussten, um das gegenseitige Verständnis zwischen deutschen Katholiken und den Mitarbeitern des Papstes zu verbessern. Wie oft war mir nördlich der Alpen der sprichwörtliche „antirömische Affekt“ entgegengeschlagen, wie oft erschien es mir, dass es im Vatikan an informierten Vermittlern der lauteren Absichten deutscher Katholiken haperte. Da konnte ich die große Chance, die sich bot, nicht ausschlagen.

Noch stärker bewegte mich aber wohl eine ganz persönliche Motivation, die von Kardinal Wojtyla geweckt worden war und die tief reichende Wurzeln hatte. Schon in meiner Studienzeit war ich auf die „Werkhefte katholischer Laien“ aufmerksam gemacht worden. Durch diese Zeitschrift kamen die ersten kirchenkritischen Töne an mein Ohr. Man untersuchte etwa die ökonomische Effizienz der Weltkirche und attestierte dieser eine sehr hohe Rendite; nur von Standard Oil in den USA wurde sie darin übertroffen; so wollte man die Kirche anklagen, sie sei dem materialistischen Geist der Welt verfallen. Auch verstörte mich eine Darstellung des Pontifikats Papst Pius' X., der eben heiliggesprochen worden war. Kein Geringerer als der große Jesuitentheologe Erich Przywara machte in einem Artikel seinem Unmut über die Achtlosigkeit, ja Obstruktion seitens der vatikanischen Mitarbeiter Luft – der Autor sprach von der „Hofkamarilla" –, an der dieser hervorragende Seelsorger zerbrochen sei. Der Aufsatz trug den Titel „Der gescheiterte Papst"[11]. So sollte jedoch der eben gewählte Papst Wojtyla nicht zwischen die vatikanischen Räder kommen! Für ihn sah ich neben den üblichen Spannungen des Leiters einer Verwaltung mit deren versierten und wendigen Mitarbeitern noch die Schwierigkeit seiner fremden Nationalität hinzukommen: Er stand als Pole in einem weitestgehend italienischen Umfeld. Ich erahnte die Chance, die in der neuen Berufung lag. Ich würde mich im Sinne des Papstes ohne mögliche Nebenabsichten innerhalb des vatikanischen Apparats engagieren können.

Sicher beeinflussten mich bei meiner Zustimmung nicht nur solche Sachgesichtspunkte. Auch die Ausstrahlung dieses Mannes zog mich an. Er war überzeugt, dass Glaube durch das persönliche Zeugnis weitergegeben wird, und diese seine Denkweise trat in Taten und Gesten ans Licht. Er hatte sogar das Phänomen geistlicher „Rufkraft" (Heinrich Spaemann), dem so viele Christen große Hilfe für ihren Weg zu Gott verdanken, gründlich reflektiert. In seiner Habilitation 1953 befasst er sich auch mit der Wirkung von Vorbildern auf uns und stützt sich dafür auf den Philosophen Max Scheler. Näherhin untersucht er die Möglichkeiten der pädagogischen Führung und der Wertevermittlung. Er betont, vom „Lehrer" würden Maßgabe und Intention nicht nur mit Worten weitergegeben, der „Jünger" werde vielmehr von der Authentizität und Integrität des „Führers" angesprochen und gewonnen. Scheler jedenfalls interpretiere die Bereitschaft zur „Gefolgschaft" mit diesen Beobachtungen. Nach Wojtyla kann folglich eine Lehrer-Schüler-Beziehung für den Einzelnen zu einem verlässlichen Weg menschlich-religiöser Ausrichtung werden.[12]

Solche Gedanken und pädagogischen Impulse erwuchsen augenscheinlich aus seiner ganz persönlichen Erfahrung. In einer wichtigen Phase des Lebens begegnete er nämlich einem authentischen Menschen, der ihn nachhaltig prägte.[13] Unter dem Titel „Ein Apostel" analysiert er viele Jahre später die Verstörung, die der Schneider und Laienkatechet Jan Tyranowski (der inzwischen von Papst Benedikt XVI. seliggesprochen wurde) bei dem 19-jährigen Karol und seinen Alterskameraden auslöste. Bei der Niederschrift erinnert sich der junge Priester Karol nach zehn Jahren seiner noch sehr genau und gibt ein deutliches Zeugnis für seine Einfühlung als geistige Brücke zu einem anderen Menschen.

Er hält fest, dass die Heranwachsenden ihrem Lehrer zunächst mit Skepsis begegneten – einer Skepsis, die entstehe, wenn Ansprüche auf den Freiheitsdrang und den Stolz junger Menschen träfen. Es war demnach nicht der Altersunterschied – Jan hatte schon graue Haare –, der die anfänglichen Kommunikationsschwierigkeiten hervorrief, sondern vor allem die Art, in der er den Schülern den Unterrichtsstoff darlegte. Seine Art war zu fromm, hatte keine Spur von Originalität; der Katechet blieb den Burschen ein Rätsel, denn er trug in sich eine Auffassung vom Leben, die ihnen bisher ganz unbekannt war.

Sie fragten sich zunächst in innerer Auflehnung gegen ihn: „Was will dieser Mann von mir? Was in mir überzeugt ihn nicht?" Denn in der Konfrontation mit ihm wurde sofort deutlich, dass er nicht kam, um sie zu bestätigen. Er zielte auf die Mitte ihrer Person, auf ihre Auffassung, ihre Gefühle, auf das Engagement. Ihnen aber fiel es nicht leicht, das Fundament seiner erzieherischen Einwirkung anzunehmen. „Die Wahrheit von einem neuen, von einem inneren Leben, wie sie gerade Jan vorschwebte, war ihnen völlig unbekannt." Nicht Verstandesarbeit und Wissen steuerte er an, nicht irgendeine Vermittlung von Kenntnis und Können; er beabsichtigte, Leben und Tun zu verändern. „Doch war ihnen ihr Leben bislang nicht als wirklich gelungen erschienen", fragten sich die jungen Leute, „als recht vollkommen, dem äußeren Eindruck nach unverwundbar, unzugänglich für künftige gewalttätige Eindrücke? Ganz bestimmt hatten einige von ihnen in gewisser Selbstzufriedenheit diese Überzeugung." So prüften sie umso sorgfältiger alle Worte, die Jan an sie richtete; nur mit Mühe überwanden sie ihre intellektuellen Einwände, klärten sich ihre widerstrebenden Gefühle. „Es war sein inneres Leben, das seinen Worten Gewicht gab, das all sein Verhalten erklärte, das zu ihm hinzog gegen alle Vorbehalte und allen Widerstand", schließt der Priester Wojtyla seine Erinnerung ab.

Wer später einmal dabei war, wie dieser Karol Wojtyla im privaten Gespräch oder vor Tausenden das innere Ohr der Menschen erreichte – etwa bei den Internationalen Jugendtagen, die dank seines Charismas aus der Kirchengeschichte nicht mehr wegzudenken sind –, der mochte in einem bestimmten Augenblick wahrnehmen, wie der Funke vom Sprecher auf die Hörenden übersprang; das bewirkte seine Authentizität. Er hinwiederum nahm die Offenheit der Versammelten auf und brachte sie ins Wort. Er bestätigte, auf was ich bereits bei dem seligen Charles de Foucauld sowie in meiner Begegnung mit den Kleinen Brüdern in Autrêches und Saint-Rémy gestoßen war: die Übereinstimmung zwischen Leben und Wort als Stimulus für fruchtbares apostolisches Wirken.

Nach Ostern 1980 trat ich folglich meinen Dienst als Vizepräsident im Päpstlichen Rat für die Laien an, einer der vatikanischen Abteilungen, der sogenannten Dikasterien. Unterkunft fand ich im deutschen Priesterkolleg innerhalb des vatikanischen Geländes, dem Collegio Teutonico, von wo aus ich den ersten Kontakt mit Johannes Paul II. bekommen hatte. Schon bald ergab sich ein mitbrüderlicher Umgang, und die Paderborner Schwestern der Christlichen Liebe sorgten für mein leibliches Wohl.

Erste Gehversuche

Ansonsten war mir jedoch die Welt des Vatikans genauso fremd wie das Italienisch. Trotzdem fiel mir der Einstieg in meine Arbeit eher leicht. Das verdankte ich vor allem Kardinal Opilio Rossi, dem damaligen Präsidenten des Rates. Er hatte als Apostolischer Nuntius viele Jahre in Wien gelebt und sprach perfekt Deutsch. Das war ein großer Vorzug für unsere gegenseitige Verständigung, machte mich allerdings saumselig im Erlernen der neuen Sprache. Kardinal Rossi brachte mir rasch viel Vertrauen entgegen.

Mit der vatikanischen Ernennung wurde das kirchliche Laienengagement mein zentrales Aufgabenfeld. Die Routineverpflichtungen gegenüber den Verantwortlichen der Internationalen Katholischen Verbände (Organisations Internationales Catholiques; die wichtigsten Initiatoren für die Stiftung unseres Rates nach dem Zweiten Vatikanischen Konzil hatten uns Französisch als Umgangssprache vererbt) verliefen gewöhnlich problemlos, zumal diese weitestgehend bereits etabliert waren. Mir schien es freilich wichtig, das weltweite Laienengagement näher kennenzulernen – wenigstens durch eine wenn auch begrenzte Teilnahme an ihrem Leben. Die erste Reise führte mich 1981 in die USA und nach Kanada und beschränkte sich auf erste persönliche Kontakte mit den Laien-Instanzen der dortigen Bischofskonferenzen. Weil Kardinal Rossi aus der Zeit seiner Tätigkeit als Nuntius noch mancherlei persönliche Verbindungen nach Österreich hatte, ergaben sich auch für mich etwa Referats- und Gottesdienstverpflichtungen in diesem Land. So besuchte ich bald die österreichische Katholische Aktion in Wien oder auch P. Riccardo Lombardis „Mondo migliore", einen Aufbruch des Laienapostolats, anlässlich eines Treffens in Salzburg. Ferner nahm ich Einladungen zu internationalen Veranstaltungen der Verbände des Sports, der Katholischen Männerbewegung, der Katholischen Jugend, des Kolpingwerks oder auch zu den Katholikentagen in Deutschland (1980, 1982, 1984) gerne an.

Durch die anfallenden Gespräche im Rat für die Laien, durch den Austausch mit den verschiedenen Bischofskonferenzen bei deren „Ad-limina-Besuch" in Rom und durch Äußerungen über schlechte Erfahrungen engagierter Katholiken in ihren Ortskirchen ging mir langsam auf, dass die Zielsetzung des Papstes für unsere Arbeit sich nicht darauf beschränkte, lediglich die Verbände und Vereinigungen in die nachkonziliare Zeit zu retten. Er hatte offenbar viel mehr im Sinn. Eine neue Sicht der Kirche – die des Konzils – sollte sich ausbreiten. Alle ihre Glieder waren ja durch die Taufe zur Teilnahme an der kirchlichen Sendung berufen. Der Verlauf der Konzilsberatungen selbst hatte das in einem zentralen Punkt unübersehbar herausgestellt. Ich befasste mich daher eingehender mit der Geschichte dieses jüngsten Konzils.

Als Eingangsfrage bewegte diese Bischofsversammlung das Thema „Kirche“. Ein erstes Konzept für eine Antwort wurde erarbeitet. Diesem gegenüber wurde in der Diskussion vorgeschlagen: Was im 1. und 3. Kapitel bislang zu Papier gebracht worden sei, solle man in einem einzigen Kapitel „Über das Volk Gottes“ zusammenfassen. Dieses neue Kapitel müsse seinen Ort unmittelbar nach den Eingangsaussagen über das Geheimnis der Kirche finden. Eine solche Korrektur wurde am 16. November 1963 eingebracht. Sie zielte jedoch nicht nur auf eine rein formale Umstellung des Textes, sondern sie hatte auch einen klar theologischen Sinn. In dem amtlichen Pressebulletin vom 10. Oktober 1963 heißt es zu dieser neuen Anordnung: Die Konzilsväter wollten ausdrücken, dass die verschiedenen Personen, Stände und Dienste der Kirche innerhalb der Sendung der Gesamtkirche zu denken seien. Und zu dieser Sendung seien alle, Laien und Priester, Bischöfe und Ordensleute, berufen. Alle natürlichen und dienstmäßigen Unterschiede seien ja hineingenommen in die gleiche Gnade der Erlösung, der Liebe und der Hoffnung. Kardinal Wojtyla wurde dann gleich nach Ende des Konzils in Polen zum Vorreiter eines solchen Kirchenverständnisses: Er führte als Erzbischof von Krakau zwischen 1972 und 1979 für die Metropolie eine Synode mit einem hohen Anteil von Laienteilnehmern durch. Fraglos wollte er auch in Rom mit der Arbeit des Rates für die Laien einen starken Akzent auf diese Wiederentdeckung der biblischen Sicht vom „gemeinsamen Priestertum aller Gläubigen“ setzen. Und dabei wollte ich mithelfen.

Allerdings erschien es mir unlogisch, nach meiner langjährigen Tätigkeit in der Priesterausbildung und dem gründlichen Studium des Weihesakraments Hals über Kopf den Laien zugewiesen zu werden. Doch Gottes Humor und die päpstliche Berufung hatten ihren Sinn, der mir in der Folgezeit aufging. Gerade bei der um sich greifenden Grenzverwischung zwischen den kirchlichen Ständen – hier „Klerikalisierung der Laien" und dort „Laizisierung der Kleriker" – musste saubere Theologie verlässliche Orientierung aufzeigen. Über sie hinaus musste ich meine Kenntnis der weltweiten Entwicklungen verbessern. Ich hatte über meine deutschen Eindrücke und die Mauern der vatikanischen Verwaltung hinauszublicken. Kardinal Rossi ließ mir eine lange Leine, die Erkundungen meiner ersten Reise in die Neue Welt zu vertiefen.

Bei ihr war ich neugierig geworden für eine Realität der Kirche, die sich mir in Deutschland weniger gezeigt hatte: Ich war auf neue Impulse für Glaube und geistliches Leben gestoßen. Auch stand mir der starke kulturelle Einfluss der US-Film- und Musikindustrie auf die halbe Welt vor Augen. So hielt ich es für sinnvoll, die Kirchen dieses Landes gründlicher auszukundschaften. Eine Einladung unseres Rates 1983 zur Welt-Versammlung der Delegierten der „Cursillos de Cristiandad" nach Tampa/Florida kam darum gerade recht. Ich flog erneut in diesen Kontinent. Einmal im Land, nahm ich in San Francisco und Los Angeles am Pfarrleben und an Treffen verschiedener Laiengruppierungen teil. Ich sah bei diesen Begegnungen viel Neues und brachte allerlei Anregungen mit nach Rom.

Noch heute denke ich etwa an den mehrtägigen Aufenthalt in einer Gemeinschaft der Charismatischen Gemeindeerneuerung in Newark, New Jersey. Zunächst befiel mich eher Sprachlosigkeit. Der laute und – wie ich fand – wilde Gebetsstil erschien mir chaotisch und stieß mich ab. Dann jedoch erlebte ich eine Katechese der gleichen Gemeinschaft in Ann Arbor. Der Verantwortliche würzte zunächst seine Auslegung biblischer Texte mit vielen Erlebnissen aus seiner zwölfköpfigen Familie. Sie hatten sein Vertrauen in die Verlässlichkeit des Wortes Gottes geweckt und bestätigt. Dann erhob er seinen Arm mit der Heiligen Schrift in der Hand und rief aus: „This book works! – Dieses Buch funktioniert!" So vermittelte er mit wenigen Worten, dass die Offenbarung nicht zuerst eine Lehre ist mit einer Anzahl von Sätzen, die wie Zahnräder ineinandergreifen; sie will vielmehr einen geschichtlichen Dialog auslösen, damit das Heilsgeschehen in jedem einzelnen Menschen lebendig werden kann. – Das hatte schon die sogenannte „Kerygmatische Theologie" herauszustellen versucht, damit vermieden werde, dass die Systematisierung der Glaubenswahrheit den Anrede-Charakter der Offenbarung verstelle. Die Überlegungen halfen mir, auch mir bislang unbekannte Weisen der Gottesverehrung nicht gleich zu verurteilen. Mehr noch: Warum sie nicht sogar fördern – wenn sie doch zur Freude am Glauben, zu so sensibler Offenheit für den Heiligen Geist und die Kirche führt? Auch der Apostel Paulus hatte den Korinthern ihre gewiss unbändige Art der Gottesverehrung nicht verboten, sondern nur geordnet.

Die Begegnungen und Gespräche verdeutlichten mir mehr und mehr, dass neben den traditionellen Verbänden und der vor allem in romanischen Ländern etablierten, vom Bistum gesteuerten Katholischen Aktion die neuen Aufbrüche des Heiligen Geistes Interesse verdienten. Diese spirituellen Impulse bekunden ja im Denken und Wirken der Menschen mehr als nur sachliche Zugehörigkeit zur Kirche. Ihr Glaube hat Vitalität. Die gewinnt er, weil sie von einem spezifischen Aspekt der Heilsgeschichte besonders angesprochen sind. Den stellen sie in die Mitte ihres Lebens und tragen ihn oft genug missionarisch zu ihren Zeitgenossen. Er besteht in einer klar umrissenen Glaubenswahrheit oder einem geistlichen Vorbild, eben in einer bestimmten „Spiritualität", die ihnen gleichsam zum „Fenster auf die gesamte Offenbarung" (Hans Urs von Balthasar) geworden ist. Die so gewonnene „Verdichtung" bestärkt ihr persönliches Engagement, sodass ihr Träger – selbst bewegt – andere bewegen kann. Glaubensweitergabe geschieht dann durch Ansteckung, nicht durch Einfügung anderer in bestehende Strukturen. Das urkirchliche Modell wird wieder sichtbar, weil in den neuen Gemeinschaften offenbar Christen irgendwann bei sich selbst die frühchristliche Dynamik des Wortes Gottes wieder verspüren. Wie zu Beginn der Kirche werden sie durch das Hören dieses Wortes entzündet; es bricht in ihnen die Frage auf, die sich die Jünger auf dem Weg nach Emmaus stellten: „Brannte uns nicht das Herz in der Brust, als er unterwegs mit uns redete und uns den Sinn der Schrift erschloss?" (Lk 24,31).

Die Erneuerungsgemeinschaften sind der Kirche von Gott geschenkt. Sie reagieren auf ein Problem, mit dem sich alle Weltanschauungsgruppen konfrontiert sehen: das der Ermüdung. Wie soll die Kirche ihre Ziele fortwährend im Auge behalten und ihre Glieder dynamisieren? Soziologische Studien können aufzeigen, dass Bereitschaft für einen Neuanfang immer wieder gegenüber blinden Beharrungskräften unumgänglich ist. Nicht nur die Alltagserfahrung, auch wissenschaftliche Forschung sieht somit die Notwendigkeit fortwährender „Erneuerung" und bestätigt die Einsicht, dass die kirchliche Pastoral unter diesem Zwang steht.

Der Schwächung und dem Verlust eines kraftvollen Anfangsimpulses bei Institutionen ist die Soziologie unter dem Stichwort der „Zielabweichung" nachgegangen. Der deutsche Soziologe Robert Michels untersuchte die Entstehung und den Bestand sozialistischer Parteien und Gewerkschaften in Europa vor dem Ersten Weltkrieg. Sie wurden ursprünglich gegründet, um die sozialistische Revolution vorzubereiten und in autoritären Ländern, wie im Deutschland Bismarcks, ein demokratisches System durchzusetzen. Dazu sollten Partei- und Gewerkschaftsorganisationen helfen. Diese benötigten Führung. Die Führer aber entwickelten zur Erhaltung ihrer Positionen bald handfeste Eigeninteressen, damit sie nicht gezwungen würden, zu körperlicher Arbeit zurückzukehren und sich mit weniger Einkommen und Prestige zufriedenzugeben. So kippte der revolutionäre Prozess, das Interesse der Führung richtete sich auf die Organisationsmaschinerie, und es formte sich eine erneuerungsresistente, fossile Institution. Durch seine Untersuchungen entdeckte Michels ein gängiges soziologisches Datum, das „eherne Gesetz der Oligarchie".[14]

Wer wollte behaupten, dass der Institution Kirche solche Prozesse der Abnutzung und folglich die Verpflichtung zur Neuwerdung eo ipso erspart blieben – lassen sie doch ein Grundgesetz erkennen, das für alle ordnenden Maximen menschlichen Daseins gilt? Schon im Leben, erst recht im Glauben finden wir nichts, was unveränderlich gesichert fortbestünde. Und die Einsicht in Gottes Wahrheit ist schon gar nicht ein für alle Mal abgeschlossen! Glaubenslehrer verweisen darauf, dass wir Zeit brauchen zur Vertiefung ihres Anspruchs, damit dessen Artikulation jeweils zeitgemäß wird. Der Austausch mit der sich wandelnden Welt steht immer neu an. Der selige Kardinal John Henry Newman lehrt, dass dieser Prozess unausweichlich ist. Er fordert ihn nicht nur für die praktische Seelsorge, sondern sogar für die christliche Lehre selbst:

> „Wie groß auch das Risiko einer Verderbnis durch den Austausch mit der Umwelt sein mag, es muss getragen werden, wenn eine große Idee richtig verstanden werden

soll, und mehr noch, wenn sie völlig entfaltet werden soll. Erst Prüfung und Bedrängnis bringen sie ans Licht und verbreiten sie; und zur Vollendung und Herrschaft muss sie sich erst durchkämpfen. Auch entgeht sie selbst in ihren frühen Jahren nicht den Meinungskollisionen. Und nicht dadurch, dass sie äußerlich vor Wandel und Wandlungen beschützt bleibt, bleibt sie sich eher treu oder hat sie einen größeren Anspruch darauf, für ein und dieselbe zu gelten … In einer höheren Welt ist es anders, aber hienieden heißt leben sich wandeln, und vollkommen sein heißt sich oft gewandelt haben."[15]

Neue Geistliche Bewegungen: keine Schmuddelkinder

Durch das Zweite Vatikanische Konzil waren die kirchlichen Neuaufbrüche klarer ins Licht getreten, und auch auf dem alten Kontinent mussten sie von den Verteidigern der Katholischen Aktion gewürdigt werden. Unser „Rat für die Laien" war nach der Absicht des Papstes auf Weltebene die verantwortliche Schutz- und Schiedsstelle für diese Impulse. Die Gründer und gewählten Verantwortlichen kamen mit ihren Erfolgsmeldungen und mit ihren Querelen zu uns. Ich lernte ihren Einsatz für das Evangelium kennen und freute mich an ihrer geistlichen und kirchlichen Dynamik. Sie nahmen mich bald für sich ein, besonders wegen ihrer Echtheit und Strahlkraft.

Wenn etwa das Focolare den biblischen Vers „Wo zwei oder drei in meinem Namen versammelt sind, da bin ich mitten unter ihnen" (Mt 18,20) zu seinem Schlüsselwort macht und in ihm seine Mitglieder es lernen, ihr Leben aus dem Vertrauen zu Christi Vater zu gestalten sowie andere in ihre persönliche Zuwendung zu Jesus Christus einzubeziehen, dann bleibt Glaubenswahrheit keine bloße Theorie. – Oder wenn ich bei einer Ferienfreizeit erlebte, dass die Jugendlichen von Comunione e Liberazione in den Dolomiten beim Gang durch den „Rosengarten" ihr Psalterium aus dem Rucksack nahmen und gemeinsam das offizielle Morgenlob der Kirche beteten; wenn ich sie beim zufälligen Betreten der Kirche San Pietro in Vincoli in der Nähe der Technischen Hochschule Roms morgens gegen 8 Uhr entdeckte, wo sie als Gruppe von Studenten täglich vor der Vorlesung das Stundengebet der Laudes rezitierten. Und schließlich ein letztes Beispiel: In Rom besuchte ich eine Familie der Charismatischen Gemeindeerneuerung und wurde gebeten, mit den fünf Kindern zwischen fünf und zwölf Jahren gemeinsam das Abendgebet zu sprechen. Wir gingen dazu in dem alten Haus zu einer mit einer Tür versehenen Mauernische. „Hier", so der Vater, „war früher der Backofen. Wir haben ihn zu unserm Hausaltar gemacht." Er öffnete die Tür, knipste eine Lampe an, und mein Blick fiel auf Kreuz, Madonna und Heiligenbilder, auf Blumen und Kerzenständer. Gemeinsam sprachen wir das Abendgebet, an dem sich auch die Kinder beteiligten, mit persönlichem Lob und Dank an Gott, dem Rückblick auf den vergangenen Tag sowie freien Fürbitten.

In all dem erlebte ich, wie diese Christen die heute übliche Trennung zwischen Frömmigkeit und Alltag überwanden. Sie hatten sich schon während des Konzils ihren Taufauftrag zu eigen gemacht und versuchten ihn zu leben. Wohl stießen sie nicht selten auf den Argwohn von Hütern traditioneller Frömmigkeitsformen. Denen kamen die „Neuen" manchmal nicht recht geheuer vor. Dennoch war unübersehbar, dass diese mit ihrer Glaubensfreude und ihrem Enthusiasmus manche Suchende für sich gewannen.

Die Vielzahl und die Verschiedenheit der Neuaufbrüche mochten auch einige Bischöfe verängstigen. Ich freilich konnte mir deren Bedenken gegen die ungewohnten Frömmigkeitsformen nicht zu eigen machen. Ließen sie sich von Gerüchten und übler Nachrede leiten, urteilten sie also nach dem „Hörensagen" (Jes 11,3) und anders, als es dem Geistbegabten entspricht? Sammelten sie nicht in ihrer Nähe selbst Erfahrungen? Übersahen sie etwa, dass diese Gruppen Freude und geistliche Berufe weckten – während durch die traditionelle Pfarrpastoral doch leider häufig wohl lediglich der „Status quo" gehalten wurde?

Als ich zum „Rat für die Laien" kam, hatten die neuen Bewegungen einen schlechten Leumund. Da war nicht nur die ungewohnte Art ihrer Glaubenspraxis. Sie galten auch als unverträglich und streitbar. Die angestammten Laienverbände distanzierten sich. Und viele Pfarrer und Bischöfe hielten sich zumindest zurück. Die nachkonziliaren Rätestrukturen fürchteten um ihre Kompetenz. Und die „Neuen" selber machten es ihrem Umfeld oft auch nicht gerade leicht. Denn sie zeigten nicht nur erbauliche Früchte, sondern auch allerlei „Kinderkrankheiten".

Einer der Promotoren für die kirchliche Wahrnehmung dieser „Geistlichen Bewegungen" war in Italien fraglos Don Luigi Giussani, der Gründer von Comunione e Liberazione.[16] Im September 1981 brachte er erstmals 21 solche Gruppen in Rocca di Papa an einen Tisch und unter ein Dach. Er hatte sie zusammen mit der Charismatischen Gemeindeerneuerung und dem in Deutschland beheimateten Schönstatt-Werk zur Besinnung auf all die unterschiedlichen Gnadengaben in der Kirche eingeladen. Das war ein wirklich mutiger Schritt, aber erst der Anfang eines langen Prozesses der Selbstfindung und Akzeptanz dieser neuen kirchlichen Wirklichkeiten.

Papst Johannes Paul II. unterstützte die Neuaufbrüche mit klaren Worten. Er ermunterte die Teilnehmer an der erwähnten Konferenz in einer Botschaft, sich uneingeschränkt dem Strom der göttlichen Liebe zu öffnen, der die Herzen der Menschen bekehren wolle bis hin zur Wandlung der menschlichen Geschichte und der Gemeinschaft der Menschen (27. September 1981). – Im März 1987 fand ein zweites Treffen dieser Gruppen statt als Auftakt zu der für den Herbst dieses Jahres angesetzten Bischofssynode „Berufung und Sendung der Laien in Kirche und Welt". Bei der zweiten Zusammenkunft riskierten er auch andere „Neue Geistliche Bewegungen" erstmals, sich offiziell zu zeigen, so u. a. die Gemeinschaften des Focolare, des Neukatechumenats, der Cursillos und der Mitarbeiter des Opus Dei. Wieder richtete Papst Johannes Paul II. an sie seine Worte und äußerte seine Sympathie. Er ging sogar noch einen Schritt weiter und trat dem weiter schwelenden Widerstand gegen die „Störenfriede" mit einem machtvollen Adjektiv entgegen, um ihren Rang hervorzuheben: Neben dem institutionellen gebe es in der Kirche den charismatischen Aspekt und neben der Hierarchie seien die Verbände und Bewegungen ihr „ko-essenzial – gleichwesentlich" (2. März 1987). Diese gewichtige Bestimmung hatte er sehr bewusst gewählt. Er sprach sie anlässlich eines internationalen Treffens der Bewegungen in Bratislava (24. März 1991) erneut in einem Brief aus, den er an mich persönlich gerichtet hatte. Und schließlich wiederholte er sie beim Weltkongress der kirchlichen Bewegungen in Rom (27.–29. Mai 1998).

Die Neuen Geistlichen Bewegungen traten wohl in allen Kontinenten erst langsam ans Licht. Der einzige genuin deutsche Impuls, der unter ihnen internationale Relevanz gewann, ist die Schönstatt-Bewegung, die sich schon als

Organisator des ersten Treffens der neuen Realitäten in Rocca di Papa gezeigt hatte. Sie beging den 100. Geburtstag von Pater Josef Kentenich, der sie ins Leben gerufen hatte, mit einem Jubiläumsjahr. Dazu eingeladen, machte ich mich gern auf in den Westerwald zu seiner Eröffnung (20. Oktober 1984). Am Lebensweg dieses Gründers war wieder einmal ablesbar, dass geistliches Wachstum der Kirche aus der Teilhabe an Jesu Kreuz erwächst – hatte er doch durch staatliche Bosheit und kirchliches Misstrauen nicht wenig gelitten. Gerade darum zeigt das Werk heute wohl reiche Früchte bei vielen Gläubigen.

Pater Kentenichs Spiritualität ist marianisch geprägt. Mir war die Vorbereitung auf den Besuch dieses Wallfahrtsortes und auf meine Predigt darum Anstoß, auch mein Verhältnis zur Mutter Gottes zu bedenken und den Wurzeln meiner Marienfrömmigkeit nachzugehen. Ich hatte mich daher mit meiner Theologenzeit in Paderborn zu konfrontieren. Wir Seminaristen entdeckten dort Ende der 50er-Jahre die Exegese protestantischer Berühmtheiten und waren fasziniert. Sich mit der Jungfrau von Nazareth zu befassen, stand demnach nicht hoch im Kurs. Beispielhaft war etwa eine Feier aller Alumnen zu Beginn des Monats Mai im Garten des Theologenkonvikts. Der Prediger hatte sich verschiedene biblische Aussagen zu Maria vorgenommen. Er versäumte nicht zu bemerken, dass es überhaupt nur wenige Sätze gebe, die im Neuen Testament auf sie verwiesen. Und diese wenigen Aussagen ließen erkennen, dass Jesus seine Mutter eher reserviert behandelt wissen wollte – etwa wenn er sich von ihr lossagte, als seine Angehörigen zu ihm kamen: „Wer ist meine Mutter und wer sind meine Brüder?“ (Mt 12,48), oder wenn er sie bei der Hochzeit zu Kana abwies mit dem Wort: „Was willst du von mir, Frau?“ (Joh 2,4). – Maria, so wurde rasch gefolgert, sei nur eine Randfigur im Neuen Testament. Ja, der Prediger fragte dann uns junge Studenten, ob nicht die hohe Wertschätzung Mariens in der katholischen Kirche überhaupt irrig sei; ob nicht die marianische Frömmigkeit eher ein Zugeständnis der Kirche sei an die südliche Mentalität, an die Gläubigen mit geringer Kenntnis der Bibel. Selbstverständlich fand dieser Geistliche bei den meisten Studenten ein offenes Ohr. Schließlich wollten wir ja alle kritisch sein, das Seziermesser unseres frisch geschärften Verstandes gebrauchen und alles hinter uns lassen, was vor unserer theologisch gebildeten Vernunft nicht bestehen konnte.

Tempi passati? Bis heute steht nördlich der Alpen unter manchen Intellektuellen die Marienverehrung auf dem Prüfstand und wird gelegentlich milde belächelt – mal bei Einwänden gegen die Volksreligiosität, die ins Kraut schieße, mal aus angeblicher ökumenischer Rücksichtnahme. Doch solche Warner zielen zu kurz. Sie lesen Gottes Offenbarung einäugig. Denn sie studieren vielleicht einzelne Bibelverse im Detail, beachten aber zu wenig, dass Gott in seiner Heilsgeschichte nicht nur den Kopf, sondern den ganzen Menschen ansprechen und gewinnen möchte. Wir sollen Gott ja nicht nur mit dem Verstand bejahen, sondern ihn lieben – „aus ganzem Herzen, aus ganzer Seele, aus ganzem Gemüt und mit all unsern Kräften“ – wie Jesus im Evangelium sagt. Wenn aber unser Fühlen seinen Sinn hat für unseren Weg zu Gott, dann muss auch bei der Beschreibung dieses Weges von der Mutter die Rede sein. Kaum einen Laut gibt es für den Menschen, der so bedeutungsschwer ist, der so viele Ängste und Hoffnungen freisetzt wie das Wort „Mutter“. Es steht für Vertrauen und Trost, für Hilfe und Zugehörigkeit. Wir können diese menschlichen Grundbedürfnisse nicht denken, ohne sie mit dem Wort „Mutter“ in Verbindung zu bringen.

Wie wollen wir da die Sehnsucht, die Wärme und Geborgenheit auf dem Weg zu Gott beschreiben, ohne dass die Mutter Jesu in den Blick tritt? So stieß ich die anstudierten intellektuellen Skrupel bezüglich meiner frühkindlichen Bindung an den heimatlichen Marienwallfahrtsort Kohlhagen später wieder ab. Das kindliche Erbe erwies sich auch hier als tragfähig. Und als Bischof wählte ich ein Abbild der dort verehrten Schmerzensmutter als Element für die Krümme meines Bischofsstabs.

Josef Kentenich und seine Schönstatt-Bewegung sind durch ihre marianische Frömmigkeit eine Botschaft nicht nur für die Kirche in Deutschland: die Wahrheit über unsere Erlösung nicht abgleiten zu lassen in kalten Rationalismus, eine austarierte theologische Struktur, die durch akademische Korrektheit blutleer geworden ist. Ein Satz des großen Karl Rahner sollte uns zu denken geben. Dieser wurde einst von dem belgischen Kardinal Léon-Joseph Suenens, der das selbst festgehalten hat, gefragt, warum es in der Kirche heute um die Marienverehrung so schlecht stehe. Seine Antwort: „Allzu viele Christen, sagte er mir, welche auch ihre religiöse Richtung sei, sind geneigt, aus dem Christentum eine Ideologie, eine Abstraktion zu machen. Und Abstraktionen brauchen keine Mütter."

Bald sah ich mich dann genötigt, mich auch mit der Katholischen Charismatischen Gemeindeerneuerung stärker zu befassen. Mit Datum vom 23. Mai 1984 erhielt ich einen Brief des Kardinalstaatssekretärs Agostino Casaroli, der mich über einen Schritt des genannten Kardinals Suenens informierte. Dieser Vorgang sollte für mich weitreichende Konsequenzen haben.

Der Brüsseler Erzbischof hatte sich schon in den 70er Jahren für die Pfingstbewegung in den USA interessiert, oder besser für deren katholischen Zweig, den sie inzwischen gebildet hatte. Er war häufig in den dort entstandenen Gruppen zu Gast gewesen und nahm sich ihrer in doppelter Hinsicht an: dass sie zum einen ihre Katholizität bewahrten und dass sich zum anderen die Weltkirche ihrem Charisma öffnete. Er konnte Papst Paul VI. dafür gewinnen, zu Pfingsten 1975 die Anhänger der „Erneuerung" zu einer Papstmesse nach Rom einzuladen. Kardinal Suenens in seiner Autobiographie: „Die Verantwortlichen wollten damit ihren ausdrücklichen Wunsch bekunden, sich in die Kirche einzugliedern; dass nicht zwei Kirchen existierten – eine institutionelle und eine charismatische; dass es vielmehr nur eine Kirche Gottes gebe mit zwei untrennbaren und komplementären Aspekten ... Wir erlebten unvergessliche Augenblicke in der Gemeinschaft mit allen Anwesenden."[17] Dies waren entscheidende Schritte dafür, dass die im Christentum aufgebrochene „Pfingstlichkeit" sich in der katholischen Kirche stärker verbreiten konnte. Ihr Brückenbauer, der belgische Kardinal, wurde später von Papst Paul VI. zum Episcopal Advisor (etwa „Mentor") der Katholischen Charismatischen Gemeindeerneuerung bestellt.

Kardinal Suenens hatte mich als Vizepräsident des Rates für die Laien mehrfach zu sich nach Belgien eingeladen. Darin lag wohl auch der Grund für eine mich überraschende Ernennung. Er war bei Papst Johannes Paul II. vorstellig geworden und hatte wegen seines Alters gebeten, für seine Aufgabe als Mentor einen Nachfolger zu bestellen. Bei der Audienz war wohl mein Name gefallen. Denn in einem Brief des Kardinalstaatssekretärs Casaroli hieß es, der Heilige Vater wünsche, dass ich „die Aufgabe des Episcopal Advisor" übernähme und mich zur Sache auch mit der Glaubenskongregation in Verbindung setzen möge (Brief vom 23. Mai

1984). Diese persönliche Ernennung war sehr ehrenhaft und brachte mir im Lauf der Jahre oftmals die ansteckende Glaubensfreude nahe.

Meine wenn auch geringe Kenntnis der „charismatischen“ Welt ließ mich rasch daran denken, für sie eine gewisse strukturelle Ordnung zu versuchen. Ihre eindrucksvollen Impulse – so schien mir – brauchten für ihre kirchliche Präsenz und Wirksamkeit auch ein institutionelles Gesicht. Die in Lebensgemeinschaften zusammengeschlossenen Covenant Communities erweckten bei mir den Eindruck, innerhalb der „Erneuerung“ der Zweig zu sein, der auf kanonische Konturen am besten vorbereitet war. So sprach ich mit einigen ihrer Verantwortlichen, die inzwischen Vertrauen zu mir gefasst hatten. Ich machte den Versuch, den schon bestehenden ökumenischen Zusammenschluss der International Brotherhood of Communities (IBOC) an die katholische Kirche zu binden (1985) – und scheiterte ziemlich kläglich. Zwar verlockte deren Leiter die Möglichkeit, durch eine offizielle Anerkennung des Apostolischen Stuhls eine gewisse Eigenständigkeit in ihrer jeweiligen Diözese zu gewinnen. Andererseits würde eine solche Kodifizierung aber ihr qualifizierendes Selbstverständnis beeinträchtigen: Denn die Charismatische Erneuerung hatte nicht nur in der pfingstlichen Freikirche ihre Wurzeln, sondern zählte auch nichtkatholische Christen zu ihren Mitgliedern. In ihrem Sendungsbewusstsein sah sie sich nämlich als Vorreiter der Einheit der Christen.

In den fälligen Diskussionen machte ich gegenüber einigen ihrer Verantwortlichen geltend, dass ich gewissen Thesen der theologischen Orientierung in der Charismatischen Erneuerung nicht zustimmte. Ihre Auffassung – sie wurde später als Lehrmeinung bei der „Singapore Consultation“

(1987) ausdrücklich formuliert – gehe zweifellos fehl, wenn sie behaupteten: Die Einheit unter Christen sei zu schaffen „nicht durch Organisation und theologische Formulierungen, sondern in der beispiellosen Basis-Einheit im und durch den Heiligen Geist“. Dem hielt ich entgegen, ökumenisches Engagement, das eine „dritte Konfession“ anziele, verfehle den Weg zur Einheit. In der Folgezeit kam es zu Gesprächen mit wichtigen Verantwortlichen dieses geistlichen Aufbruchs. Ich versuchte sie zu einer verlässlichen theologischen Basis für die „Erneuerung“ zu führen und sie auch von den Chancen zu überzeugen, die der neue Kodex des Kirchenrechts (1983) für ihre kirchliche Anerkennung bot. Bei einer erneuten Jahresversammlung der IBOC in Dallas (1988) unternahm ich einen zweiten Anlauf. Und Gottes Geist verhalf mir zu einer positiven Resonanz. Die Mehrzahl der Repräsentanten wagte den Schritt auf das noch fremde Neuland. Nach den fälligen kirchenrechtlichen Beratungen konnte dann im November 1990 die „Catholic Fraternity of Charismatic Covenant Communities and Fellowships“ vom Päpstlichen Rat für die Laien anerkannt werden. Inzwischen sind in ihr über sechzig Lebensgemeinschaften mit festen Bindungen zusammengeschlossen, und bis heute sind sie für die damals angestoßene Entwicklung dankbar. Auf ein zweites Feld der Charismatischen Erneuerung traf ich in den Gebetsgruppen zahlreicher Pfarreien, die oft stark fluktuierten. Ferner wechselten die Verantwortlichen der diözesanen und nationalen Zusammenschlüsse häufig. Es gab allerdings eine lockere Verbindung von verantwortlichen Leitern durch ein koordinierendes Büro (ICCRO), das 1980 von Brüssel nach Rom transferiert worden war. Angesichts der Vielgestaltigkeit erwiesen sich die ersten Schritte einer Strukturierung dieser Welt dennoch als eher mühevoll. Und als ich nach meiner Bestellung zum „Mentor“ gelegentlich eine mir sinnvoll erscheinende „Weisung“ geben wollte, überhörte man mich lächelnd. Darum drängte ich auf verbindliche Statuten. Nach deren Formulierung erhielt der Zusammenschluss 1993 durch den Rat für die Laien seine Anerkennung als International Catholic Charismatic Renewal Services (ICCRS).

In Gesprächen mit Mitgliedern der Charismatischen Erneuerung war immer wieder herauszuhören, dass sie aus der Freikirche der Pfingstler hervorgegangen waren. Ihre Herkunft erklärte auch ihren ansteckenden Enthusiasmus. Andererseits schienen mir jedoch der gekreuzigte Herr als der eigentliche Heilsträger und einige genuin katholische Elemente (das Sakrament des Altares und der Versöhnung sowie etwa die marianische Frömmigkeit) zu wenig beachtet. Wie aber sollte den Begeisterten diese Dimension unserer Erlösung vermittelt werden, wenn manche geweihte Hirten einen kritischen Abstand zu ihnen wahrten und ihren Gebetseifer für übertrieben hielten? So machte ich mich mit einigen ihrer Verantwortlichen, die ich als gute Theologen schätzte, an ein Orientierungspapier für die Charismatische Erneuerung insgesamt. Wir konnten es mit einem Vorwort des damals schon ausgewiesenen „Charismatikers“ und langjährigen Predigers des Päpstlichen Hauses, P. Raniero Cantalamessa, ab 1997 in verschiedenen Sprachen veröffentlichen.[18]

Im Laufe der letzten dreißig Jahre hat die Katholische Charismatische Gemeindeerneuerung vielen Menschen zu einem tieferen Glauben verholfen. Jüngste glaubwürdige Zahlenangaben sprechen von 120 Millionen Katholiken, die sich weltweit auf die ICCRS hin orientieren – eine wirklich erstaunliche Zahl. Abgesehen von der Entdeckung der Freude am Christsein hatte die Bewegung einen wichtigen Nebeneffekt: Sie stärkte die Bindung an die katholische Kirche. So sah es jedenfalls damals eine Studie verschiedener vatikanischer Ämter. In ihr sind Anregungen nachzulesen, wie die aktuelle Verbreitung von Sekten einzugrenzen sei. Die Erklärung denkt über das „traditionelle Pfarrgemeindesystem“ hinaus und empfiehlt Formen des Christseins, die durch Brüderlichkeit gekennzeichnet sind: sorgende Gemeinschaften lebendigen Glaubens, die beten und missionarisch sind.[19] In den Neuen Geistlichen Bewegungen ist demnach ein effizientes Gegenmittel gegen den Auszug aus der Kirche schon erkennbar! Und wer sich vom Geist der Charismatischen Erneuerung berühren ließ, der wundert sich nicht länger über das weltweite Wachstum dieser kirchlichen Wiederentdeckung des Heiligen Geistes. Ihre weitere gebührende Rezeption in Pfarreien und Bistümern ist darum sehr zu wünschen – zum Besten der Christen.

Das Aufbrechen des Heiligen Geistes in der Kirche begegnete mir jedoch nicht nur institutionell, sondern auch individuell. Eine Bekannte aus der Generation der 68er war in einer gläubigen Familie aufgewachsen, in der man die katholische Tradition hochhielt. Das kleinstädtische Klima ihrer Heimat war durchaus christlich geprägt. Volksschule und Gymnasium hatten den Religionsunterricht im Stundenplan. Der sonntägliche Kirchweg – eine Selbstverständlichkeit – war nicht weit, und das Veranstaltungsprogramm der Pfarrei konnte sich sehen lassen. Ideale Voraussetzungen dafür, so sollte man meinen, dass die Vermittlung des Glaubens auch an die nachfolgende Generation gelänge?

Nach dem Abitur trieb es die junge Dame in die USA. Sie wollte sich absetzen. Es gelang mir, sie zu einer Schnuppervisite in der Charismatischen Lebensgemeinschaft „City of the Lord“ in Phoenix/Arizona zu überreden. Dort, so schien mir, hätte sie beides: die neue Welt und eine Erfahrung dichten katholischen Lebens. Im März 1991 schrieb sie mir folgenden Brief:

> „Lieber Herr Bischof,
> noch immer weile ich also in den USA. Mein Visum ist Ende Februar abgelaufen, und ich habe um Verlängerung gebeten, habe aber noch keine Antwort.
> Ich fühle mich sehr wohl hier und hatte das Gefühl, dass ich noch nicht ‚fertig' bin zu gehen; dass es gut wäre, noch länger hierzubleiben. Selten habe ich so viele beeindruckende Menschen erlebt. – Prof. John E. erklärt es ganz einfach: Das sei *„the Holy Spirit"*. Das muss des Rätsels Lösung sein! Demselben auf der Spur – sicher freut es Sie zu hören, dass ich mich dann doch nach fast 13 Jahren mal wieder zur Beichte gerufen fühlte und fast täglich zur Messe gehe – und mich sogar im Beten versuche (jaja, dann war doch wohl nicht alle Mühe vergeblich!?). Zwar weiß ich noch nicht so recht, wo ich bei dieser Suche lande, der Ansatz erscheint mir allerdings nicht schlecht …
> Was ich bei uns in Deutschland gesehen habe in Bezug auf Kirche/christliches Leben, egal ob Schule, Familie oder Gemeinde, hat mich weder überzeugt noch angezogen. So frage ich mich nun, ob es an der Gesellschaft lag oder daran, dass diese hier nicht ‚normal' ist …
> Nun frage ich mich bzw. Sie, da Sie sich hoffentlich damit auskennen, ob es bei uns in Deutschland etwas Vergleichbares gibt …"

Niemand will den guten Einfluss bestreiten, den das Elternhaus, die Pfarrei, katholische Institutionen und das oft diskreditierte Milieu für die Vermittlung des Glaubens haben. Ich denke für meine eigene Person dankbar an all das zurück. Doch in unseren Tagen reicht offenbar eine solche „Außenleitung" nicht aus. Für die Heutigen bedarf es der individuellen Öffnung der Person auf den personalen Gott hin; und vor allem der Heranwachsende braucht das begleitende und auch geäußerte Zeugnis erwachsener Vorbilder. Wenn dann in der Gemeinschaft immer wieder Gottes Geist in frohen Liedern und bewegenden Liturgien herabgerufen wird, entzündet sich wohl das Licht „von oben" für den Glaubensweg und zum Bestehen schwerer Entscheidungen.

Die Not eines Königs

Auch Belgiens König Baudouin und seine Gattin Königin Fabiola waren offenbar eines Tages einem solchen Einbruch der Gnade ausgesetzt. Ich hatte beide durch Kardinal Suenens kennengelernt. Wenige Stunden genügten, dass sich mir ihr feiner, menschlicher Umgang und ihre diskrete, aber bewusste Verwiesenheit auf Gott in der Kraft des Heiligen Geistes dauerhaft eingeprägt haben. Anlässlich Geistlicher Exerzitien war ich vom 31. April bis zum 3. Mai 1990 mit einigen ihrer Angehörigen und jungen Familien anderer europäischer Adelshäuser Gast des Königs in seinem Jagdschloss Ciergnon in den Ardennen. Tiefe, angstfreie Glaubensgespräche und lange Gebetszeiten vor dem Allerheiligsten füllten den Tag aus. König Baudouin selbst weckte meine besondere Anteilnahme, als er mir bei einem Spaziergang die genauen Umstände seines Rücktritts erzählte, mit dem er 1989 Schlagzeilen gemacht hatte: Er berichtete, er habe damals seine Unterschrift – die Voraussetzung war für das vom Parlament beschlossene Abtreibungsrecht – im vollen Bewusstsein dessen verweigert, dass er damit den Gegnern der konstitutionellen Monarchie zuarbeite und die geschichtliche Schande auf sich lade, ihr Ende in Belgien herbeigeführt zu haben. Eine Wohnung in der Schweiz war schon gewählt; Abschied von seinem geliebten Zuhause war schon genommen. Was sich in den verbreiteten Nachrichten wie eine Formalität anhörte – ein König dankt für einen Tag ab und tritt dann wieder an die Spitze des Staates – bedeutete in der Sicht von König Baudouin und seiner Gattin einen unheilbaren Bruch. Doch er habe der Ungeborenen wegen dieser schmerzhaften Entscheidung nicht ausweichen wollen. Andernfalls „hätte ich mein Leben lang gelitten, den Herrn verraten zu haben“. Zu seiner großen Verwunderung konnte er am Tag nach dem Rücktritt seine Regierungsverantwortung wieder übernehmen. Mir berichtete er bei dem besagten Spaziergang von dieser seiner Ölbergstunde mit der Bitte, ich möchte den Heiligen Vater in Rom darüber informieren; er selbst könne es nicht, da seine politischen Gegner ihn ständig überwachten.

Spanischer Eroberungsdrang gegen deutschen Dickschädel: eine verzwickte Annäherung

Beim Rückblick auf die neuen Bewegungen nötigt mich eine allerdings zu einem umfassenderen Kommentar: der „Neukatechumenale Weg“. Diese Glaubensinitiative setzte sich das Ziel, Christen und Nichtchristen den großen Schatz des Taufsakramentes zu enthüllen – einen Schatz, der ja bei Ungetauften und Getauften oft verborgen und unerkannt bleibt. Auch wenn mich im Laienrat die Arbeit mit dieser

Gruppe später am stärksten bereicherte, standen die ersten Treffen mit ihr eher unter einem schlechten Stern. Auch hier bewahrheitete sich die Tatsache, die ihr Gründer, der spanische Maler Kiko Argüello, einmal auf die Formel brachte: Wenn Gott ein wertvolles Geschenk bereithält, packt er es nicht selten in ein unansehnliches, vielleicht hässliches Papier.

Wie die anderen Neuaufbrüche, die sich den missionarischen Impuls des Zweiten Vatikanischen Konzils zu eigen gemacht hatten, stießen auch die Gründer des Neukatechumenats in vielen Ortskirchen zunächst auf Missverständnisse und Ablehnung. Die Skepsis ihnen gegenüber lag unter anderem auch darin begründet, dass sie nicht dem geweihten, sondern dem Stand der Laien angehörten. So besuchten mich seine Verantwortlichen mehr als einmal, um sich zu beklagen und um Beistand zu bitten. Diese Gespräche kosteten mich immer viel Zeit und unterschieden sich auch von den Begegnungen mit anderen Hilfesuchenden. Während andere in ihren Nöten nämlich recht bald ihr Problem benannten und wir dann über Lösungen reden konnten, begannen die Repräsentanten des Neukatechumenats in meinem Büro zunächst einmal eine temperamentvolle Diskussion untereinander. Zudem kamen sie jeweils zu fünft – neben Kiko die Mitgründerin Carmen Hernández sowie der sie begleitende Priester Mario Pezzi und zwei Katecheten aus Rom. Mir missfiel das Hin und Her ihrer Worte, besonders weil mir nicht gleich klar wurde, wo sie der Schuh drückte. Einige Male zwang ich mich zur Gelassenheit. Aber irgendwann riss mir der Geduldsfaden. Ich schlug mit der Hand auf den Tisch und sagte energisch: „Basta, jetzt rede ich!“ Darauf Kiko verängstigt: „Sei still, Carmen, das ist ein Deutscher!“ Ich weiß nicht mehr, ob sich diese undiplomatische Spanierin von meinem Ausbruch beeindrucken ließ. Jedenfalls war die Anfangsberührung mit dieser Gruppe wenig verheißungsvoll, alles andere als „Liebe auf den ersten Blick“. Langsam erkannte ich jedoch Kikos kraftvolle Verkündigung des Wortes Gottes und nicht weniger Carmens imponierende theologische Kenntnis, ihre innige Gottsuche und ihr beachtliches geistliches Urteilsvermögen. Heute denke ich, dass sie am Werden und Wirken dieser Gemeinschaft einen unersetzlichen Anteil hatte.

Während der zweiten Februarwoche 1983 standen die Störenfriede an einem Freitag wieder in meinem Büro. Die Bischöfe der Welt waren für den Oktober des Jahres zu einer Synode über „Versöhnung und Buße“ eingeladen. Der Papst erwartete von dieser Versammlung die Wiederbelebung des Bußsakramentes. Gerade ihm räumten auch die neukatechumenalen Gemeinschaften einen sehr hohen Stellenwert ein. So hatten sie schon rechtzeitig die Verantwortlichen und Priester des „Weges“ aus aller Welt nach Rom gebeten, um eine innere Beteiligung ihrer Mitglieder an dem geistlichen Prozess zu fördern und sie auf die Ergebnisse einzustimmen. Sie wurden anlässlich des Treffens sogar vom Heiligen Vater in einer Sonderaudienz empfangen. Allerdings hielt er bei dieser Gelegenheit eine Ansprache, die die Gemeinschaften außerordentlich entmutigte. Man würde aus ihr folgern – so klagten sie mir –, sie sollten nach ihrer Rückkehr in die Diözesen nichts weiter tun, als das Pastoralkonzept der Ordinariate umzusetzen und diesem Bistums-Plan ihr eigenes Apostolat unterzuordnen. So erschien ihnen der spezifische Beitrag ihres Charismas für die kirchliche Sendung durch den Papst selbst untersagt und der neukatechumenale Aufbruch überflüssig.

Dieses Mal verstand ich ihre Not sofort. Und sie weckten meine Anteilnahme. Dann kam mir eine Idee, wie die päpstliche Zurechtweisung vielleicht doch noch zum Guten gewendet werden könnte. Ich bat, möglichst viele der ihren sollten am folgenden Sonntag zum „Angelus" des Papstes auf den Petersplatz kommen. Darauf gelang es mir, den Sekretär des Papstes telefonisch zu erreichen. Ich berichtete von der möglichen Wirkung der Papstrede an das Neukatechumenat und fragte vorsichtig, ob der Heilige Vater vielleicht nach dem nächsten Mittagsgebet den Gründern und Verantwortlichen des Neukatechumenats eine kleine Bestätigung ihres Apostolats geben könne. Diese Gruppe verdiene wirklich sein Vertrauen; sie sei vielleicht eine sperrige, aber doch eine äußerst dynamische Kraft für die kirchliche Sendung.

Am 13. Februar um zwölf Uhr standen die neukatechumenalen Rombesucher gespannt unter dem Fenster Johannes Pauls II. Nach dem Gruß an die Gottesmutter wandte sich der Papst ihnen zu:

> „Ich möchte einen freundlichen Gruß an die zahlreiche Gruppe derer richten, die in diesen Tagen in Rom an dem Konvent ‚Buße und Versöhnung' teilgenommen haben; er wurde von den Gemeinschaften des Neukatechumenats veranstaltet. Ich will euch, liebe Brüder, nochmals meine Mitfreude ausdrücken an diesem Kongress, an dem etwa sechzig Bischöfe sowie zweitausend Pfarrer und andere Priester aus fünf Kontinenten teilnahmen, um über das Thema der nächsten Bischofssynode nachzudenken.
> Während des Treffens, das ich am vergangenen Donnerstag mit euch hatte, konnte ich schon meine Wertschätzung eures Enthusiasmus ausdrücken, der euch von anderen unterscheidet. Setzt mit unermüdlicher und

immer erneuter Großmut euren Einsatz für Apostolat und christliches Zeugnis fort, besonders im Feld der Katechese, auf dem ihr in diesen Jahren so viele Früchte des Guten hervorgebracht habt. Mein apostolischer Segen begleite euch und alle Glieder der neukatechumenalen Gemeinschaften der Welt."[20]

Diese Intervention des Heiligen Vaters war für alle eine große innere Genugtuung. Sie werde viel beitragen zu Bestand und Weiterarbeit des Neukatechumenalen Weges; denn sie verschaffe ihnen durch die päpstliche Fürsprache neuen Mut zu künftigem Engagement. Mir selbst bestätigte sie meinen römischen Auftrag und Dienst in einem sehr konkreten Punkt und weckte gleichzeitig mein Nachdenken: Wenn mir – wie ich hoffte – Gottes Geist diesen Impuls zum Schutze dieser Gemeinschaft eingegeben hatte, musste ich mich dann nicht noch stärker auf sie einlassen? War dies also nicht ein Wink „von oben", ich möge ihre Anhänger statt mit Hilfe von Papieren durch Teilnahme an ihrem Leben besser kennenlernen?

Als erste Gelegenheit nutzte ich eine deutsche Zusammenkunft am Marienwallfahrtsort Kevelaer (Oktober 1985). Italiener und Spanier, die als Missionare in Deutschland waren, prägten das menschliche und geistliche Klima. Ihre Aufrichtigkeit und Authentizität weckten meine Sympathie. Auch waren bereits einige Früchte dieser Glaubensschule direkt erkennbar.

Später fiel mir dann das schriftliche Zeugnis einer deutschen Familie in die Hände, die zu dieser Gemeinschaft gehörte. Es stammte von einer 52-jährigen Frau, die seit 31 Jahren verheiratet und Mutter von fünf erwachsenen Kindern war:

„Ich muss zuerst sagen, dass ich durch eine ernste Ehekrise entdecken musste, keinen Glauben zu haben. Zwar in katholischem Elternhaus aufgewachsen, war ich doch unfähig, ein christliches Leben, eine christliche Ehe zu führen; ich war unfähig, unseren Kindern gemeinsam mit meinem Mann den Glauben zu übergeben. Es war uns kein Trost, dass auch andere Ehen zerbrachen und andere Kinder von in der Pfarrei engagierten Eltern nichts mehr von der Kirche wissen wollten … Besonders deutlich wurde das Elend und die Sinnlosigkeit unseres Lebens am Sonntag. Jeder ging seine Wege auf der Jagd nach Leben, und die Nacht vor dem Sonntag war die Nacht, die alle unsere Sehnsüchte und Wünsche erfüllen sollte, um einen ‚schönen' Sonntag zu haben. Überall haben wir, gerade in der Nacht vor dem Sonntag, das Leben gesucht – und den Tod geschmeckt; unsere Kinder haben wie ihre Freunde, wie ‚alle Welt' in diesen Nächten Freude gesucht und Drogen und Alkohol gefunden. Ich sehe, wie barmherzig Gott ist, wie wunderbar seine Wege für mich, für uns waren: Mit der Feier seines Todes und seiner Auferstehung hat er unseren Tod gebrochen, am Samstagabend in der Eucharistiefeier hat er uns ein Fest geschenkt, reich und kostenlos, eine unbeschreibliche Fülle; wirklich ein überfließender Dank ist in mir, auch für die Entdeckung der Macht des Wortes Gottes, für die Heilung im Sakrament der Versöhnung."

Meine Zurückhaltung wich mehr und mehr. An manchen Treffen und Besprechungen des Neukatechumenalen Weges teilzunehmen half mir, einige der eigenen Bedenken auszuräumen und die oft von andern vorgebrachte Ablehnung genauer zu prüfen und gegebenenfalls als unbegründet zu durchschauen. Mehr noch: Das Zusammensein erschloss mir eine andernorts oft vermisste Welt der Glaubensfreude, des Vertrauens auf Gottes Fügungen, der Liebe zu Papst und Kirche sowie eines selten erlebten apostolischen Eifers. Die bis heute sich mehrenden Früchte bestätigen die Qualität des Baumes (vgl. Mt 7,20), der sich einer Inspiration Mariens verdankt.

Kiko Argüello, ein zunächst in Spanien sehr bekannter Maler und später einer der beiden Initiatoren des Neukatechumenalen Weges, war 1973 dabei, ein Bild der Gottesmutter zu schaffen.[21] Er nahm als Anregung eine russische Ikone, die ihm der Pfarrer der „Martiri Canadesi" in Rom geschenkt hatte. Die Vorlage war schwarz-weiß gehalten. Kiko gestaltete es zu einem eigenen Werk, wobei er sich an die Regeln der ostkirchlichen Madonnen-Darstellung hielt: Die Gottesmutter ist in ihrer lieblichen Zärtlichkeit dargestellt, die Eleousa, die sich an den Kopf ihres Sohnes lehnt; dieser wiederum zeigt die Reife, Ernsthaftigkeit und den Frieden eines Erwachsenen. Traditionell sind die Farben: das blaue Gewand als Zeichen der Menschlichkeit, der Purpurmantel zum Ausdruck der Königswürde und das Gold der göttlichen Glorie. Außerdem ist im Bild der Gründungsauftrag in Worten niedergeschrieben, der aus der innigen Begegnung des Malers mit der Gottesmutter erwuchs: „Hay que hacer Comunidades Cristianas como la Sagrada Familia de Nazaret que Vivan en Humildad, Sencillez y Alabanza. El otro es Cristo – Es sollen christliche Gemeinschaften nach dem Vorbild der Familie von Nazareth entstehen, die in Demut, Einfachheit und Lob leben. Der andere ist Christus." Auf dieses Bild stützt der „Weg" sein Charisma – eine Gabe des Heiligen Geistes für die Kirche und für die Welt. Das Original fand später seinen Platz in einer Seitenkapelle der Kathedrale von Madrid.

San Lorenzo: versteckte Kapelle, spektakuläre Wirkung

Den Warnungen vor den Geistlichen Bewegungen, denen ich bei der Aufnahme meiner Arbeit in Rom vielfach begegnet war, hatte ich vom ersten Hören an nie völlig zugestimmt. Da ich in Deutschland kaum auf ihre Mitglieder getroffen war, konnte ich mich diesen Neuaufbrüchen neugierig und unparteiisch nähern. Langsam lernte ich sie kennen und schätzen und wurde ganz sicher, dass ihr manchmal schlechter Leumund aus Unkenntnis oder vielleicht sogar Neid herrührte. Hätte es noch eines greifbaren Arguments bedurft, mich von ihrem wesentlichen Anteil an der Sendung der Kirche zu überzeugen, so wäre er mir zumindest in einem Ereignis – gleichsam auf Gottes Silbertablett – geliefert worden: in den Internationalen Jugendtagen. Ihre Geschichte begann während eines Treffens mit einer Gruppe von jungen Mädchen aus dem Sauerland.

Wieder einmal war eine Schulklasse der Oberstufe eines Gymnasiums an der Reihe, eine Klassenfahrt zu machen. Unter ihnen war auch meine Nichte Jutta, die ich bei dieser Gelegenheit zu treffen gedachte. Die Schulleitung hatte sich offenbar für Rom entschieden, ohne allerdings die Schülerinnen für das Reiseziel recht gewinnen zu können. Die Lehrer suchten wohl Anschauungsunterricht für die Antike und unsere kulturellen Wurzeln. Jedenfalls waren die jungen Damen mürrisch und unzufrieden, als ich sie zum ersten Mal sah. Sie wurden von einer historischen Sehenswürdigkeit zur andern geführt und waren die Besichtigungen schon bald leid. Ich dachte bei mir: „Wie schade! Da ist man Besucher in dieser faszinierenden Stadt, und man sieht nichts von ihr, weil der Widerwille und die Aggression Augen und Ohren verschlossen halten." Nach einer ersten Begegnung mit allen traf ich mich ein zweites Mal mit acht bis zehn von ihnen in meiner Wohnung. Sie hielten ihren Missmut nicht länger zurück: „Immer nur alte Steine! Wo sind in Rom die jungen Leute? Wann begegnen wir denen endlich?"

Die Stimmung der Mädchen ging mir noch länger nach. Schon früher hatte ich erlebt, dass sich jugendliche Besucher in Rom mehr für Menschen als für Monumente interessierten. Wie oft zog es sie auf die Piazza Navona ins Gewühl der Touristen. So liebten sie die Ewige Stadt. Es kam mir der Gedanke, man müsste in Rom eine Plattform schaffen, um jugendliche Pilger mit gleichaltrigen Römern zusammenzuführen. Ideal wäre die nähere Umgebung von St. Peter. Der Ort sollte einen weltoffenen, einladenden Charakter haben, aber auch eine religiös-geistliche Atmosphäre ausstrahlen – etwa ein Zentrum verbunden mit einer kleinen Kirche.

Wir schrieben das Jahr 1982. Gut zwei Jahre war ich inzwischen Vizepräsident im Päpstlichen Rat für die Laien. Kardinal Opilio Rossi leitete damals das Dikasterium, und einer unserer Mitarbeiter war Msgr. Józef Michalik, heute Erzbischof von Przemysl in Polen und Präsident der dortigen Bischofskonferenz. Wir machten uns auf die Suche nach einem geeigneten Ort. Bald hatten wir die Kirche San Lorenzo in Piscibus entdeckt – ganz nahe beim Petersdom in einer Seitenstraße der Via della Conciliazione. Wir glaubten uns schon am Ziel, trafen aber stattdessen auf mancherlei Hindernisse. Zunächst galt es, die rechtlich zuständige Instanz für diese kleine Kirche auszumachen, damit wir einen Blick in ihr Inneres werfen könnten. Nach vielen Telefonaten im Vatikan stellte sich heraus, dass der alte Backsteinbau von der vatikanischen Grundschule Pio Nono genutzt wurde – und zwar als Zeichensaal! Verwaltung und Elternvertretung aber wollten den Raum nicht hergeben, wollten uns nicht einmal das Gebäude inspizieren lassen. Beiläufig hörten wir, dass man sich vorher schon erfolgreich gegen den Wunsch von Mutter Teresa von Kalkutta gewehrt hatte, diese Kirche zu nutzen. Wieder die bekannten Widerstände, die sich gegen eine gute Sache auftürmten!

Eines Tages bekam Józef Michalik endlich einen Termin für die Besichtigung. Später erzählte er: „Als der Elternvertreter sich immer noch weigerte, die Kirche zu öffnen, musste ich ihn provozieren. Es war das einzige Mal, dass ich während meiner römischen Zeit meine Nationalität ins Feld führte: Ich bin Pole, drohte ich, und ich würde den Heiligen Vater informieren, wenn man die Obstruktion fortsetzte." Mit diesem Vorstoß konnte die Arbeit für das Zentrum endlich beginnen. Wir hatten besonders die Apsis und den Boden der Kirche zu renovieren und die hässlichen Neonröhren mit ihren frei hängenden Drähten durch eine würdige Beleuchtung zu ersetzen. Den Altarstein fand ich bei einem Spaziergang im vatikanischen Garten im Schmutz unter Büschen, und es gelang mir, ihn mit Hilfe des damaligen Vizedirektors der Vatikanischen Museen, meines Landsmanns Professor Arnold Nesselrath, zu bekommen. „Sie müssen ihn leihweise erbitten", hatte er mir geraten. Dann war der Schutt auszuräumen, der den Keller füllte, und Gruppenräume mussten eingerichtet werden. Eine Treppe entstand, um den Eingang mit den unteren Räumen zu verbinden.

Im vatikanischen Staatssekretariat war man wohl ziemlich verwundert über unsere Aktivitäten. Langsam ahnte ich den Grund. Er lag offenbar in der Auffassung, vatikanische Dienststellen hätten nicht selbst Seelsorge zu betreiben, sondern sicherzustellen, dass andere kirchliche Träger diese Aufgabe gut erfüllten. Glücklicherweise machten genau in den Wochen unserer Renovierung die deutschen Bischöfe ihren Ad-limina-Besuch. Ich konnte mehreren von ihnen unsere Baustelle zeigen und ihnen diskret unsere Kontonummer in die Hand drücken, damit wir so die anfallenden Kosten zu decken vermochten.

Räumlichkeiten, damit Kontakte zwischen Jugendlichen entstünden, gab es also. Nun galt es, junge Menschen zu finden, die sich für den anstehenden Dienst der Gastfreundschaft bereit erklärten. Im Laienrat waren wir ja schon auf manche Neue Geistliche Bewegungen gestoßen, die neben anderen Gruppen – Katholische Aktion, Franziskanische Jugend oder Pfadfinder – in der Ewigen Stadt aktiv waren. Wir luden ihre römischen oder nationalen Repräsentanten ein, erläuterten ihnen unser Vorhaben und konnten sie für ihre Mithilfe gewinnen. Sie verpflichteten sich, ein- oder zweimal monatlich einen Tag lang im Centro Bereitschaftsdienst zu machen, mögliche Gäste zu empfangen, gegebenenfalls mit ihnen zu beten und sie vielleicht auch an römische Pfarreien weiterzuleiten.

Bald erkannten wir dann, dass die in San Lorenzo gesammelten Erfahrungen und Anregungen irgendwo zusammenfließen mussten. Wir brauchten Personen, die die Kontinuität der Arbeit gewährleisteten. Ich entschloss mich also zu einem Besuch im französischen Paray-le-Monial, um Pierre Goursat, den Gründer der Gemeinschaft „Emmanuel“, um Hilfe zu bitten. Er stellte uns zwei junge Damen für diese Aufgabe zur Verfügung. Da wir keinen finanziellen Etat hatten, konnten wir sie freilich nicht bezahlen. Er willigte dennoch ein, und Véronique Piot und Isabelle Roche kamen zu uns nach Rom. So begann das besondere Engagement dieser charismatischen Gemeinschaft für unsere Gründung. Doch es zeigte sich auch im Miteinander der verschiedenen Gemeinschaften ein gemeinsamer Geist, und das Interesse aneinander wuchs; zwischen den Jugendlichen des Zentrums gab es keinerlei Vorbehalte oder Missgunst.

Zur vorgesehenen Eröffnung luden wir den Heiligen Vater Johannes Paul II. ein und waren hocherfreut, dass er zusagte. In den letzten Tagen der Vorbereitung überschlugen sich die Ereignisse. Vor allem fehlte uns ein großes Kreuz für die Kirchenapsis. Einige Mitglieder von Comunione e Liberazione aus Perugia besorgten uns unter hohem Zeitdruck eine große Kopie vom Kreuz des heiligen Franz von Assisi, das noch heute die Kirche schmückt. Sie transportierten es am Tag vor der Eröffnung auf ihrem Personenwagen, wegen des Regens eingehüllt in eine Plastikfolie.

Der 13. März 1983 brachte Papst Johannes Paul II. in jenes alte Gotteshaus, das einen Kontrast darstellt zu den hellen, lichterfüllten römischen Kirchen. Er kam noch sichtlich bedrückt von seiner apostolischen Reise nach Nicaragua. Dort war er bis hinein in die Feier der Eucharistie dem Hass der Sandinisten auf ihn selbst und den katholischen Glauben ausgesetzt gewesen: Die Revolutionäre hatten sich über die liturgische Lautsprecheranlage mit bösen Zwischenrufen in seine Predigt eingemischt. Dennoch gab er uns wegweisende Orientierung. Seine Worte knüpften beim Gleichnis vom verlorenen Sohn und barmherzigen Vater an, das die liturgische Ordnung für diesen Sonntag vorsah:

> „Durch meine Anwesenheit möchte ich die Bischöfe der Welt auf diese Initiative aufmerksam machen, damit sie

> ihrerseits in geeigneter Weise bei den Jugendlichen ihrer Diözesen dieses Zentrum bekannt machen und deren Aufmerksamkeit bei ihren Besuchen in der Ewigen Stadt besonders auf diese Stätte lenken."

Mit Verweis auf das Sonntagsevangelium fuhr der Papst dann fort:

> „Wenn der Mensch sich als Sünder erkennt, so darf ihn das nicht demütigen; dies muss ihn vielmehr verstehen lassen, dass der Weg zur Freude – zur Freude, dem Vater nahe zu sein – über die Umkehr des Menschen und die Vergebung führt ... So wird dieses Zentrum notwendig zum Ort, wo das Kreuz herrschen muss. Wohin mit Sünde und Schuld in dieser Welt ohne das Kreuz? Das Kreuz nimmt alles Elend der Welt auf, das die Folge der Sünde ist ... Darum ist es gut, dass ihr in dieser Kirche das berühmte Kreuz von San Damiano aufgerichtet habt, das mit seiner Größe und mit seiner Schönheit diesen Raum beherrscht. Kommt unter dieses Kreuz mit Maria der Mutter Gottes, die darauf dargestellt ist. Lernt verfügbar zu sein wie sie. Werdet auch ihr Erlöser für die Jugendlichen der Welt ..."

Diese Botschaft des Heiligen Vaters verlieh unserer Einrichtung einen hohen Rang, und sie wurde uns zum Programm – besonders seine Anregung, Erlöser der Jugendlichen in aller Welt zu werden.

Einmal verirrte sich ein Chinese nach San Lorenzo. Als Kellner hatte er schon den halben Globus bereist. Bei den Jugendlichen des Zentrums spürte er deren Sympathie. Er liebte ihre Gesellschaft, den Gottesdienst und ihre Gesänge.

Ein Österreicher, der Franziskaner Wolfgang Heiss OFM, war zu der Zeit ihr geistlicher Begleiter. Nach Monaten des Kontakts bat der Gast um Aufnahme in die katholische Kirche, und Pater Wolfgang bereitete ihn vor. Als ich ihm dann dort vor dem Altar das Tauf- und das Firmsakrament spenden durfte, spürte ich eine starke Anteilnahme. Mir schien, Gott hätte die Sinnhaftigkeit dieses Ortes nicht anschaulicher beweisen können.

Neben der geistlichen war dann gelegentlich auch existenzielle Hilfe gefragt. Einmal kam ein junger Franzose. Er war ohne Gepäck und ohne ausreichende Kleidung im Zentrum gelandet, als man mich abends anrief. Irgendwo in der Stadt fand ich ein Quartier. Aber er wollte mehr. Er suchte seinen leiblichen, ihm bislang unbekannten Vater. Dieser trug – so hatte er in Erfahrung gebracht – einen seltenen italienischen Namen. Das Aufzählen von Schwierigkeiten und Hindernissen beeindruckte ihn nicht. Marie Barbieri aus Schottland, die damals die verschiedenen Gruppen koordinierte, gab sich schließlich dafür her, ihn zu begleiten; denn Kenner meinten, der genannte Name weise auf die italienische Insel Sardinien. Und wirklich brachten es die beiden zusammen fertig, die Familie des „verlorenen Sohnes“ dort ausfindig zu machen und Versöhnung zu schaffen.

Inzwischen hatten die jungen Leute der Geistlichen Bewegungen das Straßenapostolat begonnen. Sie gingen einmal die Woche zur Piazza Navona. Zuerst bewunderte ich sie still, dann versicherte ich sie meiner Zustimmung. Und schließlich dachte ich: Nun braucht es mehr als ermunternde Worte. So rang ich mich gegen meinen inneren Widerstand dazu durch, mich ihnen anzuschließen. Freilich wagte ich nicht, dort im Gewühl der Romreisenden jemanden anzusprechen. Ich verharrte verschämt bei der kleinen Schar, die nahe beim Bild der Gottesmutter und bei der brennenden Kerze stand und fromme Lieder sang. Und immer plagte mich das Unbehagen: „Gleich kommt irgendein Bekannter. Er wird erstaunt gucken. Dann wird er sich nicht ohne Häme an mich wenden und sagen: ‚Bist du inzwischen auch in einer Sekte gelandet?'" Doch das passierte nicht, und ich ging mit einer großen Freude im Herzen nach Hause zurück.

Nach einigen Monaten wechselten wir mit dem Straßenapostolat auf den Petersplatz. Inzwischen hatte ich schon den Mut bekommen, Vorbeigehende anzusprechen. Auch wenn die Ewige Stadt voller kirchlicher Instanzen und Personen ist, fehlt es möglicherweise an ausreichender persönlicher Zuwendung und zwischenmenschlichem Zeugnis. Dies jedoch kann zur Chance werden, dass sich im Gespräch der Blick des Glaubens öffnet. So fragte dabei einmal ein Römer: „Glauben Sie, dass Gott Sünden verzeiht?" Er hatte das Bußsakrament schon viele Jahre nicht mehr empfangen. Später ging er nach San Lorenzo und wurde von seinen Sünden losgesprochen. – Ein andermal traf ich auf zwei junge Männer, die ihrem Aussehen nach gewiss nicht aus Europa stammten. Ich sprach sie an. „Parlez-vous français?" Ihre Antwort: „No!" – „Do you speak english?" – „No!" – „Habla español?" – „No!" Beide blieben abweisend, aber ich insistierte. Wir konnten uns in gebrochenem Italienisch verständigen. Bald schon kritisierten sie den Vatikan, und ich fand heraus, dass es sich um junge Priester handelte, die aus Afrika stammten. Da schob ich ein: „Auch ich arbeite im Vatikan." Sie waren offenbar überrascht. Schließlich erschienen sie mir verblüfft, als ich sagte: „Ich bin römisch-katholischer Bischof." Dann gelang ein kurzer freundlicher Austausch. Jedoch weiß ich nicht, ob ich ihre Vorurteile wirklich ausräumen konnte.

Weil der Heilige Vater auf den Geschmack kam: seine Stiftung der Weltjugendtage

Die spektakulärste Auswirkung der Arbeit dieses kleinen Zentrums in der Nähe des großen Petersplatzes war die Stiftung der „Weltjugendtage“. Sie verdanken sich der Feier des außerordentlichen Heiligen Jahres 1983/84. Vielerlei katholische Verbände, Vereinigungen, Bruderschaften und Gruppierungen besuchten die Ewige Stadt. Einer der freiwilligen Helfer im Zentrum, Massimo Camisasca von Comunione e Liberazione, heute Bischof von Reggio Emilia/Italien, fragte: „Warum machen wir in diesem Heiligen Jahr nicht auch ein internationales Treffen der Jugend?“ Ich entgegnete: „Eine überlegenswerte Idee – doch wer wird das organisieren?“ Ich war mir klar darüber, dass der Päpstliche Rat für die Laien mit einer solchen Sache total überfordert wäre. Aber vielleicht könnte so ein Treffen gelingen, wenn sich all die neuen geistlichen Initiativen engagierten, die im Zentrum mitarbeiteten. Wir luden sie ein und rangen ihnen ihre Bereitschaft ab – gegen den Willen einiger älterer Gruppenleiter, die wegen ihrer sehr schlechten Erfahrungen bei einem ähnlichen Jugendfest im Heiligen Jahr 1975 ihre Vorbehalte hatten und den Vorschlag ablehnten. Doch die jungen Vertreter der Neuen Geistlichen Bewegungen ließen sich – Gott Dank! – ihre frische Unbekümmertheit und den nötigen Schwung nicht von den Skeptikern nehmen.

In der Planungsgruppe waren wir sicher, dass das Interesse junger Leute an einem solchen „Meeting“ von der Mitwirkung kirchlicher Prominenz abhängig wäre. Schafften wir es, einige namhafte Männer und Frauen zu gewinnen, so würden sie wie Magneten wirken. Und wir hatten auch einige wichtige Aufgaben für sie. Sie sollten das große Treffen mit dem Heiligen Vater drei Tage lang durch Katechesen, also Glaubensunterweisungen, vorbereiten. Wir wandten uns an Gründer und Repräsentanten der neuen kirchlichen Initiativen. Rasch gaben ihre Zustimmung Chiara Lubich, Focolare; Don Luigi Giussani, Comunione e Liberazione; Kiko Argüello, Neukatechumenat; Msgr. Álvaro del Portillo, Opus Dei, Spanien; P. Joaquín Allende, Schönstatt, Chile; P. Tom Forrest, Charismatische Erneuerung, USA; Luis Figari, Sodalitium, Peru. Auch so hochverehrte Protagonisten des Glaubenslebens wie Mutter Teresa von Kalkutta und Frère Roger von Taizé ließen sich nicht lange nötigen. Außerdem luden wir eine internationale Auswahl von geweihten Hirten ein: Kardinal Lustiger, Paris; Kardinal Meisner, Köln; Kardinal Macharski, Krakau; Kardinal Baum, Washington; Kardinal Martini, Mailand; Erzbischof Peter Dery, Ghana; Erzbischof Robert Sarah, Guinea; P. Manfred Entrich OP, Köln; P. John Bertolucci, Steubenville/USA.

Je näher der erste Jugendtag rückte, umso stärkere Widerstände von außen traten auf. Aus einigen diözesanen Jugendabteilungen, deren junge Leute wir eingeladen hatten, kamen kritische Kommentare: „Es ist nicht Aufgabe des Vatikans, sich mit *unserer* Jugend zu befassen." Der kommunistische Bürgermeister von Rom zog im letzten Augenblick schon gegebene Genehmigungen zurück, sodass wir die vorgesehene Zeltstadt im Park der „Pineta Sacchetti" nicht bauen und die zugesagten Unterkünfte nicht schaffen konnten. Einige Ökologen taten sich mit Journalisten zusammen, um die Verwüstung der städtischen Anlagen und Gärten vorauszusagen. Das eine oder andere römische Stadtviertel machte mobil gegen die angebliche Invasion randalierender Jugendlicher. Ablehnende Zeitungsartikel erschienen mit Titeln wie „Die Hunnen kommen".

Trotz unserer gänzlichen Unerfahrenheit mit solcher Art von Weltkongressen und der ärgerlichen Behinderung wurde das Treffen zu einem echten Kirchenereignis. Gegen 300.000 junge Leute folgten der Einladung des Papstes und feierten mit ihm am Palmsonntag, dem 15. April 1984, auf dem Petersplatz die Eucharistie. Alles verlief bei einem selbst für Rom überdimensionalen Besuch so geordnet und vorbildlich, dass sich die Öffentlichkeit wunderte. Der 91-jährige Kardinaldekan Confalonieri, der von der Terrasse gegenüber der Peterskirche einige Phasen des Jugendfestes miterlebt hatte, kommentierte: „Selbst die ältesten Römer können sich an Ähnliches nicht erinnern."

Wir vom Laienrat waren freilich völlig erschöpft. Und im Büro stapelte sich unbeantwortete Korrespondenz. Ein halbes Jahr lang hatten wir nur den Jugendtag in unserm Kopf gehabt; alles andere war liegen geblieben. Wer mochte uns unsere Überzeugung übel nehmen, jetzt hätten wir unser Soll gegenüber der Weltjugend mehr als hundert Prozent erfüllt? Ganz anders dachte offenbar Papst Johannes Paul II. Knapp vor den Sommerferien ließ er mich wissen: „Das nächste Jahr ist von den Vereinten Nationen als Jahr der Jugend vorgesehen. Wäre es nicht angebracht, die Jugend der Welt wieder nach Rom einzuladen?" Als wir den Vorschlag hörten, hielt sich unsere Begeisterung in Grenzen. Die Zeit für eine Vorbereitung war äußerst knapp; denn der zweimonatige Einschnitt der Sommerpause stand vor der Tür, und als Termin sollte am Palmsonntag festgehalten werden. Auch konnten wir nicht noch einmal alle Jugendgruppen des Centro ein halbes Jahr lang für den Jugendtag in Anspruch nehmen.

Eine weitere Schwierigkeit tat sich auf, weil unser neuer Präsident Kardinal Pironio sich für kirchliche Großveranstaltungen wie den Jugendtag offenbar nicht recht erwärmen konnte – er setzte auf Treffen, die lediglich eine Repräsentanz von Jugendführern (ein „Jugendforum“) zusammenführten. Da er aber wegen geschwächter Gesundheit nicht regelmäßig Bürodienst tat, nahm ich mir in diesem Fall einfach die Freiheit heraus, die gleichen Einladungen an die Bischöfe in aller Welt zu schicken, wie wir sie beim ersten Mal ausgesandt hatten; Papst Johannes Paul II. hatte ja, da war ich ganz sicher, eine Neuauflage des ersten Großereignisses im Sinn.

Auch wenn der zweite Weltjugendtag keineswegs ein Selbstläufer sein würde, lag es doch auf der Hand, dass wir einer Neuauflage zuzustimmen hatten – einmal, weil sie vom Papst gewollt war, dann aber auch, weil wir den ersten Weltjugendtag als einen großen Glaubensimpuls für viele Heranwachsende erlebt hatten. Unsere Bereitschaft zum Gehorsam fand schnell ein unerwartetes Echo, das uns viele Sorgen nahm: Chiara Lubich, die Gründerin des Focolare, stellte uns alle Kräfte ihrer Bewegung zur Verfügung, sodass wir uns auf eine eingespielte Organisation stützen konnten.[22] Und die Resonanz blieb wieder nicht aus. Auch beim zweiten Mal war die Beteiligung der jungen Leute imponierend: Zum Abschlussgottesdienst am 31. März 1985 vor der Lateran-Basilika wurden ca. 250.000 Mitfeiernde gezählt.

Im Laienrat waren wir überzeugt, das Kapitel „Jugend“ sei nun tatsächlich für eine Weile zu schließen – waren doch die üblichen anderen Pflichten von uns ein weiteres Mal ungebührlich vernachlässigt worden. Total erschöpft flog ich aber zunächst am Montag der Karwoche nach Deutschland, um mich in Kirchhundem von den Strapazen zu erholen und endlich ausgiebig zu schlafen. Am Ostersonntag 1985 verfolgte ich im Fernsehen, wie der Gottesdienst vom Petersplatz übertragen wurde. Der damals noch relativ junge Papst hielt eine Predigt, die alle begeistern konnte. Dann aber blieb mir die Spucke weg. Voller Elan verkündete Johannes Paul: „Nun sind schon zwei Mal unerwartet, ja unglaublich viele junge Menschen aus aller Welt nach Rom gekommen, um sich mit uns zu Christus zu bekennen. Wir wollen solch einen Jugendtag in Zukunft jedes Jahr feiern." Der Heilige Vater war auf den Geschmack gekommen und stiftete so eine neue Praxis in der katholischen Kirche.

Die Feier der Weltjugendtage begann, und sie überzog viele Länder der Erde – jeweils im Wechsel zwischen internationalem und lokalkirchlichem Treffen. Buenos Aires in Argentinien machte 1986 den Anfang. Dann folgten die USA, Europa und Asien. Herausragend waren das Jugendfest 1997 in Paris und die Begegnungen in Rom während des Heiligen Jahres 2000. Den absoluten Höhepunkt bildete die Versammlung auf den Philippinen (Januar 1995), organisiert von dem philippinischen Mitglied unseres Rates Henrietta de Villa. Etwa vier Millionen Menschen fanden sich ein. Bisher hatte die Menschheitsgeschichte noch nie ein derartiges Ereignis gesehen – so kommentierten damals die Medien –, zu dem so viele Menschen zusammenkamen, und zwar freiwillig und frohgestimmt. – Inzwischen sind die Jugendtage zu einer Kette geworden, die Länder und Kontinente miteinander verbindet und manche Ortskirchen aufweckt. Das hat sich auch in Köln 2005 erwiesen, als der internationale Schwarm der friedfertigen Globalisierer das Land überschwemmte und erstmals ein deutscher Papst die Jugend begeisterte. Es war damals die erste Auslandsreise von Papst Benedikt XVI. Auch Papst Franziskus wählte den Weltjugendtag in Rio de Janeiro 2013 als seinen internationalen Einstand. Der Papst und die Jugend der Welt – dieses Bild geht jetzt immer wieder rund um den Globus.

Die verbindende Kraft des Glaubens über Länder und Kontinente hinweg wird besonders greifbar, wenn jeweils das „Kreuz des Heiligen Jahres“ beim Abschluss des Festes feierlich an Repräsentanten des nächsten Austragungsortes übergeben wird. Weil dieses Kreuz zu solchen Ehren gelangte, muss ich anfügen, was ich über seine Geschichte weiß; denn auch diese Geschichte beginnt im Centro San Lorenzo.

Papst Johannes Paul II. war vor Beginn des außerordentlichen Heiligen Jahres 1983/84 aufgefallen, dass im Petersdom kein hohes Kreuz steht, um gleich die Augen der Beter auf sich zu ziehen. So ließ er am Papstaltar ein gut zwei Meter großes Holzkreuz aufstellen. Als er nach Abschluss des Heiligen Jahres zum letzten Mal die Heilige Pforte durchschritt, übergab er es den Jugendlichen des Centro San Lorenzo, sprach sie an und sagte aus dem Moment heraus zu den fünf Trägern: „Zum Abschluss des Heiligen Jahres vertraue ich euch das Zeichen dieses Jubiläumsjahres an: das Kreuz Christi. Tragt es in die Welt als Zeichen der Liebe Jesu zur Menschheit, und verkündet allen, dass Heil und Erlösung allein in Christus, dem gestorbenen und auferstandenen Herrn, sind.“

Als die Jugendlichen des Zentrums mir das erzählten, waren sie schon für den Wunsch des Papstes gewonnen. Sie wollten das Kreuz tatsächlich in die Welt tragen. Ich beschwichtigte sie mit der Ausrede, jeder trage doch sein Kreuz in die Welt. Sie aber blieben hartnäckig, sie wollten den päpstlichen Auftrag buchstäblich befolgen. So ließ ich mich endlich auf ihr Drängen ein. Doch wer interessierte sich schon für ein schlichtes Holzkreuz – mochte es auch im Petersdom gestanden haben und mochten wir uns auch auf den Papst berufen? Wir mussten das Kreuz also mit Würde und „Außergewöhnlichkeit“ beladen – durch Gebete und feierliche Verehrung. Dabei dachten wir auch an die Frömmigkeitsform der Taizé-Gemeinschaft. Es musste auf irgendeine Weise zu einem besonderen Glaubenszeichen der Jugend werden. So zogen wir dann mit unserer kleinen Schar betend und singend durch die Stadt Rom zu den kirchlichen Standorten der Geistlichen Bewegungen – zu den Charismatikern an der Piazza Navona, zur Pfarrei der kanadischen Märtyrer vom Neukatechumenat, zu einer Audienz des Papstes für die Gemeinschaft Comunione e Liberazione. Die Prozessionen fanden dort jeweils ihren Abschluss in kleinen Wortliturgien mit Katechese und Kreuzanbetung.

Bald darauf – im Juli 1984 – fand in München der deutsche Katholikentag statt. Wir machten das Kreuz mit einer Metallkiste transportfähig und flogen nach Bayern. Der damalige Weihbischof Ernst Tewes war bei den Veranstaltungen für die Liturgie verantwortlich. Wir baten ihn, er möge doch dieses große, schlichte Holzkreuz für alle sichtbar bei der Schlussveranstaltung im Olympiastadion aufstellen lassen. Er verstand unser Anliegen nur schwerlich – und dass wir eigens ein Holzkreuz von Rom mitgebracht hätten! Ob es denn in München nicht genügend schöne Kreuze gebe? Wir setzten nach: Es handele sich um das Kreuz des Heiligen Jahres, und der Papst habe uns aufgefordert, es als Zeichen des Heiles aus Christus in die Welt zu tragen. Er zögerte dennoch. Inzwischen nutzten wir den Katholikentag, um wieder das Kreuz durch die Straßen zu tragen, diesmal durch die bayerische Hauptstadt; ausgerüstet mit einem Megaphon stimmten wir Lieder an und beteten. Groß war dann unsere Freude, als sich der Weihbischof unserer Bitte beugte und das Kreuz bei der Abschlussveranstaltung seinen Ehrenplatz im Rund des Stadions bekam.

Bei dem nächsten Zusammentreffen mit dem Papst konnte ich ihm berichten: „Ihrem Auftrag gemäß tragen die

Jugendlichen des Zentrums San Lorenzo das Kreuz des Heiligen Jahres in die Welt.“ Die spontane Reaktion Johannes Pauls: „Dann bringt es aber auch zu Kardinal Tomášek nach Prag.“ Das war nun leichter gesagt als getan – und zwar sowohl aus politischen wie technischen Gründen. Die Tschechoslowakei war eines der vom Kommunismus am meisten geknechteten Länder. Die Kirche dort hatte keine Freiheit, keinerlei Lebensraum. Und der große Widersacher der Diktatur war der Kardinal von Prag, den man von allen Besuchen bestens abschirmte. Nur mit einer Finte würde es uns gelingen, das Kreuz bis zu dem damals schon 86-jährigen Helden des Widerstands zu bringen und ihn in seinem Hausarrest zu trösten. Die jungen Leute heckten den Plan aus, als Studentengruppe der Universität Tübingen eine Studienrcise nach Prag zu beantragen. Wir bekamen von den kommunistischen Behörden die Einreisegenehmigung in die Tschechoslowakei. Dort gelang es ihnen, als Bautrupp verkleidet, bis in die Wohnung des Kardinals zu gelangen und dabei das Kreuz hineinzuschmuggeln. Der Kardinal war zu Tränen gerührt und segnete die jungen Draufgänger, die ihm unter großem Risiko die Verbundenheit des Papstes bekundeten. Man machte einige Fotos, die später in der „Frankfurter Allgemeinen Zeitung“ abgedruckt wurden und Verwunderung hervorriefen.

War das Kreuz des Heiligen Jahres zunächst unbedeutend, so hatte es jetzt gleichsam „Karriere“ gemacht. Man nannte es nunmehr „Kreuz der Jugendtage“. So sehr wurde nach ihm verlangt, dass Duplikate von ihm angefertigt wurden: Es erinnerte in der ganzen Welt neu an die Liebe Jesu. Jugendliche aller Kontinente sind vor ihm niedergekniet, manchem ist bei solchen Gebeten der Zusammenhang zwischen dem Leiden des Herrn und den eigenen Sünden neu aufgegangen, und er hat nach langen Jahren wieder zum Bußsakrament gefunden. Das „Kreuz der Jugendtage“ wurde tatsächlich zu einem wirksamen Heilszeichen. Das Erlebnis des Papstes und der Gläubigen aus der ganzen Welt blieben für sie kein Strohfeuer. Hunderte von Briefen und Kommentaren, die uns, den Veranstaltern, zugingen, bezeugen das.

Hier einige Zitate über das Treffen in Rom im Jahr 2000:

> Ein Carmelo Patrone schreibt: „Wir sind nicht nach Rom gekommen, um eine Moral kennenzulernen, auch wollten wir kein grandioses Schauspiel sehen oder Ferien machen. Wir wollten Zeugnis geben von der Hoffnung, die in uns ist.“
>
> Sara Sardelli ist überzeugt: „Wir haben die Antwort gefunden durch so viele Namen und Gesichter: Jesus von Nazareth.“
>
> Und Robert Prost fasst zusammen: „Nicht weil wir zwei Millionen waren, nicht weil der Papst bei uns war, sondern weil wir Jesus gesucht haben. Er hat sich finden lassen im Gesicht des Bruders oder der Schwester, in den gemeinsamen Kilometermärschen, unter der kühlen Dusche, im Beichtstuhl – immer dann, wenn wir ihn am wenigsten erwarteten. Doch jetzt fängt das Abenteuer erst an. Wir werden die Chance nicht vergeuden und die Welt in Brand setzen.“

Für manche junge Männer und junge Frauen – ich weiß das sehr konkret von Mitgliedern des Neukatechumenats – wurden die Tage zur Entdeckung des Priester- oder Ordensberufs. Andere lernten gläubige Lebenspartner kennen, mit denen sie eine christliche Ehe eingingen. Jedenfalls wird dem Jugendtag nicht gerecht, wer ihn schlicht ein „kirchliches Woodstock“ nennt. Diese Treffen veranschaulichen ein wichtiges Gesetz geistlichen Wachstums. Glaubenswissen braucht das Einschwingen des Willens, das häufig erst durch eine innere Bewegung ausgelöst wird. Der große dänische Philosoph Søren Kierkegaard hat uns darüber Bedenkenswertes hinterlassen. Er brachte es auf die Formel: Man muss Jesus gleichzeitig werden. In seinem inneren Suchen verlangte er nach dem menschlichen Antlitz des Jesus von Nazareth, der Gemeinschaft mit dem Herrn, von dem ihn ein Jahrhunderte breiter Graben trennte. „1800 Jahre“, so schrieb er in seiner „Einübung im Christentum“, „sind vergangen, seit Jesus hier auf Erden weilte.“ Wohlanständige Bürgerlichkeit stieß ihn genauso ab wie die Auslieferung der Kirche an gesellschaftliche Macht und öffentlichen Applaus. Er bezeichnete den als Glaubenden, der sich in innerer Gleichzeitigkeit mit Jesus von diesem vereinnahmen ließ.

Unter dem Stichwort „Anrufung“ schreibt er: „Herr Jesus Christus, gib, dass wir auch so gleichzeitig mit dir werden, dich in deiner wahren Gestalt und in der Umgebung der Wirklichkeit sehen, wie du hier auf Erden gingst.“ Nicht die Bejahung des „Projekts Jesu“, die Annahme eines christlichen Wertekatalogs, die Beachtung sozialer Weisungen und moralischer Regeln haben Kierkegaard zur Kennzeichnung eines Glaubenden genügt, sondern er sagt: „Gleichzeitigkeit ist die Voraussetzung des Glaubens, genauer: sie ist der Glaube selbst.“[23]

Und das gelingt wohl eher in einer Erfahrung, wenn die Einfühlung solche Einsichten vermittelt, die im gescheiten, oft selbstgefälligen Diskurs verborgen bleiben müssen. Der Mensch ist ja nicht nur Verstand; seine Rationalität ist nur die *eine* Kraft, die seinen Lebensweg und seine Entscheidungen bestimmt. Die *andere* ist sein Fühlen. Und niemand anders als der große Kirchenvater Augustinus belehrt uns über unsern Glaubensweg: „*Pedes enim nostri in hoc itinere affectus nostri sunt. Prout quisque affectum habuerit, prout quisque amorem habuerit; ita accedit vel recedit a Deo* – Unsere Füße auf diesem Wege sind die Gefühle. Das Maß unserer Gefühle ist das Maß unserer Liebe; in diesem Maß gehen wir Gott entgegen oder entfernen wir uns von ihm."[24]

Wodurch aber werden wir bewegt, uns Christus zuzuwenden? Für Don Luigi Giussani, den Gründer von Comunione e Liberazione, kann sich solch emotionaler Einbruch in einer Begegnung im Hier und Heute vollziehen – in einem Großereignis oder im Alltag. Eine Begegnung ereignet sich, in der dieser Mann aus Nazareth, dessen Leben und Auferstehung schon so lange zurückliegen, durch die Nähe eines Menschen für mich wichtig wird. Er schaut mich dann noch heute durch ein menschliches Gesicht an – durch einen Gefährten, durch ganz gewöhnliche Leute, in ganz normalen oder in außerordentlichen Situationen. Ebenso wie damals, als Jesus das Gesicht zweier Jünger annahm und diese in die Dörfer Palästinas sandte, in die er selbst kommen wollte, damit auch deren Bewohner – trotz Jesu leiblicher Ferne – Zeugen seiner verändernden Macht werden sollten (vgl. Lk 10,1 ff.). Er wurde durch seine Jünger – obwohl selbst körperlich abwesend – für Menschen bedeutsam. Auf wen Christus durch seine heutigen Jünger gleichfalls im Bruder oder in der Schwester trifft, für den verändert sich die Relevanz des Christentums. Denn Neues, bisher Unbekanntes hat das Herz seines Lebens berührt. Ein anderer ist in unser Leben getreten, eine überzeugende, gewinnende Gestalt, der wir folgen können; die Kraft einer

Wahrheit, die wir wohl schon früher kannten, die uns bisher aber eher unverständlich, hart und abweisend erschienen war. So wird mir der andere zu Christus – der Amtsträger wie jeder Christgläubige, der Mensch an meiner Seite oder der Papst. Oder mit Don Giussani gesprochen: „Die Begegnung trägt in sich den Sinn, den das Herz vom Leben verlangt; sie ist die Quelle der Zärtlichkeit sich selbst gegenüber und die Quelle der Liebe zu den andern; die Vernünftigkeit der Zeit und des Raumes, den man durchschreiten muss; der Halt für das Leben und für den Tod.“[25] Das Gemeinschaftsklima eines Jugendtages hat schon so manchem als Ferment gedient und die Bereitschaft geweckt, Christus im Bruder und in der Schwester anzunehmen.

Reaktionäre Bremser scheitern: der Zankapfel einer römischen Bischofssynode (1987)

1987 wurde der Weltepiskopat von Johannes Paul II. wieder zur Bischofssynode nach Rom eingeladen. Der Papst hatte den Beratungen das Thema gegeben: „Berufung und Sendung der Laien in Kirche und Welt zwanzig Jahre nach dem II. Vatikanischen Konzil“. Die Neuen Geistlichen Bewegungen wurden für die Kirchenversammlung zu einem, wenn nicht zu dem zentralen Diskussionspunkt.

Schon die Antworten der Bischofskonferenzen auf das erste Vorbereitungspapier, die Lineamenta, stellten die Mitarbeit von Laiengruppen an der kirchlichen Sendung heute heraus. Doch einige verhehlten auch nicht die damit aufgebrochenen Spannungen. Das Miteinander in den „Räten“ auf Pfarr- und Diözesanebene sowie der verschiedenen neuen Gruppen untereinander sei nicht harmonisch. Ausdrücke wie „Parteikämpfe“ und „Ringen um die Machtverteilung“ wurden gebraucht. Berichte signalisierten „Rivalität“ und „kompetitive Psychologie“. Man ersticke in Antagonismen und schwäche die kirchliche Sendung.

Andere erwähnten allerdings auch, dass verschiedene Neue Geistliche Bewegungen offenbar ihre älteren Schwestern an Vitalität überrundeten. Ohnehin müsse, wie es aus Indien hieß, „der Geist eines genuinen Pluralismus, der sich von christlicher Verantwortung bestimmen lässt, den Laien neue Wege öffnen, den Forderungen und Nöten der Situation zu begegnen“. Eine exzessive Koordination freier Laiengruppen mit den „Räten“ wurde hier und da ausdrücklich abgelehnt.

Während der Versammlung selbst hielten einige Ortsbischöfe sich in der Ablehnung der Neuanfänge nicht zurück. Sie wählten dazu deutliche Worte. Man brauche doch „das Rad nicht nochmals zu erfinden“. Gebe es für die Aufgaben der Seelsorge nicht nach wie vor die Pfarrei? Traue man ihr nichts mehr zu, fragte Kardinal Marco Cé aus Venedig. Andere beklagten den „Intimismus“ der neuen Bewegungen. Die Bewegungen erhielten ihre Richtlinien von Zentren aus einem Kulturbereich, dem die Probleme in Ortskirchen anderer Kontinente unbekannt seien. „Man muss eine parallele (d. h. eine nicht von der eigenen Diözese inspirierte) Pastoral verbieten“, argumentierte der brasilianische Kardinal Aloisio Lorscheider. Er war mit solchen Einwänden nicht allein. Dass in den ohne Frage oft störenden pastoralen Aufbrüchen auch eine große Chance lag, war offenbar diesen geweihten Hirten bislang entgangen: die Chance zur Erneuerung des Glaubens und der Vitalität der Kirche. Auch war diesen Synodenvätern offenbar unbekannt, dass der Papst selbst die neuen Gemeinschaften schon im März 1987 als „koessenzial“

für die Sendung der Kirche qualifiziert hatte. Nicht wenige Bischöfe waren ganz offensichtlich irritiert; einige fühlten sich gar von einer revolutionären neuen Welle bedroht. „Erneuerung der Kirche?“ – „Ja, doch bitte durch Anstöße aus der ortskirchlichen Tradition und aus der lokalen Kultur; und bitte unter vorheriger Prüfung des zuständigen Oberhirten und seines Büros!“ – Hatte denn das Evangelium selbst nicht alle Grenzen von Ländern und Kontinenten übersprungen und erst so wirkliche Katholizität gewirkt? Der Glaube selbst war von außen in die Lokalkirchen gekommen; auch seine tatsächliche tiefe Erneuerung wurde durch Anregungen verursacht, die sich von einzelnen Personen über die ganze Kirche hin verbreitet und als globale Initialzündungen erwiesen hatten: der heilige Franz und der heilige Ignatius, die missionarische und die liturgische Bewegung, die Befreiungstheologie und die Neuevangelisierung! Lokalkirchlicher Engstirnigkeit musste freilich das rechte Verständnis der Neuen Geistlichen Bewegungen verborgen bleiben.

Doch im Laufe der Synode wurde solch restriktive Sicht, die anscheinend vor allem von Kompetenzdenken und Machterhalt herrührte, aufgebrochen. Ich denke etwa an den Franzosen Jean-Loup Dherse aus Paris. Er war im Zivilberuf einer der Vizepräsidenten der Weltbank in Washington gewesen und leitete jetzt die Konstruktion des Tunnelbaus, der nun unter dem Ärmelkanal England mit Frankreich verbindet. Er sprach unumwunden über den Einbruch Gottes in sein Leben durch seine Öffnung für die charismatische Bewegung „Emmanuel“. Sie hatte ihn zu einer „zweiten Bekehrung“ geführt. „Das ist ein anderer Ton“, war der Kommentar eines Bischofs nach seiner Intervention. Wortmeldungen dieser Art schufen dann eine neue Atmosphäre und änderten die Perspektive: aus statistischen Angaben und distanzierten

Fachgesprächen wurde gemeinschaftliches Nachdenken vor Gott.

Auch hatten offenbar nicht alle Bischöfe schlechte Erfahrungen mit den Neuaufbrüchen des Glaubens gemacht. So setzte sich der Krakauer Kardinal Franciszek Macharski nachdrücklich dafür ein, diesen Gruppen Vertrauen zu schenken und ihnen pastoralen Aktionsraum zu geben. Eugenio Corecco, Bischof von Lugano und ehemaliger Professor für Kirchenrecht, relativierte in seiner Stellungnahme den Ausschließlichkeitsanspruch der Pfarrei. Auch wenn sie aus praktischen Gründen die entscheidende Seelsorgearbeit zu leisten habe, so gab der Bischof doch zu bedenken: „Im Gegensatz zur Teilkirche (oder Diözese) ist die Pfarrei keine theologische Wirklichkeit." Ihre theologische Qualität bestehe lediglich in der Aufgabe, die eucharistische Gemeinschaft im Auftrag des Bischofs aus Wort und Sakrament aufzubauen und präsent zu machen.

Wie bekannt, wurden die Synodalen von ihren jeweiligen Bischofskonferenzen gewählt und delegiert. Dazu kamen einige vom Papst selbst zu Mitgliedern ernannte Bischöfe. Unter diesem Titel nahm auch ich an den Beratungen teil. Meine Erfahrung mit den Bewegungen im Rat für die Laien drängte mich, das Wort für sie zu ergreifen und als ihr Anwalt aufzutreten.

Ich versuchte die Mitbrüder zu überzeugen, sich bei der Einschätzung der geistlichen Neuaufbrüche allen Räsonierens im Sinne lokaler Kleinstaaterei zu enthalten. Nicht eine politische, sondern nur eine geistliche Sicht dieser kirchlichen Wirklichkeiten sei geboten. Sie erhelle deren pastorale Qualität und deren großen Nutzen. Dann wählte ich ein freilich provozierendes Beispiel: den deutschen Kanzler Bismarck. Er habe im 19. Jahrhundert mit Hilfe der Kulturkampf-Gesetze für Deutschland die Priesterausbildung, die Bischofsernennungen und die katholischen Ordensgemeinschaften in seine Hand bringen und dominieren wollen. Ein solcher Versuch sei gewiss für staatsmännische Logik folgerichtig; denn nur eine vor Fremdeinflüssen geschützte Macht sei auf Dauer politisch gesichert. Doch ein kirchlicher Hirte könne solch politische Kategorien nicht auf sein Verhältnis zu geistlichen Bewegungen anwenden. Er ließe sonst außer Acht, dass er nicht Herr, sondern Diener desselben Geistes sei, der auch diese Bewegungen antreibe. Er nähme sich letztlich selbst die Legitimation; denn seine Autorität komme ja von demselben Geist Gottes, den er in anderen missachte.

Für ein zweites Argument verwies ich dann auf die Communio-Struktur der katholischen Kirche und deren Garanten: das Petrusamt. Diözesen seien keine Monaden, vielmehr nach allen Seiten hin offene lebendige Zellen, die das Band der communio zusammenhalte. Ortskirchen blieben Kirche nur in dem Maß, in dem sie verwoben seien in das kirchliche Communio-Netz: „Und es war das Petrusamt, das durch die Geschichte hin der Kirche dieses Band der communio erhalten hat. Es garantierte die communio in der Zeit des frühen Christentums … bewahrte die Kirche während des Bettelordensstreites des Mittelalters in der communio … (und ist) noch heute das Prinzip der communio affectiva und effectiva der Weltkirche."

Von Blaise Pascal stamme das Wort: „Die Vielheit, die sich nicht zur Einheit zusammenschließt, ist Verwirrung; die Einheit, die nicht von der Vielheit abhängig ist, ist Tyrannis." Ursprünglich habe sich dieses Wort des Franzosen gegen das Papsttum gerichtet. Mit Blick auf das Ganze der Kirchengeschichte bekomme es jedoch einen andern Sinn, da gerade das Petrusamt die Einheit in der Vielheit garantiere und Freiraum für Neues schaffe.

Zweifelsohne seien die geistlichen Bewegungen mancherorts die Ursache für Spannungen, ja selbst für Auseinandersetzungen. Aber neuer Wein habe immer die alten Schläuche zerstört. Das rasche Wachstum dieser Bewegungen sei doch keine Bedrohung der Kirche, sondern vielmehr ein Zeichen der kraftvollen Präsenz des Heiligen Geistes in ihr.[26]

Wohl war ich mir beim Schreiben des Textes bewusst, dass ich den einen oder andern Bischof brüskieren würde. Darum hatte ich ihn der Gründerin der Focolare-Bewegung, der feinfühligen Chiara Lubich, der ich recht nahestand, zu lesen gegeben und auch ihr Placet bekommen. Doch hatten wir beide wohl den Grad der Provokation unterschätzt, die meine Worte hervorriefen. Jedenfalls war der Widerspruch energisch. Es war vor allem Kardinal Carlo Maria Martini, der hochangesehene Bischof von Mailand, der sich herausgefordert fühlte.

Auch ohne dass wir uns näher kannten, hatte er offenbar gelegentlich von meiner theologischen Verteidigung der neuen Bewegungen gehört und wusste gewiss auch um die vom Papst mir aufgetragenen Sonderaufgaben. Jedenfalls fragte er mich in den ersten Tagen der Synode beiläufig, wann ich zu intervenieren gedächte. Statt ihm zu antworten, dass im Plenum doch zunächst die Kardinäle und erst dann die „Hinterbänkler" zu Wort kämen, nannte ich ihm arglos den voraussichtlichen Tag. Er wartete dann, bis ich meinen Text vorgetragen hatte, um tags darauf mit unverkennbarem Groll in der Stimme die Ansprüche der Bewegungen zurückzuschneiden. Er knüpfte direkt bei meiner Schlussaussage an: Er habe keine Angst vor neuem Wein, auch weil er überzeugt sei, dass unsere Kirche kein altes Fass sei, sondern ein neuer

Schlauch mit einem jungfräulichen Schoß. Die neuen Bewegungen hätten sich dem größeren Pastoralplan der Ortskirche anzugleichen. „Vielleicht brauchen diese Wirklichkeiten mehr Mut, sich den Überraschungen des Geistes anzuvertrauen, der auch durch die Hirten handelt."[27] Das saß. Die Replik war scharf und zielte fraglos auf meine Argumente.

Als mich Johannes Paul II. freilich bald darauf im Vorbeigehen beim Arm fasste, wohlwollend lächelte und fragte: „Geht der Kampf weiter?", war ich sicher, dass ich der guten Sache einen Dienst erwiesen hatte. Dann zeigte der Papst mir ein zweites Mal sein Einvernehmen: Denn während nur die aus den Ortskirchen entsandten Synodalen, die römischen „Gäste", nicht aber die im Vatikan tätigen Bischöfe das Privileg hatten, einmal bei ihm persönlich zu Tisch eingeladen zu werden, machte er bei mir eine Ausnahme – und zusammen mit einigen Initiatoren geistlicher Aufbrüche konnten wir bei einem Mittagessen mit ihm unsere Sicht weiter erörtern.

In dem nachsynodalen Apostolischen Schreiben zu dieser Synode, das Johannes Paul II. selbst verantwortete und 1988 veröffentlichte, hielt er dann – neben den Kriterien für die Kirchlichkeit der Neuen Geistlichen Bewegungen – fest: Sie hätten verantwortlich teil an der Sendung der Kirche, am Evangelium Christi als Quelle der Hoffnung für die Menschen und der Erneuerung für die Gesellschaft; außerdem böten sie sich gerade „im Kontext einer pluralistischen und zersetzten Gesellschaft" wegen der Sozialnatur des Menschen an, „um ein christliches und mit den Forderungen des Evangeliums kohärentes Leben zu führen und ein missionarisches und apostolisches Engagement einzugehen". Solche Gemeinschaften seien darum keine „Art von Zugeständnis der Autorität", sondern leiteten sich ab „aus der Taufe als dem Sakrament, durch das die Laien berufen werden, aktiv an der communio und an der Sendung der Kirche mitzuwirken".[28]

Schüsse aus dem Hinterhalt: mein Abenteuer mit dem Neukatechumenat

Wer in die Geschichte der Kirche schaut, muss oft feststellen, dass kontroverse Auffassungen in ihr kaum je mit einem Federstrich der Autorität geklärt werden konnten. Noch weniger gelang es all den sich zeigenden Versuchen der Glaubenserneuerung, im Volke Gottes leicht Wohlwollen und Offenheit zu finden; eine generelle Akzeptanz war ja ohnehin nicht zu erwarten – bei der legitimen Vielzahl von Charismen und der unterschiedlichen „Fenster auf die gesamte Offenbarung". Auch war immer für die Neuaufbrüche eine längere Phase der Reifung, der Konsolidierung und der Einübung in die Kooperation mit der jeweiligen Ortskirche angezeigt. Dass durch den Prozess der Eingliederung in die Kirchenstruktur den neuen Gemeinschaften blaue Flecken und schmerzhafte Beulen drohten, wurde schon erkennbar. Gelegentlich trafen die Schläge der Institution jedoch nicht nur den Esel, sondern auch mich als den bestellten Treiber.

Schon vor Synodenbeginn, am 21. Oktober 1986, hatte ich ein folgenschweres Schreiben des Staatssekretärs von Papst Johannes Paul II., Kardinal Agostino Casaroli, erhalten. Es betraf die Gemeinschaften des Neukatechumenats und die Bestimmung ihrer juridisch-kirchlichen Identität. Um Letztere voranzutreiben, habe – so hieß es darin – der Heilige Vater entschieden, mir die Aufgabe zu erteilen, diese Gemeinschaften „zu begleiten und zu führen". Der Heilige

Vater habe es für angemessen gehalten, mir diesen Auftrag a titolo personale zu erteilen, nicht insofern ich Vizepräsident des Päpstlichen Rates für die Laien sei. Er wolle nämlich dem Ergebnis der Arbeit nicht vorgreifen und die Zuordnung der Gemeinschaften zu einer Abteilung der päpstlichen Kurie noch offenlassen. Außerdem solle ich von der Glaubenskongregation die dortige Dokumentation erbitten und hinsichtlich der dogmatischen Fragen mit ihr Kontakt halten. – Das war nun schon die zweite Ernennung, die mir innerhalb des Laienrates eine Sonderkompetenz einräumte. Sie gab mir die Freiheit, mich eigenverantwortlich dieser neuen Initiative anzunehmen, ihr Selbstverständnis bei Begegnungen besser kennenzulernen und sie bei der Integration in die kirchliche Sendung zu unterstützen. Freilich ließ sich nicht verbergen, dass meine beiden Zuständigkeiten die Kompetenz von Kardinal Pironio für die Leitung des Laienrates reduzierten.

Unter den mir zugesandten Schriftstücken lag auch die Kopie eines Briefes von Kiko Argüello vom 15. Juni 1986 an den Heiligen Vater. In ihm bat der Gründer des Neukatechumenats diesen um ein „Breve“ oder eine „Apostolische Erklärung“ für das Apostolat seiner Gemeinschaft. Durch eine solche Weisung mit dem besonderen Segen des Heiligen Vaters, so war darin zu lesen, könnte der „Weg“ zwanzig Jahre nach seiner Gründung im Barackenviertel von Madrid angesichts des Säkularismus und Atheismus sein Engagement für die Wiederevangelisierung Europas und anderer Kontinente verstärken. Auch wäre ein ermunterndes Wort des Papstes die geeignete Basis für die Gespräche mit den verschiedenen vatikanischen Dikasterien hinsichtlich zu klärender Fragen.

Auf der mir zugegangenen Kopie des Briefes an den Papst hatte Johannes Paul II. am oberen Rand vermerkt: „Mons. Sostituto – esaminare benevolmente. JP – für den

Substituten (scil. im Staatssekretariat, Erzbischof Martínez Somalo) – wohlwollend prüfen. J(ohannes) P(aulus)". Dank dieser Notiz wusste ich um die Absicht des Heiligen Vaters.

Natürlich hatte ich weiter den normalen Aufgaben des Laienrates nachzugehen: Besuche von Bischöfen und Gruppen in unserm Haus empfangen, Initiatoren neuer Laienzusammenschlüsse beraten, Einladungen zu Referaten und Treffen im Ausland nachkommen und für das Centro San Lorenzo da sein. Doch der neue Auftrag forderte einen spezifischen Einsatz. Ich war zunächst bemüht, die Wertung des neukatechumenalen Apostolats bei den Bischöfen genauer in Erfahrung zu bringen. Zum einen hielt ich in Rom Umschau, zum anderen aber auch im übrigen Italien. Ich stieß auf allerlei Gerüchte, ablehnende Äußerungen Dritter und böswillige Publikationen. Man verwies etwa auf Unruhen oder Spaltungstendenzen in den Gemeinden. Dabei stützte man sich auf das „Hörensagen"; es waren keine Fakten zu greifen. Mir erschienen die Kommentare selten sachlich oder gar wohlwollend. Ich suchte also nach verlässlicheren Informationen und hatte ein Gespräch mit dem Vikar des Papstes für die Stadt Rom, Kardinal Poletti, und dem Generalsekretär der Italienischen Bischofskonferenz, Bischof Ruini. Auch vatikanische Abteilungen waren zu befragen, da die Pastoral des „Weges" verschiedene Kompetenzen betraf: die für die Liturgie, die für den Klerus (dort liegt die Verantwortung für die Katechese) und die für die Evangelisierung der Völker. Besonders wichtig war fraglos die Glaubenskongregation, mit deren Präfekt Kardinal Ratzinger ich mich in den Jahren 1987–1990 mehrfach austauschte.

Wegen der Verantwortung des letztgenannten Dikasteriums für die Integrität der Glaubensverkündigung drängte man zunächst auf genauere Kenntnis der theologischen

Grundzüge, die den Katechesen zugrunde lagen. Eine diesbezügliche Publikation[29] wurde als unvollständig angesehen und konnte die gestellten Anforderungen nicht erfüllen, da sie zu summarisch sei. Stattdessen wurde eine Prüfung aller schriftlichen Unterlagen, die bei den Katechesen Verwendung fanden, als unumgänglich gefordert – ein Mammutunternehmen, da inzwischen schon 25 Jahre lang Katechesen auf der Basis schriftlicher Notizen gehalten worden waren, die allerdings häufig erneuert und verändert wurden.

Dieses hartnäckige Insistieren auf kurialer Kontrolle war vor allem die Folge von fortwährenden Anschuldigungen gegen die Theologie und Pastoral des Neukatechumenats, die vor allem aus Italien bei der Glaubenskongregation eingingen. Selbsternannte Glaubenswächter brachten in ihren Zeitschriften monatlich wieder und wieder neue Verdächtigungen der Häresie auf den kirchlichen Markt. Nicht selten berief man sich dabei auf Ausdrücke oder Halbsätze der Mitschriften. Solche Angriffe, wie sie ja schon in der Bischofssynode über die Laien gegen die Bewegungen generell hervorgetreten waren, behinderten die Arbeit des Neukatechumenats nachhaltig in vielen Diözesen. Hier lag auch der Grund, weshalb Kiko Argüello um das Breve des Papstes gebeten hatte. Doch ich konnte nicht erkennen, welche vatikanische Abteilung sich das „benevolmente" des Heiligen Vaters bei der Prüfung zu eigen machen würde. Für viele Hirten blieb der „Weg" obsolet. Offenbar wollte Papst Johannes Paul II. mit seiner Randbemerkung auch solchem Widerstand auf den Grund gehen.

Priester und Laien aus Spanien und Italien, die die katechetische Arbeit des „Weges" in Lateinamerika verbreiteten, berichteten immer wieder von dessen großer Resonanz in diesem Erdteil. Sie waren schon mehrfach an mich herangetreten, mir ihre Arbeit dort persönlich anzuschauen. So gab ich im Sommer 1990 ihrem Wunsch nach und besuchte Panama, Costa Rica, Nicaragua und Kolumbien. In diesen Ländern traf ich verschiedene Gemeinschaften, feierte die Liturgie und nahm an Wallfahrten sowie Katechesen teil. Ich sprach mit Priestern, Bischöfen und mit den beiden Kardinälen Miguel Obando Bravo (Managua) und Alfonso López Trujillo (Bogotá). Auch versuchte ich in Medellín Schützenhilfe zu leisten, als Don Rino Rossi, Priester der Diözese Rom, die ersten Schritte zum Bau eines „Redemptoris Mater" tat – eines diözesanen, missionarischen Priesterseminars in der Verantwortung des Neukatechumenats.

Zurück in Rom, war ich bestrebt, dem Heiligen Vater persönlich meine Eindrücke zu schildern. Er hatte damals schon seinen Urlaub in Castel Gandolfo angetreten, kam aber jeden Mittwoch zur Generalaudienz nach Rom. Man räumte mir ein, dass der Papst mich am 25. Juli empfangen würde. Im Gespräch berichtete ich zunächst über meine Sicht der kirchlichen Situation in den besuchten Ländern. Dann fragte mich Johannes Paul II. unvermittelt: „Und was wird aus der Bitte des Neukatechumenats? Kiko bat doch, dass der ‚Weg' durch eine vatikanische Stellungnahme Förderung erführe." „Meine Gespräche waren bislang erfolglos", war meine Antwort. „Ich sehe keinen Bischof im Vatikan, der zu einem solchen Schritt bereit wäre." „Dann werde ich eben selbst einen Brief schreiben", entgegnete er. „Aber an wen soll ich ihn richten?" Mir schien, dass ein solches Schreiben in keinem der bislang involvierten Dikasterien eine positive Resonanz, sondern viel eher Komplikationen auslösen würde. Und ich gab das zu bedenken. „Also richte ich das Schreiben an Sie", erwiderte der Heilige Vater. „Wenn Sie ein solches Dokument an mich adressieren würden, wäre ich sehr dankbar und froh“, war meine Antwort. Darauf der Papst: „Also, bereiten Sie für mich einen Entwurf vor!“

So glücklich ich über das Gespräch und die Entscheidung des Papstes war, so wenig konnte ich deren Konsequenzen absehen. War eine der Motivationen für meinen Wechsel von Paderborn in den Vatikan gewesen, mich dort im Sinne des Papstes zu engagieren, so erwies sich solcher Einsatz in diesem Fall als entschieden heikler und schwerer, als ich ahnen konnte.

Zunächst machte ich mich mit einem versierten Juristen an die Formulierung eines möglichen Textes. Diesen sandte ich noch im Juli direkt an den Papst in Castel Gandolfo. Er wurde dort überarbeitet, in die ihm zukommende Form gebracht und an mich adressiert. Er erwies bald eine unerwartete Wirkung, die im Endeffekt mich, den Adressaten betraf.

Zu Beginn stand die feierliche Anrede an mich:

> „Vizepräsident des Päpstlichen Rates für die Laien
> beauftragt ‚ad personam‘ für das Apostolat der
> neukatechumenalen Gemeinschaften“.

Dann folgten Aussagen zu dem Aufbrechen von neuen Charismen in der Kirche, die vom Heiligen Geist geweckt werden. Zu ihnen zählte der Papst gleichfalls die Initiativen der neukatechumenalen Gemeinschaften mit ihren Gründern Kiko Argüello und Carmen Hernández, deren Wirksamkeit für die Erneuerung des christlichen Lebens schon von Papst Paul VI. begrüßt worden sei. Der Papst verwies dann auf seine eigenen Eindrücke. Er erwähnte die persönliche Bekehrung und den missionarischen Impuls als geistliche Früchte dieses Charismas. Es seien die Verkündigung des Evangeliums, das Zeugnis in kleinen Gemeinschaften und die

Eucharistiefeier in Gruppen, die in Anknüpfung an die Taufe den Mitgliedern den Dienst an der kirchlichen Erneuerung ermöglichten. Dann folgte die Weisung des Papstes:

„Nach mehr als zwanzig Jahren des Lebens der Gemeinschaften, die in den fünf Kontinenten verbreitet sind,

- angesichts der neuen Vitalität, die die Gemeinden bewegt; des missionarischen Impulses und der Früchte der Umkehr, die aus dem Engagement der Itineranten aufbrechen, sowie jüngst aus dem Einsatz der Familien, die in entchristlichten Zonen Europas und der ganzen Welt evangelisieren;
- in Erwägung der von diesem Weg zum Ordensleben und zum Presbyterat geweckten Berufungen und der Stiftung von Diözesankollegien zur Ausbildung für das Presbyterat zur Neuevangelisierung, wie das „Redemptoris Mater" in Rom;
- nach Kenntnisnahme der von Ihnen vorgelegten Dokumentation:

nehme ich die an mich gerichtete Bitte auf und erkenne den Neokatechumenalen Weg an als Itinerarium katholischer Formation, gültig für die Gesellschaft und für die gegenwärtige Zeit."

Es folgte der Wunsch an die Mitbrüder im Bischofsamt, dieses Werk der Neuevangelisierung anzunehmen und dafür zu sorgen, dass ihm Raum zur Verbreitung gegeben würde. Das Schreiben mit der Unterschrift des Papstes war auf den 30. August 1990 datiert.

Die Reaktion auf den Brief in Rom kann ich nicht anders denn als stürmisch bezeichnen. Er trat eine Lawine los, die letztendlich mich selbst zu verschütten drohte. Da war zum einen *urbi et orbi* die lautstarke Begeisterung der Gemeinschaften, die die Stellungnahme des Papstes wie einen Sieg feierten. Solche Reaktion war gewiss verständlich, aber keineswegs klug. Denn zum anderen goss der Enthusiasmus Öl ins Feuer derer, die den „Weg“ ablehnten. Und deren Groll blieb nicht rein emotional. Er suchte sein wirksames Ventil und reagierte mit konkreten Schritten. Zunächst verbreitete sich das Gerücht, dass Bischof Cordes den Papst hinters Licht geführt habe; ich hätte ihm die häretischen, spalterischen Elemente des Neukatechumenats verheimlicht und dessen zerstörerische Kraft verschleiert. Meine Lauterkeit wurde angezweifelt; meine kuriale Akzeptanz nahm merklich ab. Offenbar fanden sich dann Personen, die meine Entfernung aus dem Vatikan betrieben. Jedenfalls erreichte mich vom Staatssekretariat die Anfrage, ob ich bereit wäre, in den diplomatischen Dienst überzuwechseln. Man bot mir eine Nuntiatur entweder in der Karibik, in Ozeanien oder Zentralafrika an. Eine von ihnen sollte ich als mein neues Aufgabenfeld auswählen. Stand dahinter die Absicht, auf diese Weise die missliebige Botschaft durch eine Versetzung ihres Adressaten abzuwerten?

Natürlich fiel ich aus allen Wolken – war ich doch ganz im Sinne des Papstes tätig geworden. Wie weit war er selbst in solche Reaktionen eingeweiht? Kardinal Ratzinger, den ich kurz über die Versetzungsabsicht informieren konnte, nannte den Plan „absurd“. Auf mein Drängen hin konnte ich am 13. Oktober 1990 schließlich Johannes Paul II. selbst sehen; ich wollte sein eigenes Urteil hören. Nein, er beabsichtige keineswegs, mich aus der Kurie zu entfernen; meine Arbeit im Laienrat und mein Engagement etwa für die Geistlichen Bewegungen hätten seine volle Zustimmung. So gab ich im Staatssekretariat Nachricht, dass ich den Vorschlag ablehnte.

Heute denke ich, dass diese kalte Dusche vielleicht auch dazu angetan war, meinen Einsatz im kirchlichen Dienst läutern. In meiner Bereitschaft, den Sprung in den Vatikan zu tun, lag gewiss trotz aller Unwägbarkeit auch ein Stück Absicherungsinteresse: Ich suchte als Mensch und Priester – wie wohl auch andere – kein Lebens- und Arbeitsfeld häufiger Auseinandersetzung und behindernder Missverständnisse; ich bevorzugte einen Kreis von Gleichgesinnten und ein konstruktives Klima des Wohlwollens. In meiner Begeisterung für den Vatikan und in meiner Sympathie für Johannes Paul II. hatte ich verdrängt, dass der Widerspruch, der dem heiligen Papst Pius X. in seinem Pontifikat begegnet war, ihn sogar innerhalb der kurialen Mauern getroffen hatte. War anfangs für meine vatikanische Arbeit also eher das Gefühl von unreflektiertem Zutrauen leitend gewesen, so sah ich jetzt, dass ich mit kühlem Verstand vor allem die Koordinaten des Glaubens zu ertasten und umzusetzen hatte. Gleichzeitig durfte mich alles „kuriale Menscheln" nie dazu verleiten, den theologisch begründeten Rang und das pastorale Gewicht des petrinischen Amtes zu beschädigen.

Dafür konnte mir der heilige Ignatius von Loyola Wegweiser sein. Er hatte im 16. Jahrhundert in Zeiten turbulentester Kirchengeschichte gelebt. Die Renaissance-Päpste sind ja der Inbegriff kurialen Niedergangs. Die Kirche stand mitten in einer brodelnden und sich wandelnden Gesellschaft. Die römischen Hirten waren nicht nur geistliches Oberhaupt der Christenheit, sondern mindestens genauso beschäftigt mit den Herrschaftsanforderungen eines weltlichen Staates. Der Vatikan war gekennzeichnet von dieser in mancher Hinsicht schrecklichen Epoche. Wäre es nicht naheliegend gewesen, dass auch Gott-ergriffene und von Erneuerungsgeist brennende Apostel – wie Ignatius – ihnen mit Grauen den Rücken gekehrt hätten?

Aber das Gegenteil ist geschehen.[30] In seinem „Memoriale“ von 1542 berichtet Peter Faber, einer der ersten Gefährten des Ordensgründers und der erste Priester der Gemeinschaft, von der Lebensübergabe der ersten Anhänger an Papst Paul III. (1542): „Es hat ihm (scil. Jesus Christus) gefallen, uns durch die Stimme seines Statthalters auf Erden – die eine ganz klare Berufung bedeutet – zu bekräftigen, dass ihm unser Dienst angenehm ist und er sich immer unserer bedienen will.“ So denkt und handelt nackter Glaube, der sich rückhaltlos Jesu Wort an den Felsenmann (vgl. Mt 16,13 ff.) ausliefert. Solcher Glaube ist wie ein einsamer, unerreichbarer Leuchtturm. Doch weist er dem Kleingläubigen gleichfalls die Entscheidungsrichtung.

Die vom Schreiben des Papstes vielfältig aufgewühlte Lage ließ keinen Zweifel, dass mit ihm höchstens ein Etappensieg errungen war. Der Brief war fraglos ein rechtlicher Anker für die Existenz und Mission des „Weges“. Aber gegen seine Akzeptanz als wirksame Kraft für die kirchliche Sendung türmten sich nach wie vor in manchen Kreisen ernsthafte Widerstände auf. Im Blick auf die Kirchengeschichte überrascht freilich solche Ablehnung nicht, sie scheint eher die Regel. Ein Vergleich mit kirchlichen Reformimpulsen der Vergangenheit würde, so war ich sicher, den Initiatoren des „Weges“ und der wachsenden Zahl ihrer Anhänger das Unverständnis und die Bekümmernis dämpfen, die dieser Widerstand bewirkte.

Die Parallelität, in der kirchliche Reformprozesse verlaufen, ist auffallend. Sie brachte es mit sich, dass sich auch die Soziologie für die verschiedenen erkennbaren Phasen interessierte.[31] Folgende Stadien ließen sich immer wieder ausmachen: Zunächst nehmen Einzelne den Ruf zur Umkehr an, und zwar zur entschiedeneren Bindung an Gott und sein Wort. Generell tritt bei ihnen eine „Kehre" gegenüber der bisherigen Welt ein – wie schon Jesus von Nazareth seiner Stadt den Rücken kehrte und in die Wüste ging (vgl. Mt 4,1 ff.). Die Methode des „Auszugs" ist eines der Kriterien für Umgestaltung und Erneuerung. Sie vollzog sich beim Mönchsvater Antonius in Ägypten (gest. 356), bei Benedikt von Nursia (gest. 547), Franz von Assisi (gest. 1226) oder Ignatius von Loyola (gest. 1556). Anschließend lassen sich Zeitgenossen von dem fremden Feuer anstecken, wenn der Gerufene sie gleichfalls aus ihrer Welt herauslockt oder wenn er später wieder in den kirchlichen Alltag zurückkehrt. Der Aufbruch tritt ins Licht der Kirche und der Gesellschaft, kaum dass sich die entstandene Gruppe zu Wort meldet und darangeht, die frisch entdeckte Glaubenssicht und daraus resultierende Pastoralimpulse zu verbreiten. Dann wird die Öffentlichkeit auf sie aufmerksam. Der Neuanfang muss sich jetzt im Gesamt der Glaubenden legitimieren und in der Geschichte seinen Ort finden. Diesen Stufen der Entwicklung konnte sich auch das Neukatechumenat nicht entziehen.

Als Präfekt der Glaubenskongregation hielt Kardinal Ratzinger 1998 beim Kongress der neuen geistlichen Gemeinschaften in Rom das Eröffnungsreferat: „Die kirchlichen Bewegungen und ihr theologischer Ort". Seine Worte können die bis heute allerorten virulente und immer neu aufbrechende Warnung vor ihnen deutlich machen. Der Autor geht von dem Unmut der Bischöfe und Gläubigen aus, der durch die neuen Gruppen ausgelöst wird. Er verweist dann freilich sofort auf die Glaubenseinsicht, dass der Heilige Geist, „wo er einbricht, das eigene Planen des Menschen immer stört". Gleichzeitig gesteht er zu, dass mehr als vordergründige Phobie hinter den Reserven einiger Hirten steckt. Er spricht von „ernsten Schwierigkeiten", da diese Bewegungen erwartungsgemäß „Kinderkrankheiten" zeigten. Denn die Kraft des Geistes, die durch Menschen wirke, befreie diese nicht einfach von ihren natürlichen Schwächen.

Die entstehenden Reibungen gingen, so Ratzinger, generell und in unterschiedlicher Weise zulasten sowohl der Kirche als Institution wie auch des ihr geschenkten Charismas. Doch sie seien praktischer Natur und sollten nicht „zu sehr ins Theoretische" hochgesteigert werden. Seine Überlegungen münden dann in die Frage, „wie der theologische Ort dieser ‚Bewegungen' in der Kontinuität der kirchlichen Ordnung richtig bestimmt werden könne". Seine Antwort: „Ortskirche und apostolische Bewegungen werden beide immer wieder erkennen und annehmen müssen, dass gleichzeitig beides gilt: ubi Petrus, ibi ecclesia – ubi episcopus, ibi ecclesia. Primat und Episkopat, ortskirchliche Struktur und apostolische Bewegungen brauchen einander: Der Primat kann nur leben durch und mit einem lebendigen Episkopat, der Episkopat kann seine dynamische und apostolische Einheit nur wahren in der Hinordnung auf den Primat. Wo eines von beiden geschwächt wird, leidet die Kirche als Ganze."[32] Trotz des Briefes von Johannes Paul II. an mich stand das Neukatechumenat also immer noch vor dieser letzten Hürde: seiner formellen Integration in das Ganze der Kirche. Lange schon hatte ich versucht, die Initiatoren für diesen Schritt zu gewinnen: Nur wenn sie diesen Prozess in Angriff nähmen, könne das Charisma wirklich fruchtbar werden. Andernfalls drohte dem „Weg" die Isolierung; das Schreckgespenst der Sekte zeichnete sich ab. Oder die missionarische Energie würde mit dem Tod der Gründer verpuffen. So stand den Gemeinschaften die komplizierte Aufgabe der Formulierung von Statuten ins Haus. In ihnen musste ihr Aufbruch geklärt, konsolidiert und in die Glaubensgemeinschaft der Kirche integriert werden, ohne dass freilich andererseits der Neuimpuls verraten und in die gängige Pastoral der Ortskirche eingeebnet würde. Solche Forderungen waren für die Initiatoren wie ein Albtraum. Sie waren ja selbst noch dabei, ihre Sendung zu erkennen. Und sie weigerten sich verständlicherweise, Paragraphen des Kirchenrechts auf sich anzuwenden, durch die sie ihre Identität eingebüßt hätten; sie wollten nicht als „Kuh“ anerkannt werden, wo sie sich doch als „Pferd“ verstanden.

Es war Praxis der im Vatikan zuständigen Instanz, des Rates für die Laien, den neuen Bewegungen den kanonischen Status eines „Vereins von Gläubigen“ nahezulegen. Diese Rechtsform gab ihnen zwar eine gewisse Eigenständigkeit, gliederte sie aber auch aus dem pastoralen Alltagsleben der Kirche aus. Das Neukatechumenat sah sich hingegen berufen, alle Christen – die Pfarrgemeinden und ihre Hirten, die Schulen und die Priesterseminare, kirchliche Organisationen und Bruderschaften – für die Wiederentdeckung des Sakramentes der Taufe und für das Apostolat an den Fernstehenden zu gewinnen. Seine Gründer litten bei dem Gedanken, nun in das Prokrustesbett des Kirchenrechts eingezwängt zu werden. Die Verantwortlichen zeigten sich trotz all meiner Argumente – den Stieren der spanischen Corrida gleich – störrisch, trafen dabei allerdings auf meinen westfälischen Dickschädel. Es musste eine Lösung gefunden werden. Nicht irgendein kirchlicher Absolutismus trieb hier schließlich sein böses Spiel. Und der „Weg“ sah sich selbst ja als eine Frucht der Kirche. Er war aus ihrem Glaubenserbe durch den Antrieb des Heiligen Geistes geweckt worden. Wollten die neukatechumenalen Gemeinschaften durch ihr

Charisma die Sendung der Kirche stärken, so mussten sie das Gesetz ihres eigenen Ursprungs zwar achten, sich aber auch an die Communio, an die Gemeinschaft in der heiligen und apostolischen Kirche, binden. Eine Erneuerungsbewegung, die die Kraft des Anfangs für eine Glaubensgemeinschaft wiedergewinnen wollte, hätte sich nie dieser Logik entziehen können.

Es bedurfte offenbar der Intervention des Papstes selbst, damit die Initiatoren einlenkten. Im Januar 1997 hielten die Verantwortlichen des „Weges“ aus allen Kontinenten Einkehr am Berg Sinai, an der auch ich teilnahm; die Feier von Gottes Nähe an diesem Ort und die Freude in der brüderlichen Gemeinschaft sind mir unvergesslich. So im Glauben geöffnet und im Vertrauen auf die Weisheit und das Wohlwollen von Johannes Paul II. begegneten sie diesem anschließend in Rom zur Audienz. Seine Ansprache zielte vor allem auf die Fertigstellung eines Statuts. Das sei „ein sehr wichtiger Schritt, der die Straße zu einer formal-juristischen Anerkennung seitens der Kirche öffnet und euch eine zusätzliche Garantie der Echtheit eures Charismas gibt“.

Die Arbeiten zogen sich hin. Viele Köpfe redeten sich heiß; viele Stunden mussten der Missionsarbeit und dem Apostolat entzogen werden; mehrere Fachleute des Kirchenrechts gaben ihr Bestes. Schließlich entstand ein Dokument, das dem Geist der Initiatoren entsprach und dem Kirchenrecht Genüge tat. Es berührte neben unserem Dikasterium vier weitere Abteilungen des Vatikans – die Glaubenskongregation, die Liturgiekongregation, die Kleruskongregation und die Erziehungskongregation – und wurde der Weisung des Papstes entsprechend an den Rat für die Laien gerichtet. Doch nun sperrten sich die angesprochenen Kongregationen als zuständige Gesetzgeber. Deren Zurückhaltung war immer noch massiv. Offenbar brauchte man im Vatikan Fürsprecher, damit das Wohlwollen des Papstes auch in die Tat umgesetzt würde. Wer hätte den Mut, den gordischen Knoten durchzuschlagen? Ich war voller Zweifel, ob sich in der päpstlichen Verwaltung überzeugte Sympathisanten des „Weges" fänden und sich gar ranghohe Repräsentanten für ihn exponieren würden. Es galt darum, über den vatikanischen Tellerrand hinauszublicken und die weltweiten guten Erfahrungen mit dem „Weg" sowie seine Hochschätzung durch die dortigen Bischöfe zur Geltung zu bringen.

Die Sondersynode zu Europa, die Johannes Paul II. für den Herbst 1999 einberufen hatte, bot eine gute Gelegenheit zu einem solchen Versuch. Auch die Kardinäle Józef Glemp, Warschau, Joachim Meisner, Köln, und Antonio Rouco Varela, Madrid, gehörten zu den Synodenvätern. Da mein Appartement im Vatikan unmittelbar an die Synodenaula grenzt, war es leicht, diese Herren für ein Arbeitsessen zu gewinnen. Sie verabredeten sich, gemeinsam in einem Brief dem Heiligen Vater ihre Wertschätzung des Neukatechumenats mitzuteilen, und sandten ihm gleichzeitig einen Vorschlag für dessen Statuten mit der Bitte, diese anzuerkennen (19. Oktober 1999). Offenbar hat der Papst diese Briefe an den Rat für die Laien, dem ich damals nicht mehr angehörte, weitergegeben; denn von dort kam später lediglich eine Empfangsbestätigung. Eine Reaktion gegenüber den Initiatoren des „Weges" und ein Austausch über den Inhalt blieben aus. So galt es einen zweiten Versuch zu unternehmen.

Die Chance kam mit dem Heiligen Jahr 2000. Wieder fand in meiner Wohnung eine Zusammenkunft satt. Diesmal hatte ich außer den Gästen des ersten Treffens noch Kardinal Ratzinger und Kardinal Theodore McCarrick aus Washington eingeladen. Schnell waren wir bei dem Thema, das uns bewegte: die kuriale Verschlossenheit gegenüber dem Neukatechumenat zu öffnen und eine Anerkennung seiner Statuten zu erreichen. Die bisherigen vergeblichen Versuche waren bald erzählt. So entstand die Frage, ob es nicht vielleicht angebracht wäre, mit einer größeren Anzahl von Stellungnahmen im Vatikan vorstellig zu werden. Kardinal Ratzinger bekannte seine grundsätzlichen Reserven gegenüber Pressionen, meinte dann jedoch, in diesem Fall sei eine solche Aktion wohl geboten. So lancierten die Initiatoren des „Weges" eine weltweite Kampagne. Ihre „Itineranten" (Verantwortliche für die verschiedenen Kontinente/resp. Länder) sprachen Kardinäle und Bischöfe an und baten um die Unterstützung eines neu ausgearbeiteten Vorschlags. Eine große Zahl von Antworten ging ein. Es war zu erwarten, dass den Antworten der Kardinäle das größte Gewicht beigemessen würde. So übergab Kardinal Juan Sandoval Íñiguez, Erzbischof von Guadalajara/Mexiko – der in diesen Tagen aus Anlass eines außerordentlichen Konsistoriums in Rom weilte – dem Heiligen Vater am 22. Mai 2001 einen revidierten Entwurf, der außer von vielen Bischöfen auch von zwanzig Kardinälen befürwortet wurde.

Dank dieser Eingabe machte der Papst das Verfahren anscheinend zur „Chefsache". Denn nun kam die Angelegenheit bald zum Abschluss. Am Fest Peter und Paul, dem 29. Juni 2002, wurde der „Weg" durch ein Dekret des Päpstlichen Rates für die Laien mit der Unterschrift seines Präsidenten, Kardinal Francis Stafford, und des Sekretärs, Bischof Stanislaw Rylko, auf fünf Jahre „ad experimentum" und am 11. Mai 2008 definitiv anerkannt.

III. *Cor unum* – Pferdewechsel mitten im Galopp

> Auch in der heutigen Zeit globaler gegenseitiger Abhängigkeit kann man feststellen, dass die Hingabe seiner selbst an den anderen, in der sich die Liebe ausdrückt, durch kein ökonomisches, soziales oder politisches Projekt ersetzt werden kann. Wer nach dieser Logik des Evangeliums tätig ist, lebt den Glauben als Freundschaft mit dem menschgewordenen Gott und nimmt sich – wie ER – der materiellen und geistlichen Nöte des Nächsten an. Er erschaut ihn als unmessbares Geheimnis, das unbegrenzter Sorge und Aufmerksamkeit würdig ist. Er weiß, wer nicht Gott gibt, gibt zu wenig – wie die selige Teresa von Kalkutta sagte: „Die erste Armut der Völker ist es, dass sie Christus nicht kennen."
>
> *Papst Benedikt XVI.*

Mitten in meinem Engagement für die geistlichen Bewegungen im Allgemeinen und für das Neukatechumenat im Besonderen überraschte mich am 2. Dezember 1995 die Ernennung zum Präsidenten einer anderen vatikanischen Abteilung mit dem Namen „Cor unum". Dieses Dikasterium hat die Aufgabe, der „Sorge der katholischen Kirche für die Bedürftigen Ausdruck zu geben, damit menschliche Brüderlichkeit und die Caritas Christi sichtbar" werde; außerdem soll es die „Katechese der Caritas" inspirieren und orientieren. In der Konstitution „Pastor Bonus", die diese kuriale Aufgabenverteilung festlegte, wurde freilich das genannte Dikasterium ausdrücklich der Präsidentschaft des „Rates für Gerechtigkeit und Frieden“ unterstellt. Mit mir erhielt nun der Rat unvorhergesehen einen eigenen Präsidenten, den ersten. Cor unum war als vatikanisches Büro bislang kaum ans Licht getreten, und die Zahl seiner Mitarbeiter entsprach seinem geringen Bekanntheitsgrad. Nach einigen vergeblichen Versuchen, mich mit einer anderen Aufgabe zu betrauen (für die Stelle als Nuntius in Kopenhagen, die Bischofs-Kandidatenliste für Essen und auch die für Aachen wurde ich nacheinander benannt; auch die Ernennung zum ersten Bischof von Hamburg kam in den Blick), bekam ich also diesen honorigen Abgang aus dem Laienrat.

Als schmerzhaft empfand ich, dass mir durch die neue Aufgabe meine Verantwortung für die „Charismatische Erneuerung“ und das „Neukatechumenat“ entzogen wurde. Für die erste Gemeinschaft waren inzwischen einige strukturelle Weichen gestellt; die Letztere rang hingegen noch heftig um ihr Selbstverständnis und um ihren Ort in der Kirche. Mein Interesse an ihrer Sache und personal-pastorale Bindungen zogen mich trotz der Versetzung weiter in den komplexen Prozess hinein – hatte ich mich doch immer als begleitenden Priester, nie als bloßen vatikanischen Beamten verstanden.

Doch nun betrat ich ein neues Feld. In ihm mangelte es nicht an Informationen über den Geist und die Tätigkeit der Hilfswerke in der weiten Welt sowie über ihre vielen Mitarbeiter. Sie erreichten auch mich durch schriftliche Berichte und durch die Ad-limina-Besuche der Bischöfe. Diese finden sich alle fünf Jahre einmal in Rom zu Gesprächen mit dem Heiligen Vater und den verschiedenen vatikanischen Abteilungen ein. Aus diesem Anlass kommen die meisten von ihnen auch zu Cor unum und informieren über ihre Arbeit und ihre Nöte. Auch zählen zu unserem Dikasterium etwa zwanzig Bischöfe, Priester, Ordensleute und Laien mit spezifischer Kenntnis im Feld des Helfens. Sie sind die „Mitglieder" des Rates, stammen aus den unterschiedlichen Regionen und Kontinenten der Welt und treffen sich etwa einmal im Jahr zur mehrtägigen Vollversammlung – für uns, die römische Besetzung der Abteilung (den „Staff"), nicht nur jeweils eine arbeitsintensive, sondern auch eine anregende Zeit. Schließlich wissen wir durch die Publikationen sowie die Zusendung finanzieller Haushaltspläne und Veranstaltungsprogramme einiges über die Absichten und die Aktivität der kirchlichen Agenturen.

Ich brauchte Zeit, den „Klimawechsel" wahrzunehmen, dem ich unterzogen worden war. Im Rat für die Laien war es immer wieder vonnöten gewesen, den ungestümen, lebhaften geistlichen Aufbrüchen eine Struktur zu geben und damit ihren Bestand zu sichern. In Cor unum hingegen stand nun gerade das Gegenteil an. Die Welt des Helfens brauchte wahrlich nicht den Aufbau eines strukturellen Gefüges. Sie war als kirchliche Präsenz und in ihrer Organisation bestens aufgestellt. Im Bereich der Hauptamtlichen und der freiwilligen Helfer gab es ein eindrucksvolles Heer von Mitarbeitern, differenzierte Verwaltungen, lange Listen von anziehenden und effizienten Projekten, kluge Wege der Finanzierung und des Sponsoring. All das trat ja so stark hervor, dass die Kirche nicht selten – „drinnen" wie „draußen" – mit ihren Hilfswerken identifiziert und vor allem wegen ihres Dienstes an der Gesellschaft auch von vielen Fernstehenden gutgeheißen wird. Das diakonische Werk der Kirche konnte ich nur bewundern. Sollte Cor unum mehr tun, als es zu bestätigen? Es war ja nicht auszuschließen, dass meine Bestellung zum ersten Präsidenten dieser vatikanischen Verwaltung lediglich als geeignete Verlegenheitslösung erschein. Doch die Erfahrung mit den geistlichen Bewegungen hatte meine Augen geschärft, und ich entdeckte nach und nach, was nottat im breiten Fächer kirchlich-karitativen Engagements: Brauchten die Hilfswerke nicht neue Vitalität aus der Mitte des Glaubens? Sie waren gewiss nicht in geistliche Bewegungen umzufunktionieren. Doch sollten sie sich nicht von UNICEF und vom Roten Kreuz unterscheiden? Hatten sie nicht in ihrer Verwiesenheit auf Gottes Liebe und auf die großen geschichtlichen Gestalten der Nächstenliebe eine hochkostbare Besonderheit? Schon bald bestätigte meine Teilnahme an einem Studienseminar, durchgeführt von der Sektion „Pastoral socio-caritativa" (DEPAS) des Zusammenschlusses der Lateinamerikanischen Bischofskonferenzen CELAM in Bogotá/Kolumbien (November 1996), die Berechtigung solcher Fragen. Im Laufe der Zeit kam mir der überraschende Wechsel vom Laienrat in das Dikasterium der Diakonie als ein Fingerzeig Gottes vor.

„Hunger in der Welt": Wer gibt Brot, und wer gibt Hoffnung?

Dass in Cor unum ein im Vergleich zum Laienrat konträres Kirchenbild überwog, ließ sich bald an meiner ersten größeren Aufgabe dort ablesen. In Zusammenarbeit mit der Vollversammlung der Mitglieder dieses Dikasteriums und mit Fachvertretern war ein Dokument über den Hunger in der Welt erarbeitet worden. Meine neuen Mitarbeiter legten mir nahe, seine Veröffentlichung im vatikanischen Pressesaal vorzubereiten. Da es jedoch auch meine Unterschrift tragen würde, wollte ich mich mit ihm identifizieren können. Die Lektüre des Textes stellte mich allerdings keineswegs zufrieden. Mir schien, die Perspektive auf die gesellschaftliche Situation, der Gedankengang, die Einzelargumente und die aufgezeigten Ziele müssten sich bei einem kirchlichen Dokument von einem säkularen Appell an die Menschheit unterscheiden; es genüge nicht, einfach für mehr Gerechtigkeit, Frieden und Solidarität, für Agrarreform, Schuldenerlass und Umweltschutz zu plädieren. In dem Textvorschlag überstieg jedoch lediglich ein knappes Schlusskapitel die politisch-moralisierende Perspektive, indem es einige transzendente und heilsgeschichtliche Aspekte mit einbrachte. So blieben diese aber eher dekorativ und ohne Relevanz für eine auch gläubige Konfrontation mit dem Problem von Elend und Hunger.

Im Dikasterium wurde ich nach dem überraschenden Wechsel vom Laienrat in das Dikasterium der Diakonie von einem Mitarbeiter – sogar schriftlich – auf die bereits lange währende Redaktionszeit des Dokuments hingewiesen; meine Absicht einer erneuten Überarbeitung des Textes fand also keine Billigung. Dennoch schien mir eine neue Redaktion unverzichtbar, und ich schaute mich nach Beratern außerhalb unseres Hauses um. Diese sollten einerseits im gesellschaftlich-ökonomischen Feld versiert sein, gleichzeitig aber das Gewicht der Offenbarung für die Lösung des Problems nicht ausblenden. Der eindrucksvolle Beitrag von Jean-Loup Dherse zur Synode über die Laien (1987) war mir noch gut im Gedächtnis. Gefragt, erklärte er sich bereit zur Mitarbeit. So entstanden substanzielle Veränderungen des Textes. Wir übernahmen die schon formulierten technisch-administrativen Korrekturvorschläge für das Helfen und die leider nur zu berechtigten Klagen über manches politische Versagen. Doch stellte sich gleichzeitig heraus, dass nicht nur generell und abstrakt von öffentlichen Instanzen eine neue „ökonomische Weltordnung" gefordert werden müsste, sondern dass dem Drama des Hungers nur beikäme, wer die Mächtigen in Politik und Wirtschaft auch in ihre je individuelle humane Pflicht nähme (Nr. 38 ff.).

Neben Hinweisen auf die Ethik und Ökonomie appellierte das Dokument in seiner Endfassung darum direkt an alle Menschen guten Willens und speziell an die Christen. Das Heilige Jahr 2000 bot einen aktuellen Anlass zum Aufruf, Gott zu geben, was Gottes ist. Christen hätten, so unser Text „Der Hunger in der Welt. Eine Herausforderung für alle: solidarische Entwicklung" vom 4. Oktober 1996, wieder zur Vorsehung für ihre Brüder und Schwestern zu werden (Nr. 54 ff.). Konkrete Vorschläge für das „Jubeljahr" wurden eingebracht (Nr. 59) und später ganz konkret umgesetzt sowie in die Öffentlichkeit getragen, etwa mit der Aktion „Panis caritatis – Brot der Liebe".

Bei ihr wurde ein besonderes Brot mit einem geringen Aufpreis für die Hungernden in fast der Hälfte der italienischen Bäckereien verkauft. Diese Idee, ursprünglich in Italien umgesetzt, übernahm dann auch die Caritas in Polen, Mexiko, Chile und Uruguay. Dann gab es da „Hundert Projekte des Papstes" – das waren Sozialpartnerschaften zwischen wohlhabenden und bedürftigen Diözesen aus über fünfzig Ländern der Erde und manches andere mehr. Der Schlussabschnitt unseres Schreibens verankerte schließlich alle Reaktionen der Kirche gegen den Hunger in der Liebe Gottes (Nr. 60 ff.) und vermerkte schließlich auch, dass die Bibel die Armen preist und eine geistliche Dimension der Armut hochschätzt, die freilich keinesfalls mit Misere und Elend gleichzusetzen sei (Nr. 61 f.). So integrierte sich das Dokument erkennbar in Botschaft und Sendung der Kirche. Wir konnten es mit einem Vorwort des Kardinalsstaatssekretärs Angelo Sodano am 24. Oktober 1996 in der „Sala stampa" veröffentlichen.

Die Pressereaktionen zeigten großes Interesse; sie sparten nicht mit Zitaten des Textes und positiven Kommentaren. So titelte etwa „La Croix" in Frankreich: „Das Dokument des Päpstlichen Rates wird wohl ein günstiges Echo bei den internationalen Instanzen und humanitären Organisationen finden" (25. Oktober 1996). Dem Inhalt des Dokuments entsprechend standen für die Zeitungen die Gerechtigkeit und Fragen der Verteilung der Güter dieser Erde im Vordergrund. Sie wurden kombiniert mit Hinweisen auf die bevorstehende Reise von Papst Johannes Paul II. nach Kuba und mit Kritik an der Embargo-Politik dieser Insel gegenüber. Doch blieben auch die wenigen Elemente nicht unbeachtet, die gerade Christen in ihrer Reaktion auf das Problem beizusteuern haben. Die „Neue Zürcher Zeitung" nahm den Begriff der „christlichen Liebe" auf: Wohl übersteige die Beendigung des Dramas „Hunger" deren Kraft; dennoch könne das anstehende Werk allein von der christlichen Liebe vollendet werden (25. Oktober 1996). – Der Heilige Vater selbst schätzte das Dokument offenbar, weil es nicht in das gängige soziale Lamento einstimmte, sondern bei aller Kritik auch konstruktiv war. Er machte auf es aufmerksam in dem Jahresbericht über die wichtigsten Tätigkeiten der Kurie: Cor unum habe im Text einige „interessante Vorschläge für die gerechtere Verteilung der Nahrungsvorräte formuliert".

Die Arbeit an unserem Dokument zum Hunger in der Welt zeigte unabweislich, dass im Bereich kirchlicher Diakonie nicht nur Einzelfragen anstanden. Das Fundament kirchlicher Liebestätigkeit war neu ins Licht zu rücken. Dazu musste auf eine verlässliche Theologie zurückgegriffen werden. Dass der karitative Auftrag neben der Verkündigung und der Liturgie die kirchliche Sendung als solche ausmacht, stand für Hilfswerke prinzipiell außer Frage. Doch welche Kräfte tragen ihn? Ergibt er sich aus einem humanitären Erbe, wie es Goethes Wort nahelegt: „Edel sei der Mensch, hilfreich und gut“? Oder ist Nächstenliebe ein Erbe der Antike, sodass Caritas mit der griechischen Philanthropie zusammenfällt? Wir konnten uns nicht auf umlaufende Meinungen verlassen, sondern hatten die Geschichte humanitären Engagements gegen die menschliche Not zu prüfen und als Kirche unseren Glauben zu befragen.

Dabei musste das neutestamentliche Doppelgebot der Gottes- und Nächstenliebe den Ausschlag geben, wie es sich etwa in einem Schulgespräch Jesu mit einem Schriftgelehrten (Mk 12,28–31) findet. Es ist Jesus, der das alttestamentliche Hauptgebot der Gottesliebe mit der Verpflichtung für den Nächsten erstmals zusammenbindet. Er ist damit fraglos auch allein befugt, die biblische Liebesforderung verbindlich zu interpretieren. Für ihn hat die gute Tat in Glaube und Gottesverehrung ihre Wurzel. Obschon die jüdische Frömmigkeitspraxis seiner Zeit ohnehin ganz entschieden um die Verehrung Gottes kreiste, verleiht ihr Jesus Nachdruck, indem er die Liebe zu Gott als „erstes Gebot“ an den Anfang stellt. Nächstenliebe schöpft ihre Kraft aus der sie ermöglichenden Gottesliebe.

Gerade in diesem Punkt hatten wir freilich bei kirchlichen Organisationen eher beunruhigende Beobachtungen gemacht: Katholische Hilfswerke säkularisierten sich, indem sie sich vom Kirchengefüge entkoppelten. In Spanien beabsichtigte zum Beispiel in der zweiten Hälfte der 90er Jahre „Manos unidas“ auf ihre geistlichen Quellen zu verzichten und sich von der Bindung an die Kirche loszusagen; durch eine kluge Reaktion der Bischöfe und eine Neuwahl der Präsidentschaft gelang es, einen Bruch zu vermeiden. Die deutsche Hilfsorganisation Misereor publizierte am 2. September 1997 ein Dokument über die für Lateinamerika zu setzenden Arbeitsschwerpunkte. In ihm wurden die Zielsetzungen der Ortsbischöfe als deren „Eigeninteressen" bezeichnet; deshalb sei es angezeigt, in finanziellen Dingen statt mit den Bischöfen mit den staatlichen Stellen zusammenzuarbeiten. Eine der weltweit größten außereuropäischen katholischen Hilfsagenturen hatte angestellte „Delegierte" in vielen bedürftigen Ländern. So kam es gelegentlich zu Konflikten zwischen der dortigen Ortskirche und der Hilfsorganisation. Etwa im Kosovo. Kardinal Vinko Puljić, Erzbischof von Sarajewo, beklagte sich mehrfach darüber, dass von den elf Repräsentanten dieser Agentur zehn islamischen Bekenntnisses waren und dass diese offen den Christen im Land das Verbleiben erschwerten.

Diese Missstände sollten nicht all das Gute vergessen machen, das die kirchliche Diakonia den Bedürftigen tut. Sie zeigten dennoch unübersehbar, dass die Kriterien christlich-kirchlichen Helfens da und dort offensichtlich vernachlässigt worden waren. Und Cor unum war nach dem päpstlichen Auftrag gerade für dieses Problem zuständig. So lag die dringende Aufgabe vor uns, zur Glaubens- und Kirchenverankerung der katholischen Hilfswerke beizutragen – eine Mammutverpflichtung, die zwar in Angriff zu nehmen, aber gewiss nicht mit raschen Entscheidungen zu bewältigen war.

Wie Christus einen Kaffee wollte: der erste Weltkongress der Caritas 1999

Bald schon gab uns Papst Johannes Paul II. einen neuen guten Grund, als Cor unum unsere Zuständigkeit für die kirchliche Liebestätigkeit sowohl auf ihrer theoretischen als auch auf ihrer praktischen Ebene wahrzunehmen. In seinem Apostolischen Schreiben „Tertio millennio adveniente", mit dem er die Feier der Jahrtausendwende vorbereiten wollte, lud er dazu ein, das Jahr 1999 als „Jahr der Caritas" zu begehen. Die Anregung des Papstes erschien uns als große Chance, die Glaubenswurzeln im Engagement der katholischen Hilfswerke und ihrer Mitarbeiter zu vertiefen. Wir hielten sie für providenziell.

Über die schon erwähnten Aktionen – „Panis caritatis" und „Hundert Projekte des Papstes" – hinaus planten wir einen „Weltkongress der Caritas". Er war der erste dieser Art und wurde für den 12.–15. Mai 1999 in Rom vorgesehen. Für etwa siebzig Länder durften wir gegen 200 Teilnehmer erwarten; es waren Bischöfe sowie Fachleute der Caritas-Theologie und -Arbeit aus allen Kontinenten. Die Kongressmethode sollte theologische und pastorale Aspekte der Caritas-Arbeit beachten, und wir baten die Referenten, gerade das Miteinander von Glaubens- und Praxiserfahrung in den Blick zu nehmen. Für die Dynamik der Verlaufs wollten wir uns an den Dreischritt des Gründers der Christlichen Arbeiterjugend, Joseph Cardijn, halten: „Sehen, urteilen, handeln". Auch Besuche einiger sozialer Brennpunkte Roms standen auf dem Programm. Am vierten Tag sollten in Arbeitsgruppen operative Folgerungen gezogen werden.

Die Aktualität der Materie und die Einsatzfreude karitativ Engagierter machten aus den Tagen eine eindrucksvolle

Bekundung kirchlicher Liebestätigkeit auch in die Gesellschaft hinein. Wir publizierten auch manche Gedanken und Erfahrungen.[33] Zwei Zeugnisse sollen an dieser Stelle verdeutlichen, warum uns die Liebesverpflichtung als Doppelgebot entgegentritt – und also die Hilfe für den Nächsten aus der Gottesliebe erwächst und deren Prüfstein ist.

Tita Puangco von der Focolare-Bewegung auf den Philippinen berichtete von einem Besuch der Gründerin Chiara Lubich in diesem asiatischen Inselreich. Bewegt vom Elend und der Armut auf den Philippinen und angeregt von der Enzyklika „Centesimus annus“ Johannes Pauls II. hatte sie zu einer wirtschaftlichen Initiative aufgerufen, die sie „Ökonomie der Kommunion“ nannte. Durch sie sollten nicht nur Personen, sondern auch Wirtschaftsunternehmen zu gemeinsamer Nutzung materieller Güter gebracht werden. Die Gütergemeinschaft der ersten christlichen Gemeinden hatte dafür inspirierend gewirkt. Auf dem Kongress hörten wir:

> „Die Idee wurde mit Enthusiasmus aufgenommen, nicht nur in Brasilien und Lateinamerika, sondern auch in Europa und anderen Teilen der Welt. Zahlreiche Unternehmen wurden gegründet, andere wurden umgeformt oder öffneten sich dem neuen Zusammenschluss. Gegenwärtig (im Jahr 1999) gibt es 645 größere und einige kleinere Betriebe. Sie repräsentieren unterschiedliche Firmenstrukturen in mehr als dreißig Nationen. In Asien sind es 22, davon auf den Philippinen zwanzig Institutionen. Wie Sie wissen, leidet Asien in einigen Ländern an extremer Armut. Die ‚Ökonomie des Teilens‘ wurde deshalb ein konkreter und wesentlicher Schritt ihrer Bekämpfung. Ich habe die meiste Zeit meines Lebens in Schlüsselpositionen von Konzernen auf den

Philippinen gearbeitet. Chiaras Anregung erreichte mich, als ich gerade die Welt des Business verlassen wollte, um in einer Graduate School für Management zu lehren. Ihr Wort traf mich wie ein starker Lichtstrahl. Zusammen mit meinem Mann wurde mir klar, wie viele Schätze uns Gott geschenkt hatte; jetzt wollten wir sie Jesus in den Armen zurückgeben. Wir entschieden uns, eine Beratungsagentur mit dem Namen ‚Ancilla' zu gründen; mit diesem Namen wollten wir das Beispiel Mariens, der ‚Magd des Herrn', uns vor Augen halten. Vom Dach unserer Garage wechselten wir mit anfangs zwei Angestellten in das Wirtschaftszentrum von Manila; denn unser Unternehmen war bald auf über vierzig Mitarbeiter angewachsen."

Der deutschstämmige Franziskanerpater Hans Stapel entwickelte in Brasilien aus pfarrlichem Sozialengagement ein katholisches Hilfswerk für drogenabhängige Jugendliche, Straßenkinder, Aidskranke und obdachlose Familien. Bis zum Datum unseres Kongresses existierten 38 Therapiegemeinschaften, in denen ca. 1300 junge Menschen Aufnahme fanden. Papst Benedikt XVI. besuchte später bei seiner Reise nach Brasilien die erste Fazenda in Aparecida. Einer der Jugendlichen, Nelson Giovanelli, trug beim Kongress vor:

„1983 entschlossen sich junge Menschen und Erwachsene unserer Pfarrei, sich einmal im Monat zu treffen, um sich in das Evangelium zu vertiefen. Wir waren persönlich betroffen von dem Wort des heiligen Paulus: ‚Den Schwachen wurde ich ein Schwacher' (1 Kor 9,22). Zu dieser Zeit ging ich einer Arbeit nach. Auf meinem

Weg nach Hause kam ich regelmäßig an einer Gruppe junger Leute vorbei, die in einem Winkel Drogen nahmen. Die Worte des Apostels gaben mir den nötigen Mut, die jungen Leute anzusprechen. Der Grund, von ‚Mut' zu sprechen, liegt in der Tatsache, dass ich bislang nie mit solchen Leuten Kontakt hatte. Ich versuchte, eine Art von Verbindung mit ihnen aufzunehmen, denn Pauli Worte trieben mich an. Anfangs war es nicht einfach, denn sie würden sich fragen: ‚Was in aller Welt will dieser Bursche hier?' Pater Hans hatte mich gelehrt, mit ihnen zu leben, ohne etwas zu beanspruchen oder zu erfragen; einfach mit ihnen zu leben, reichte aus.
Eines Tages bat mich einer von ihnen, ihm mein Fahrrad zu leihen. Ich sah das als Möglichkeit, Vertrauen zu bilden. Ich gab ihm mein Fahrrad. Am nächsten Tag brachte er es mir zurück, und es war geputzt. Er hatte es auch mit einigen fehlenden Kleinigkeiten vervollständigt. Ich aber freute mich und dachte an die Worte des heiligen Johannes vom Kreuz: ‚Wo keine Liebe ist, dahin trage Liebe, und du wirst Liebe finden.' Das Verhalten dieses Jugendlichen ließ mich verstehen, dass die Herzen der Drogenabhängigen sich für Liebe öffnen können, mit echter Liebe. Vielleicht mangelt es ihnen nur an Möglichkeiten, sie zu finden.
Nach dieser Erfahrung teilte ich für ein paar Monate mit dem Jugendlichen die Wohnung. Dann sprach mich ein anderer an, er wolle ein anderes Leben anfangen. Er meinte, ich könne ihm helfen. So lud ich ihn ein, bei einem unserer Treffen in der Pfarrei mitzumachen. Und er kam. Ich hatte ihn niemals aufgefordert, seine Gewohnheiten und seinen Lebensstil zu ändern. Ich hatte niemals von Gott gesprochen. Aber als ich ihn ein-

lud, kam er, begann diese neue Erfahrung, lebte vom Evangelium her, mit Pater Hans, mit anderen jungen Leuten und mit mir. Das machte ihn so glücklich, dass er einige von seinen Freunden ansprach und sie zum Mitmachen drängte. Einer kam, ein Zweiter, Dritter, Vierter … Die Straßenecke, an der sie Drogen zu nehmen gewohnt waren, blieb leer. Unser Treffen wurde die Eucharistiefeier in unserer Pfarrei mit Pater Hans."

Zum Abschluss des Kongresses feierten wir die Eucharistie auf dem Petersplatz. Der Papst selbst hatte den Vorsitz der Versammlung, zu der ungefähr 40.000 Menschen gekommen waren – neben den Kongressteilnehmern waren es Mitglieder von mehr als 200 katholischen Verbänden freiwilliger Helfer. Die Nachfolgerin der seligen Mutter Teresa, Sr. Nirmala Joshi MC, erzählte bei ihrer Begrüßung des Papstes eine weitere kleine persönliche Geschichte, die ihr in New York bei der Beantragung eines italienischen Visums passiert war:

„Auf meinem Rückweg von der Botschaft kamen wir an einer Kirche vorbei. Der Drang meines Herzens, zu Jesus im Allerheiligsten in die Kirche zu gehen, war stark, und ich gab ihm nach. Auf den Stufen der Kirche sprach mich ein armer junger Mann, vielleicht ein Drogenabhängiger, mit langen Haaren und schmutzigen Kleidern an und bat mich: ‚Gib mir ein paar Pence für einen Kaffee.' Ich lächelte nur, antwortete aber nicht, ging in die Kirche und dachte: ‚Soll ich ihm die 25 Cent geben oder den Kaffee?' Mit diesen Gedanken kniete ich vor dem Sakrament nieder. Aber siehe da: Jesus war nicht mehr für mich im Allerheiligsten Sakrament. Es schien mir, als sei er von dort hinausgestiegen und sitze nun auf den Kirchenstufen und warte dort in der Gestalt des jungen Mannes auf meine Antwort. Sofort sagte ich zu meiner Mitschwester: ‚Schwester, wir wollen ihm Kaffee besorgen.' Genau in diesem Augenblick tippte mir eine Dame auf die Schulter und fragte mich: ‚Zu welcher Kongregation gehört ihr?' Ich antwortete: ‚Wir sind Missionarinnen der Nächstenliebe von Mutter Teresa. Sie drückte mir einen Dollar in die Hand mit den Worten: ‚Ein Dollar für Kaffee …'

Zu Herzen ging mir die Freude dieser Erfahrung. Denn mir wurde klar, dass der Herr mich das Charisma unserer Ordensgemeinschaft erleben lassen wollte. Er zeigte mir, dass der Eine, den wir im Altarssakrament liebten und anbeteten, derselbe ist, dem wir dienen und den wir lieben in dem Geringsten unserer Brüder und Schwestern."

Besonders wichtig waren für unser aller Orientierung fraglos die geistlichen Worte des Papstes zum Abschlussgottesdienst in St. Peter und beim sonntäglichen Mariengebet.

„… Aus Anlass von Naturkatastrophen, Notsituationen, Kriegen und Krankheit nimmt ein Heer von Männern und Frauen sich der in Schwierigkeiten Befindlichen im Geist hochherziger Selbstlosigkeit an und widmet ihnen nach dem Beispiel des barmherzigen Samariters Zeit und Kraft. Denn gerade der barmherzige Samariter, von dem das Evangelium spricht, ist das Vorbild für die Freiwilligendienst Leistenden, die dem bedürftigen Mitbruder zum Nächsten werden (vgl. Lk 10,30 ff.). Gebe Gott, dass dieses friedliche ‚Heer der Hoffnung' seine Tätigkeit immer mehr ausdehne mit Initiativen zum Schutz der Menschenrechte, zur Hilfe an Notleidenden sowie zur

Förderung der Kultur der Solidarität und der Zivilisation der Liebe.
Welchen besonderen Beitrag sind die Christen angesichts einer solch ermutigenden Entwicklung der karitativen und humanitären Organismen berufen zu leisten? Im Licht der Lehre des Evangeliums wissen sie, dass sie überall und mit allen möglichen Mitteln das oberste Gebot der Liebe zu bezeugen haben: ‚Du [sollst] den Herrn, deinen Gott, lieben mit ganzem Herzen und ganzer Seele, mit all deinen Gedanken und all deiner Kraft. … Du sollst deinen Nächsten lieben wie dich selbst' (Mk 12,30–31). Gott lieben und den Nächsten lieben: Das also ist die Berufung und die Sendung der Glaubenden. Die Liebe zum Bruder kommt aus der Liebe zu Gott und kann nur bei dem, der die Liebe zu Gott lebt, zur Fülle gelangen. Menschenliebe ist, so löblich sie auch sein mag, machtlos vor bestimmtem menschlichem Elend. Wenn sie dem Auftrag und dem Vorbild Jesu treu bleibt, wird die karitative Tätigkeit des Christen zur Verkündigung und zum Zeugnis Christi, der sein Leben hingibt, das Herz des Menschen heilt, dessen von Hass und Sünde verursachte Verletzungen behandelt und allen Freude und Frieden bringt.
… Daher wende ich mich an euch, liebe Brüder und Schwestern, die ihr euch bei eurer Tätigkeit am Evangelium ausrichtet. Ihr habt das Geschenk der Nächstenliebe empfangen: Seid euch bewusst, Zeugen und Spender dieses Geschenks zu sein. Eure Sendung darf sich nie auf die Rolle bloßer Sozialarbeiter und selbst noch so hochherziger Menschenfreunde beschränken. Das Evangelium von der Nächstenliebe ist die große Prophezeiung der heutigen Zeit. Es ist die auch denen, die Christus

noch nicht kennen, am unmittelbarsten verständliche Sprache der Evangelisierung. Im notleidenden Bruder ist Christus selbst gegenwärtig. Das versichert uns sein Wort unmissverständlich: ‚Was ihr für einen meiner geringsten Brüder getan habt, das habt ihr mir getan' (vgl. Mt 25,40) …
Euch möge Maria beistehen, die hinhörende Jungfrau und fürsorgliche Mutter aller Menschen. Es begleite euch auch mein Segen, den ich euch, euren Initiativen und allen, denen ihr bei eurer Tätigkeit humanitären Einsatzes und christlicher Solidarität begegnet, erteile."

Die Weisung Johannes Pauls II. und die Impulse des Kongresses bestärkten uns in der schon erkannten Zielsetzung, im karitativen Dienst der Kirche die Glaubenswurzeln nachdrücklich hervorzukehren. Ein gegenläufiger Trend, Erfolge vorwiegend von rein innerweltlichen Methoden zu erwarten, war ja in einigen kirchlichen Hilfsorganisationen unverkennbar. Es gab Hilfswerke, die die Bezeichnung „Caritas" strichen und die der „Sozialpastoral" wählten. Wir hingegen wollten das christliche Erbe auch in der Namensgebung erhalten. Wir hatten erlebt, dass gesellschaftliche Weichenstellung und kluge Pädagogik nur ein erster Schritt sind, Menschen aus der Sackgasse von Orientierungslosigkeit und Selbstzerstörung herauszubringen. Manchmal wurde sogar ganz augenscheinlich, wie solche auf das „Soziale" reduzierte Pastoral scheiterte und erst die Begegnung mit Christus Verirrte und Verletzte wieder heil machen konnte.

Was uns José Luis de Palacio, Seelsorger in der Hafenstadt Callao bei Lima/Peru und inzwischen dort zuständiger Bischof, über die Rückführung Verlorener zu würdigem Menschsein und zum Glauben wissen ließ, mag wie ein am

Schreibtisch ausgedachtes Drehbuch erscheinen; doch es ist nicht erfunden. Bei einer meiner Reisen nach Lateinamerika besuchte ich ihn wieder einmal. Auf sein Drängen hin hatten die Verantwortlichen des „Neukatechumenalen Weges“ ihn einbezogen in ein neues Apostolatsmodell, die „Familien in Mission“, das von Papst Johannes Paul II. am Fest der Heiligen Familie 1988 durch die Aussendung von 72 Familien aus der Taufe gehoben worden war.

Diese neue Art der Evangelisierung beginnt, von außen betrachtet, sehr schlicht. Sie beginnt damit, dass Familien der Mittelklasse ihre wohlgeordnete Existenz aufgeben und das Leben mit den Armen in Barackenvierteln teilen: wenn man etwa auf elektrischen Strom verzichtet und sich das Trinkwasser einmal am Tag von dem durchfahrenden Wagen holen muss; wenn der Lärm des Kofferradios aus der Nachbarschaft die ganze Nacht belästigt, weil das eigene Haus den Lärm nicht abhält oder weder Fenster und Türen noch feste Wände hat; wenn die Kinder krank werden, weil die Hygieneverhältnisse jeder Beschreibung spotten. So leben diese Apostel, die von ihren heimatlichen Gemeinschaften unterstützt werden, aber ihre soziale Sicherheit durch den Verlust des väterlichen Arbeitsplatzes und ihres Anwesens in Europa aufgegeben haben. Sie geben inmitten von Armut und Promiskuität ihr Zeugnis einer christlichen Familie.

Und ihr Heroismus trägt Früchte. Etwa im Barrio Marquez, einem Vorort der Stadt Lima, in dem ich einige solcher Familien aufsuchte. Dort hatte der „Weg“ vor Jahren zu einer Katechese für Erwachsene und Jugendliche eingeladen. Der Anfang seiner Mission war erwartungsgemäß sehr schwierig. Denn der „Marquez“ ist ein Umschlagplatz von Drogen und bekannt für sexuelle Freizügigkeit. Seiner Einladung zur Glaubensvermittlung folgten immerhin etwa hundert Personen, unter ihnen eine Schar drogenabhängiger Jugendlicher. Gott sei dank wurden diese Jugendlichen durch Gottes Wort angerührt, von der Zusicherung, dass Jesus sie trotz ihrer Schwäche liebte und sich ihnen nahte, um ihr Leben zu ändern. Die jungen Leute beteiligten sich am Pfarrleben. Doch es gab eine Schwierigkeit für ihre soziale Integration: Der überwiegende Teil hatte die Schule nicht abgeschlossen; kaum einer war beim Ordnungsamt gemeldet; andere wurden von der Polizei gesucht. All das verhinderte jede Aussicht auf Arbeit. Sie vertaten ihre Zeit als Vagabunden – und das brachte sie zurück zu Drogen und den alten Sünden; denn auf diese Weise bekamen sie ein wenig Geld.

Bald fanden sich einige christliche Unternehmer, die bereit waren, sie zu beschäftigen; man vertraute auf den guten Willen der Burschen. Gleichzeitig begannen diese – von Gottes Geist bewegt – ihre soziale und rechtliche Situation zu ordnen. Dann aber war die Enttäuschung der „Familien in Mission" groß, als sie feststellen mussten, dass nach einem guten Monat der alte Schlendrian wieder eingerissen war: Keiner der Jugendlichen ging weiter zur Arbeit. Ihnen war nicht gekündigt worden; sie hatten einfach ihre Tätigkeit aufgegeben. Es verstrichen mehrere Wochen, ein neuer Versuch wurde gemacht und auch eine neue Anstellung erreicht. Doch beides scheiterte wieder. Die Jugendlichen hatten nicht die Kraft, am Morgen zeitig aufzustehen und zur Arbeit zu gehen; die mindeste Fähigkeit, sich in die Gesellschaft einzugliedern, fehlte ihnen völlig.

José Luis, der verantwortliche Priester, erzählte mir, was er aus dem totalen Scheitern all der klugen Sozialisierungsversuche gelernt hatte:

„Wir erkannten, dass es sich hier nicht um ein Werk handelte, das Menschen leisten können. Gott allein war fähig, ‚neue Geschöpfe' zu formen. Heute, nach einigen Jahren, arbeiten die Jugendlichen regelmäßig; manche haben sich mit Mädchen der Pfarrei verheiratet und haben die ersten Kinder; sie konnten die Hürde des Strafvollzugs ausräumen und sind nun christliche Staatsbürger. So ermuntern sie andere Heranwachsende, denselben Weg zu gehen.

Wer hat das zuwege gebracht? Wer hat sie für einen neuen Lebensstil gewonnen? Wer gab ihnen die Kraft durchzuhalten? Niemand hat ihnen ein Gesetz auferlegt, sie mit Moral traktiert. Sie wurden zu Jesus Christus geführt und ließen sich von ihm begleiten: Er ist der Sieger über Sünde und Tod. Durch Gottes Wort, die Feier der Sakramente und das Leben in der kleinen Gemeinschaft haben sie Erbarmen und Geduld erfahren und ihre persönliche Würde entdeckt. Jeder konnte ohne paternalistische Bevormundung auf Drogen verzichten, den Alkohol lassen; sie fanden eine Arbeit und gliederten sich in die Gesellschaft ein. Heute sind sie anderen Bewohnern des Viertels Vorbilder, sodass sich diese für die Kirche interessieren. Jedes Jahr beginnen Hunderte Fernstehende eine neue Katechese."

Gottes Gnade kann den Lebensweg der Menschen verändern. Sie gibt im Kampf gegen die Not eine andere Perspektive und erfüllt mit neuer Hoffnung. Sie hat Auswirkungen, die erkennbar sind, über den Einsatz und über den Gebrauch irdischer Mittel hinaus. Und: Sie mag sogar – wie es auch Papst Johannes Paul II. andeutete – auf die Helfenden selbst zurückwirken. Die Berührung mit dem Elend kann

Jugendliche und Erwachsene, die sich zunächst aus rein humanitären Gründen zur Verfügung stellten, zu der tieferen Erkenntnis bringen: Christus und sein Wort sind eine neue Quelle für ihr eigenes Leben. Das behauptet jedenfalls Jean Vanier, Gründer der „Arche" und weltweit bekannter Inspirator christlicher Nächstenliebe, nach langjähriger Erfahrung mit freiwilligen Helfern. „Welche Motivation auch immer die Volontäre bewegt, in der Arche mitzuarbeiten: die meisten von ihnen waren betroffen von der Begegnung mit den geistig Behinderten und von ihrem Leben mit den Armen. Ihre Sicht des Menschen, der Gesellschaft und der Kirche änderte sich. Fast alle fanden den Glauben ihrer Kindheit wieder. Ich bin überrascht, dass so viele Jesus in den Armen, im Gebet, in der Eucharistie der Kirche wiederfanden."

Solch gegenseitige Verwiesenheit von Helfen aus Menschenfreundlichkeit und Gotteszuwendung aus Gnade begann zunehmend in die Mitte meines Interesses zu rücken. Es schien mir unabweisbar, dass das zweite Liebesgebot nicht nur dem Leid in der Welt wehren kann, sondern auch den Weg aufzeigt, vom ersten Gebot – dem der Gottesliebe – erfasst zu werden.

Routinesitzung und doch folgenreich: Auftrag zu einem Caritas-Dokument

Offenbar bekümmerten die säkularistischen Tendenzen auch im Feld katholischen Helfens Johannes Paul II. Jedenfalls gab er mir schon bald eine Chance, erste Eindrücke aus meinem neuen Arbeitsfeld vor den wichtigsten seiner kurialen Mitarbeitern vorzutragen: Ich sollte bei einer Congregatio generalis referieren. Dieses Arbeitsinstrument des Vatikans bringt alle Leiter der vatikanischen Dikasterien zusammen und bespricht unter dem Vorsitz des Papstes ein besonderes Thema. Sie wird aus besonderem Anlass und relativ selten einberufen; ich persönlich erlebte sie erstmals. Ihr Verlauf hat eine feste Ordnung: Die Thematik wird von dem entsprechenden Ressortchef vorbereitet, dem eine halbe Stunde Sprechzeit eingeräumt wird; sein Statement ist zwei Wochen vor dem Treffen allen Teilnehmern auszuhändigen; diese wiederum haben nach dem Vortrag je sieben Minuten Zeit zum Verlesen ihrer schriftlich vorbereiteten Stellungnahme. Anschließend hat der Referent nochmals Gelegenheit zu kommentieren.

Johannes Paul II. beauftragte also mich, den „Newcomer“ und Präsidenten eines kaum relevanten Dikasteriums, im inner-vatikanischen Kreis meine Sicht von „Bedeutung und theologischen Fundamenten der kirchlichen Caritas-Tätigkeit“ darzustellen. Das zeigte mir, wie sehr ihm das Problem am Herzen lag. Die Sitzung wurde für den 25. November 1999 angesetzt.

In meinem Vortrag umriss ich zunächst Licht und Schatten der kirchlichen Liebestätigkeit – wobei ich, schon um besorgte Aufmerksamkeit zu wecken, mit den Irrwegen begann. Ich sprach dann kurz die Verweltlichung aller Pastoral an, die christliches Helfen generell zur Philanthropie abzuschwächen drohe. Sie werde für die kirchlichen Werke verstärkt durch die Kooperation mit der öffentlichen Hand und mit privaten Geldgebern (Bürokratisierung, Mentalitätswandel, Abhängigkeiten von Sponsoren). Manchmal würden Ungerechtigkeit und Unterdrückung die Helfer schließlich dazu provozieren, den politischen Kampf der Nächstenliebe vorzuziehen oder solchen Widerstand gar zu verabsolutieren.

Dem setzte ich biblische und theologische Bezugspunkte entgegen: im Zentrum das von Jesus geprägte Doppelgebot der Gottes- und Nächstenliebe (Mt 22,37–39). Besondere Beachtung verdiene Jesu nachdrückliche Betonung der Gottesliebe: Im Gegensatz zum Grundtenor heutiger Verkündigung – der Verpflichtung zur Nächstenliebe – unterstreiche der Herr ausführlich den ersten Teil des Doppelgebotes. Offenbar sei ihm seine Hervorhebung besonders wichtig, obschon sich doch der gläubige Jude Tag für Tag am Morgen und am Abend im Sh'ma Jisrael ohnehin diese Liebe zu Jahwe in Erinnerung rufe. Das so von der Liebe zu Gott her ermöglichte und dem Nächsten dienende Lieben habe in der Kirche den strukturellen Referenzpunkt im Bischofsamt: Beim Bischof liege letztlich die Verantwortung, dass die drei Grundsendungen der Kirche – Diakonia, Martyria und Leiturgia – gelängen.

Meine Überlegungen fanden breite Zustimmung. Kardinal Ratzinger nahm die Problematik der Säkularisierung auf und wies auf eine Art von „Laizisierung" der Tugend der Liebe hin: Nur Überparteilichkeit, so laute die irrige Meinung, garantiere die Hilfe für alle; die Kirche aber, so werde weiter kritisiert, beachte nur ihre Mitglieder, und sie sei parteiisch. Solchem ungerechten Tadel hielt der Kardinal entgegen, dass der Glaube an Jesus Christus erst die größere Überparteilichkeit und die Liebe zu allen ermögliche: den Kranken, den Fremden, den Gefangenen. Die Nächstenliebe müsse neu mit der Gottesliebe verbunden werden, die im Glauben erfahren werde; wer die Nächsten mit den „Augen Gottes" sehe, übe wirklich die Caritas. – Eine Glaubens-Ausbildung der Caritas-Mitarbeiter und eine geistliche Begleitung wünschte sich Kurienkardinal Baum. Er hob die Verantwortung der Bischöfe für den Glaubens-Geist der

Hilfsorganisationen hervor. – Skeptisch gegenüber einer nur sektoriellen Reaktion auf den Säkularismus war Kardinal Poupard. Ein weltlicher Humanismus unterhöhle das Doppelgebot des Herrn. Christen seien gegenwärtig genötigt, im Sinne Johannes Pauls II. für das anbrechende Jahrtausend die Neuevangelisierung zu beginnen.

In meinem Schlusswort bedankte ich mich dafür, von den Leitern der Dikasterien so viel Zustimmung erhalten zu haben. Ich bat die Mitbrüder, die Tätigkeit von Cor unum im Sinne der Wortmeldungen zu unterstützen und die Ziele unserer Abteilung zu fördern. Beim Hinausgehen näherte sich mir der Heilige Vater und fragte mich gleichsam privat, was nun konkret geschehen könnte; dann riet er mir, ihm mögliche Schritte in einem Brief mitzuteilen.

Als ich die Wortmeldungen der Leiter der vatikanischen Abteilungen schriftlich in Händen hatte, formulierte ich meine Vorschläge in einem Brief an Johannes Paul II. (17. Dezember 1999). Neben Initiativen für das Staatssekretariat, für einige Kongregationen sowie für die nationalen Bischofskonferenzen, die dem Problemfeld dienen sollten, regte ich auch ein „Dokument des Lehramtes“ an, „in dem Eure Heiligkeit den Sinn der Nächstenliebe aus christlicher Sicht klären könnte“.

Mitten in die Katastrophen: Botschaften der Anteilnahme

Wir in Cor unum durften uns nicht auf die theologische Vergewisserung christlichen Helfens beschränken. Weltweite praktische Wirksamkeit war unbestreitbar Teil unseres Auftrags. Gottes Botschaft will ja seine Heilstat am Menschen nicht nur verkünden, sondern auch bezeugen. Darum ist sie von Jesu öffentlichem Auftreten an verbunden mit dem konkreten Ausweis solchen Heils. Die zugesagte Wahrheit soll keimhaft aufscheinen. Einen bezeichnenden Ausdruck findet dieses Ineinander der beiden Dimensionen des kirchlichen Auftrags in einem Prädikat, das schon seit der frühen Christenheit dem römischen Bischofssitz zukommt: Der Nachfolger Petri habe den „Vorsitz in der Nächstenliebe"[34]. Gewiss waren es damals die Ortskirchen des Mittelmeerraumes, denen gegenüber der Märtyrerbischof diesen Titel erwähnte. Weil er aber mit dem Rang des römischen Bischofs verbunden ist, kommt ihm mit dem weltweiten Wachstum der Kirche globale Relevanz zu. Noch heute hat diese Ehrenbezeichnung weltweit im Kampf gegen die Not ihr Gewicht.

Durch die Jahrhunderte hin war die Kirche trotz all ihrer „Flecken und Runzeln" (Eph 5,27) ein Leuchtturm der Liebestätigkeit, der viele anzog und auf die Menschheit ausstrahlte. In der Mitte des vergangenen Jahrhunderts verdichtete sich in erfreulichem Maße – wohl auch in der Folge des Zweiten Weltkriegs – die menschliche Bereitschaft, der allgemeinen Not abzuhelfen. Philanthropie wurde gleichsam Bestandteil der Zivilisation, sofern sie diese Benennung verdient. Nicht selten bildeten sich aus christlichem Geist Hilfswerke überall auf den Kontinenten. So entschied sich Papst Paul VI. 1976 für die Gründung einer Abteilung im Vatikan, bei der die Fäden aller kirchlichen Initiativen zusammenlaufen sollten. Er nannte die Abteilung „Cor unum" – „das eine Herz". Dieses Dikasterium bekam den Auftrag, „die christliche Brüderlichkeit und die Caritas Christi" auf allen kirchlichen Ebenen und jedwede Inspiration im Kampf gegen die Not zu fördern.

Über solche Koordination hinaus hat das Dikasterium in dringlichen Fällen direkt zu reagieren und Geschädigten die

Nähe des Nachfolgers Petri zu bezeugen. Wohl bleibt seine materielle Unterstützung der Notleidenden immer vergleichsweise klein. Doch beschränkt sich die Geste des Nachfolgers Petri eben nicht auf die Geldsumme allein, die auf dem Scheck steht. Nicht nur einmal habe ich erlebt, wie ich als päpstlicher Bote wirklich Trost und neue Hoffnung wecken konnte. Der Horizont des Glaubens und der weltweiten Katholizität öffnete sich. Das große internationale Prestige Johannes Pauls II. verstärkte die Wirkung und erleichterte den Zugang zu den Menschen. So konnten wir auch zu weiterer Hilfe motivieren und vergessenes Elend der Öffentlichkeit nochmals ins Bewusstsein bringen. In all den Fällen zeigte sich: Der Wert der vermittelten Hilfe ist nicht identisch mit dem angebotenen Projekt und den ausgehändigten Dollars. Es geht auch um die menschliche Zuwendung. Kruder Materialismus macht beim Helfen sogar oberflächlich und wird der Würde des Bedürftigen nicht gerecht.

Vor allem die Vermenschlichung des Helfens drängt uns Mitarbeiter von Cor unum, den Schreibtisch zu verlassen und, wann immer wir können, zu den Brandherden des Elends vorzustoßen. Während der Zeit meiner Verantwortung für diese vatikanische Abteilung waren es entweder die Aufforderung des Heiligen Vaters selbst, ein Hinweis des Staatssekretariats oder unsere eigene Reaktion auf Katastrophen, die uns zu solchen Besuchen veranlassten. In all den Jahren müssen es gegen fünfzehn große Pastoralreisen gewesen sein, die die päpstliche Anteilnahme hinein in Katastrophensituationen tragen sollten.

Die Begegnung mit den Geschädigten und Leidenden fordert immer Sensibilität und Mitgefühl, Geistesgegenwart und möglichst konkrete Vorschläge. Die Bischöfe erwarteten einen Gedankenaustausch und Hilfszusagen, die Regierungsstellen einen Höflichkeitsbesuch, bei dem ich, falls nötig, auch den Finger in die eine oder andere Wunde zu legen hatte. Die Gespräche mit den Repräsentanten der Hilfsorganisationen erbrachten Einsichten in die politische und soziale Situation des Landes; nicht selten war auch eine Verbesserung der Hilfsstrukturen vor Ort für später vorzumerken. Das Netz der Apostolischen Nuntiaturen erwies sich als sehr dienlich, schon um an die meist nur schwer erreichbaren Unglücksorte zu gelangen. Schließlich muss ich einen außerordentlichen emotionalen „Bonus" nochmals erwähnen: Ich fühlte mich immer wieder als Beschenkter. Die Dankbarkeit und Offenheit der Heimgesuchten für ein Wort der Aufmunterung aus dem Glauben bestärkten mich als Priester. So hielt meine neue externe Pastoralarbeit für mich eine wirkliche Gratifikation bereit. Freilich will ich nicht verschweigen, dass sie auch ihre belastende Seite hatte. Sie war gelegentlich mit unerwarteten physischen oder geistlichen Bürden verbunden, ohne die offenbar der Erlösungsdienst nicht gelingt. Einige Episoden sind mir besonders im Gedächtnis geblieben.

Da war einmal die Reise nach Afrika, dem Kontinent, auf dem Menschen wahrscheinlich mehr leiden als irgendwo sonst in der Welt. Naturkatastrophen, Stammesfeindschaften und mörderische Kriege sind gerade dort eine fortdauernde Geißel der Bevölkerung. Schon bald nach meiner Ernennung trug mir Johannes Paul II. auf, dorthin zu reisen. Und zwar sollte es nach Ruanda gehen, knapp südlich des Äquators im Osten Zentralafrikas gelegen. Die schrecklichen Ereignisse zwischen April und Juli 1994 – man nannte sie dort irenisch-beschönigend bloß „les événements" – hatten das Volk auf fürchterliche Weise dezimiert und waren noch in aller Munde.

Ruanda ist eines der kleinsten Länder des Kontinents und mit ca. 8,7 Millionen Bewohnern besonders dicht besiedelt. Von dieser Bevölkerung wurden bei dem Gemetzel ungefähr 800.000 Menschen umgebracht. Die beiden Stämme Hutu und Tutsi versuchten sich in einem unvergleichlichen Massaker gegenseitig zu vernichten. Das vollzog sich mit einer Brutalität und Schnelligkeit, wie sie in der Geschichte einmalig ist. In dem Zeitraum von nur hundert Tagen mussten innerhalb jeder Minute mehr als fünf Menschen ihr Leben lassen, wobei die Bewohner einander zu Henkern wurden. Drei der neun Bischöfe und ein Drittel der Priester und Ordensleute waren unter den Opfern. Eine klägliche Rolle spielte die internationale Gemeinschaft – die Vereinten Nationen und vor allem die involvierten Staaten: Belgien, die USA und Frankreich.

Bei meinem Aufbruch nach Ruanda im März 1996 war mir klar, dass mich Schwieriges erwartete. Vor allem galt es, die eigenen Gefühle durch distanzierendes Nachdenken in Schach zu halten. Eine unangenehme und angespannte Audienz bei dem damaligen Vizepräsidenten und Verteidigungsminister General Kagame stand auf dem Programm. Er erschien mir schon damals als der kommende „starke Mann“ und übernahm bald tatsächlich das Amt des Staatspräsidenten. Ich hatte mir eine kleine Ansprache auf Französisch überlegt, musste dann aber zu meiner Überraschung auf Englisch umschalten. Seine Antwort auf meine Begrüßung war unfreundlich, ja feindselig. Durfte ich in einer Entgegnung die pauschale Kritik an der Kirche zurückweisen? Ich entschied mich gegen diplomatische Floskeln und korrigierte ihn unmissverständlich. Im Verlauf der Reise pendelten dann meine Gefühle zwischen dem Erschrecken über den brutalen Hass, zu dem Menschen fähig sind, und einer innigen Freude, wenn ich den großen Dank der besuchten Gläubigen und ihrer Hirten erlebte. Diese schöpften neuen Mut. Gespräche in der Ruandischen Bischofskonferenz sowie Treffen mit den sehr engagierten Ordensgemeinschaften und katholischen Hilfsorganisationen erbrachten einen bewegenden Austausch über die schrecklichen „Ereignisse“ und auch konstruktive Anregungen zu Versöhnungsimpulsen sowie gebotenen Hilfen.

Von der stundenlangen Reise unserer kleinen Delegation über Schotterstraßen und Waldwege haben einige Episoden in mir konkrete Spuren hinterlassen.

Am 23. März machten wir uns auf nach Nyamata. In die dortige Pfarrkirche hatten sich gegen 3000 Christen geflüchtet, als die Massaker der Stammesfeinde ihr Leben bedrohten. Etwa 800 verbargen sich im Pfarrhaus. Sie suchten Schutz und Asyl an kirchlichen Orten. Dennoch wurden alle niedergemacht. Noch nach zwei Jahren waren die Gebäude angefüllt mit Leichen und Gebeinen der Ermordeten.

In Karama führte man uns zu einem der Massengräber. Unversehens zeigten sich wohl gegen vierzig schwarz verschleierte Witwen, deren Männer Opfer des Massakers geworden waren. Mich durchzuckte der Gedanke: Jetzt muss ich etwas sagen – ein Wort des Mitleids, des Trostes. Ich konnte voraussetzen, dass manche die französische Sprache verstanden. Aber welche Worte wählen? Hilfe zum Wiederaufbau, Geld und Projekte konnten unter solchen Umständen kein Thema sein; das wäre pietätlos gewesen! In dieser Situation musste ich vom ewigen Leben sprechen. Glaube war gefragt. So sprach ich von dem, was uns alle erwartet: die volle Gemeinschaft mit dem lebendigen Gott. Die Frauen verharrten still. Und erneut wurde mir bestätigt, dass gläubiges Helfen aller humanitären Philanthropie Wesentliches voraushat.

Dann stand noch das Gefängnis von Butare auf unserm Programm. Es war für 1500 Insassen gebaut worden und zählte gegenwärtig 6596 Häftlinge. Viele saßen schon seit zwei Jahren ein, waren nach anonymen Anzeigen abgeholt worden, kannten nicht den Grund und warteten nun auf ihren Prozess. Man hielt sie wie Schlachtvieh; um sich auch nur auszustrecken, mussten sie auf den Hof ausweichen und waren dort jedem Wetter ausgesetzt. Obwohl der Ortsbischof Gahamanyi in seiner weißen Soutane uns begleitete, war mir unwohl bei dem Gedanken, die Gefangenen könnten schreien und toben oder gar über uns herfallen. Dann verlief alles ganz anders: Als wir durch ihre Reihen gingen, herrschte Totenstille. Wohl vierzig Minuten lang drängten wir uns durch die schmalen Gänge des verzweigten Baus. Zwischen all den Männern war es eng, drückend heiß und stickig. Dann und wann trieb es mich, etwas zu sagen: „Spricht einer von euch französisch? Übersetz deinen Kameraden: Ihr seid nicht vergessen. Gebt die Hoffnung nicht auf. Wir sind gekommen, um euren Lebensmut wieder zu wecken. Und seid sicher: Es gibt einen Gott im Himmel, der allmächtig ist und euch nicht vergessen hat!" Sie nahmen das dankbar auf. – Am Ende des Besuchs wurde es dann fast noch komisch. An dem Ort, der ursprünglich als Kapelle dienen sollte, hatte sich ein Chor aufgestellt. Er stimmte ein Lied an. Dann noch eines, dann noch eines. Ich wartete sehnsüchtig auf frische Luft. Aber der Chor war offenbar sehr zufrieden, dass wir eine seltene Abwechslung brachten, und wollte uns gar nicht mehr gehen lassen.

Eine andere immer noch offene humanitäre Wunde ist Afghanistan. Auch nach dem Abzug der Hilfstruppen ist der kriegerische Brand dieses Landes nicht gelöscht. Schon Ende der 90er Jahre versuchte die Staatsmacht unter Führung des

Generals Massoud der aufständischen Taliban Herr zu werden. Es gelang ihr nicht. Noch weniger konnte sie alle Gemetzel – nach UNO-Schätzungen sollen es allein in den Jahren 1996–2001 fünfzehn Blutbäder gewesen sein – verhindern. Scharen der Zivilbevölkerung flohen nach Pakistan, wo eine Vielzahl von Flüchtlingslagern entstand.

Kurz nach den schrecklichen Attentaten auf das World Trade Center in New York sandte mich Papst Johannes Paul II. Ende Oktober 2001 nach Pakistan, dem die chaotischen Zustände in Afghanistan erneut eine Flüchtlingswelle beschert hatten. Mit kaum einem Prozent der Bevölkerung bilden die Christen dort eine verschwindende Minderheit. Sie bleiben deshalb fast unbeachtet, und das dient ihrem Schutz. Aber es hat auch zur Folge, dass die christliche Präsenz im Land gefährdet ist. Durch den Bischof von Islamabad, Anthony Lobo, war Cor unum relativ gut über das Elend in Pakistan informiert. Bei den dortigen Treffen mit den Patres und Nonnen berührten mich Zeugnisse von heroischem Apostolatsgeist: Einige der Missionare und Missionarinnen waren wegen der explosiven Lage von ihren Orden und vor allem von ihren Angehörigen bestürmt worden, das Krisengebiet zu verlassen. Doch sie hatten sich zum Bleiben entschieden; sie wollten nicht fliehen wie der bezahlte Hüteknecht, „der Mietling, dem an den Schafen nichts liegt“ (Joh 10,12). – Auch der Besuch beim Präsidenten der Republik, General Musharraf, bei dem mich der Apostolische Nuntius Alessandro D'Errico begleitete, gab mir Grund zur Verwunderung, hatte ich doch die von ihm gezeigte Gesprächsbereitschaft und Offenheit nicht erwartet. Er selbst war in Karachi auf eine katholische Schule gegangen und setzte wohl auch aus diesem Grunde auf Ausbildung, Kontakte und Information als Mittel zur Überwindung des

Fanatismus. Noch mehr war ich erstaunt, als er ein Geldgeschenk, das wir ihm zur Linderung der Not übergeben wollten, ablehnte. „Behalten Sie es; Sie haben für solche Hilfe sicherere Kanäle, sodass die Bedürftigen wirklich erreicht werden." Dann schloss er noch einige offensichtlich ganz ehrlich gemeinte bewundernde Worte über Papst Johannes Paul II. und den Beitrag der katholischen Kirche für den Kampf gegen die Not in seinem Land an. Der Apostolische Nuntius nahm die Gelegenheit wahr, wieder einmal die Bitte um Schutz der religiösen Minderheiten und die Sorge um das für sie gefährliche Blasphemie-Gesetz vorzutragen.

Am Sonntag fuhren wir mit einem Jeep, doppelt eskortiert von der Polizei, die 180 km Landstraße nach Shamshatoo. Dort hatten damals 53.000 Afghanen Zuflucht gefunden. Ordnung und Sauberkeit waren bemerkenswert – auch wenn ich im Gespräch mit dem islamischen Leiter den Eindruck hatte, dies sei ein „Vorzeigelager" für ausländische Besucher. Als ich überall im Lager mehrere Hinweisschilder auf christliche Hilfsorganisationen entdeckte, konnte ich eine wenig freundliche Frage nicht unterdrücken: „Unterstützen Sie denn auch Ihre Glaubensbrüder, der ‚Rote Halbmond' oder andere muslimische Hilfsorganisationen?" Auf meinem etwas komplizierten Weg von Rom nach Islamabad/Rawalpindi hatte ich ja einige Stunden im islamischen Dubai auf das Anschlussflugzeug warten müssen, und der eklatante Reichtum dort war mir ins Auge gesprungen. Seine Antwort: „Sie helfen uns indirekt."

Nach dem Rundgang ging es am späten Vormittag wieder zurück. Ein Mittagshalt fand beim Pfarrer der Kirche St. Dominik statt, die auf halbem Weg zwischen dem Lager Shamshatoo und Islamabad lag. Kaum waren wir dort angekommen, traf eine verstörende Nachricht ein: Eben sei eine

Schwadron von pakistanischen Islamisten in das christliche Gotteshaus einer benachbarten Stadt eingedrungen, habe wahllos auf die Betenden geschossen und etwa fünfzehn von ihnen ermordet. Der Schreck fuhr uns in die Glieder. Am Abend wollten wir in der Kathedrale von Rawalpindi die Eucharistie mit der Diözese feiern. Mussten wir jedes Risiko meiden und die heilige Messe absagen? Doch sollten die Gläubigen stattdessen fürchten, allein gelassen und aufgegeben zu sein? So entschieden wir uns für den Gottesdienst. Mehr als 400 Katholiken besuchten ihn. Wir konnten ihnen mit den Worten Papst Johannes Pauls II. Trost und ein wenig neue Hoffnung spenden:

> „Den Präsidenten von *Cor unum* habe ich zu Euch geschickt, Euch meine Nähe zu Euch im Gebet zu versichern. Ich bitte den Vater aller Barmherzigkeit, Euch und Eure Gemeinden zu schützen und in Euch Empfindungen der Weisheit und des Mutes zu wecken, den Herausforderungen dieser Stunde der Heimsuchung zu begegnen" (22. Oktober 2001).

Seit dem Jahr 2003 quält kriegerischer Streit die Menschen im sudanesischen Darfur. Verschiedene schwarzafrikanische Volksgruppen im Westen dieses Landes hatten sich gegen die Regierung in Khartoum erhoben. Sie forderten mehr Mitbestimmung und die Ermöglichung einer besseren wirtschaftlichen Entwicklung ihrer Region. Die Zentralregierung reagierte mit bewaffnetem Widerstand. Sie wurde unterstützt durch lokale Reitermilizen, die sie auch mit Waffen ausrüstete. Andere sahen in den Auseinandersetzungen einen Stellvertreterkrieg zwischen den Regierungen des Tschad und des Sudan, wobei die Gruppen der Aufständischen mit der Regierung des jeweils anderen Landes kollaborierten. Namentlich rassistische Emotionen peitschten die gegenseitigen Nachstellungen an. Menschenrechtsorganisationen warfen der sudanesischen Regierung eine systematische Ausrottung der Zivilbevölkerung vor. Die Menschenrechtsorganisation „Human Rights Watch" hielt den Tatbestand von deren gezielter Vernichtung für erwiesen. Tausende Sudanesen waren bereits bei ethnischen Säuberungsaktionen ermordet worden, Hunderttausende sahen sich zur Flucht gezwungen. Bis in die jüngste Zeit (2012) leidet die Bevölkerung unter den Gräueln des Krieges; die Dschandschawid (Reitermilizen) konnten nicht entwaffnet werden; der Friedenswille Khartoums war letztlich zweifelhaft. Der sudanesische Staatspräsident al-Baschir wurde von dem Internationalen Strafgerichtshof 2009 des Verbrechens gegen die Menschlichkeit und des Kriegsverbrechens angeklagt.

Papst Johannes Paul II. ließ uns wissen, wir möchten gegenüber der Bevölkerung dieser geprüften Region ein Zeichen seines Mitgefühls setzen. Im Juli 2004 machte ich mich mit meinem Mitarbeiter Msgr. Giampiero Dal Toso auf nach Khartoum, der Hauptstadt des Sudans. Wir wurden von Kardinal Gabriel Zubeir Wako, dem Erzbischof, sehr brüderlich willkommen geheißen. Am Anfang stand unser Höflichkeitsbesuch bei dem Vizepräsidenten der Republik, Moses Machar, und bei einigen Ministern. Die Kontakte blieben förmlich bis reserviert. Unsere Gastgeber gehörten fast alle dem Islam an. Nur einer von ihnen war Christ. In einem privaten Augenblick konnte ich ein paar Worte mit ihm wechseln. Dabei fragte ich ihn: „Haben Sie denn auch Freunde unter den andern Regierungsmitgliedern?" „Ich habe Kollegen", war seine Antwort.

Eine brüderlich-herzliche Begegnung hatten wir mit den freiwilligen Helfern der katholischen Gemeinden in einem der Elendsviertel der Hauptstadt. Sie betreuten, so gut sie konnten, die zahllosen Flüchtlinge, die nun schon seit zehn Jahren aus dem Südsudan vor dem Krieg zu ihnen geflohen waren. Wohnverhältnisse, Hygiene, Nahrungs- und Gesundheitsversorgung waren von solcher Armut, dass mir in den Sinn kam, ich wäre an einem solchen Ort wohl schon als Kleinkind gestorben.

Doch die Begegnung mit der noch größeren Not stand erst bevor. Sie erwartete uns in dem fast 1000 km entfernten Darfur. Mit Hilfe des Apostolischen Nuntius Dominique Mamberti, dem jetzigen vatikanischen „Außenminister", fanden wir ein Transportmittel: Die UNO hatte einen Flug aus der Hauptstadt zur westlichen Provinz im Programm. In der winzigen Maschine waren noch zwei Plätze frei. Auf halber Strecke mussten wir einen „technischen" Stopp einlegen: Wir erfuhren, der Treibstoff sei ausgegangen, und gingen in der Wüste auf einer kleinen Piste nieder. War hier unsere Reise schon zu Ende? Nach einigem Hin und Her konnte der Tank an einer provisorischen Zapfsäule wieder gefüllt werden. Schließlich landeten wir in Nyala. Die Lager im Umfeld dieser Stadt umfassten angeblich 200.000 Menschen, die seit Beginn des Krieges hierher geflohen waren.

Eines der Flüchtlingscamps der Region lag in Kalma. Es hieß, auf der riesigen eingezäunten und bewachten Sandfläche lebten gegen 10.000 Vertriebene. Sie hatten aus Furcht vor den marodierenden Reiterschwadronen ihr Hab und Gut zurückgelassen, um wenigstens Leib und Leben in Sicherheit zu bringen. Nun standen sie bei fünfzig Grad Hitze in langen Menschenschlangen für ein wenig Wasser und etwas Nahrung an. Wir sahen Verschläge aus Plastikplanen und Stroh, die sie sich zum Schutz vor der Sonne errichtet hatten. Dieser oder jener suchte in dieser Wüste mühsam nach dürrem Holz und einigen Ästen, um wieder einmal etwas Gekochtes zu essen.

Voller Empörung nahmen wir wahr, dass die Ordnungskräfte der Regierung den Lastwagen mit Nahrungsmitteln den Zugang zu den Lagern verwehrten. Wir sahen die mächtigen „T.I.R." der Hilfsorganisationen vor einem der Eingangstore stehen. Aus purer Schikane wurden sie an der Auslieferung von Lebensmitteln gehindert. Tags darauf stand ein Termin mit dem Vize-Gouverneur von Süd-Darfur an. Wir trafen ihn in seinem Büro. Nach dem Austausch der üblichen Höflichkeiten beschwerte ich mich, dass den geflüchteten Lagerinsassen die doch vorhandene Nahrung vorenthalten würde. Er gab den Unwissenden. Falls die Beobachtung zutreffe, werde er die Praxis sofort ändern. Ich konnte nicht mehr prüfen, ob meine Intervention etwas mehr Menschlichkeit erbrachte.

Wenn in der sogenannten Ersten Welt humanitäre Sensibilität gleichsam ein Element der Kultur ist, so ließen die Eindrücke in Darfur keinen Zweifel, dass den Verantwortlichen dieses Landes Nächstenliebe keineswegs selbstverständlich war. Niemand fühlte sich offenbar gedrängt, das Vegetieren der Menschen zu beenden und ihre schreckliche Not zu ändern. Lediglich die Christen zeigten sich zum Helfen bereit. Noch bei unserem Besuch stellte das internationale Netz der Caritas zusammen mit den Hilfsorganisationen der Orthodoxie, des Protestantismus und des Anglikanismus ein Programm auf, das 17 Millionen Dollar aufbrachte und 500.000 Personen zugutekommen sollte. Papst Johannes Paul II. wies gerade zur Zeit unserer Reise noch einmal ausdrücklich hin auf die dramatische Situation in Afrika und unsere Verpflichtung zum Einsatz gegen die Not (Angelus-Gebet am 25. Juli 2004). Die Bischofssynode für diesen

Kontinent im Oktober 2007 weckte durch einen ausführlichen Bericht des ehemaligen Friedensbeauftragten der UNO, Rodolphe Adada, nochmals Aufmerksamkeit. Dieses Land, in dem menschenwürdiges Leben bis heute nicht gelingt, hängt vollständig ab von den internationalen politischen Kräften und jenen Medien, die das internationale Interesse lenken. Seine Lage verdient auch nach dem Friedensschluss zwischen Sudan und Südsudan unser Interesse und unsere Anteilnahme.

Unseren letzten zu vermerkenden Versuch, im Namen des Papstes zu trösten und zu helfen, löste der Tsunami aus. Wer ihn am 2. Weihnachtstag 2004 wahrgenommen hat, wird ihn wohl nicht wieder vergessen. Seit Menschengedenken war keine vergleichbare Naturkatastrophe über die Erde hereingebrochen. Wieder und wieder konnte der Fernsehzuschauer den Zugriff der Megawellen auf Strände, Menschen und Häuser erleben. Erschütterung und Mitleid mit den Betroffenen mischten sich und wuchsen täglich, ähnlich der anschwellenden Flut.

Wie wir alle nahm auch Johannes Paul II. – trotz seines angeschlagenen Gesundheitszustands – Anteil an dem Drama. Um den Hinterbliebenen, den Landstrichen der besonders Heimgesuchten und ihren Regierungen ein Zeichen seiner Nähe zu geben, riet er uns zu einem Besuch in Fernost. Msgr. Dal Toso und ich wählten Indonesien und Sri Lanka und machten uns im Januar auf den Weg, um sein väterliches Mitgefühl zu bekunden.

Nach einer Visite beim Erzbischof von Djakarta, Ignatius Suharyo, erreichten wir am 30. Januar den Norden von Sumatra. Banda Aceh heißt die Stadt, die als eine der am meisten zerstörten galt. Dort suchten wir den italienischen Franziskaner Ferdinando Sereni auf, den Pfarrer einer Diaspora-Gemeinde von knapp tausend Katholiken in einer Stadt mit gegen 400.000 Einwohnern. Auf dem Weg versperrten hochhausgroße Schiffe und ausgerissene Bäume die Straßen. Ganze Häuserzeilen waren wie abrasiert. Das Pfarrhaus und ein Teil der Kirche standen noch, verdeckt von Schutt, Schlamm und verfaulenden Algen. Drinnen trafen wir auf ein chaotisches Durcheinander und kaum beseitigten Schmutz.

Mit den örtlichen katholischen Helfern sprachen wir zunächst das Dringlichste an: Unterkünfte für die Überlebenden und Schulräume für die Kinder. Bei einer Besichtigung der nördlichen Inselspitze fuhren wir kilometerweit um Trümmerfelder herum; die Flut hatte alle Gebäude einfach plattgewalzt. Ich erinnere mich nur an ein steinernes Minarett, das widerstanden hatte und sich weit sichtbar über die Ruinen erhob. Später traf ich einen katholischen Priester, der auf ihm dem Tsunami lebend entkommen war.

Wir übernachteten im Pfarrhaus. Die hohe Luftfeuchtigkeit drückte. Das Mückennetz über dem Bett war zerrissen. Die Fliegen und Moskitos machten mir zu schaffen. Angesichts der Sauberkeits- und Hygieneverhältnisse, die die Flut hinterlassen hatte, beschlich mich schon abends ein ungutes Gefühl. Die Nacht brachte keine Ruhe. Am nächsten Morgen ging es mir schlecht. Meine Körpertemperatur war gestiegen. Sollte ich nun hier krank und bettlägerig werden?

Mit dem indonesischen Sozialminister Mr. Shihab und dem Vizegouverneur der Provinz Aceh, Mr. Bakar, kamen wir an dem örtlichen Kleinflughafen zusammen; ich überstand das Gespräch nur mit Mühe. Ernsthafte ärztliche Behandlung war angezeigt – doch an diesem Ort und unter diesen Umständen nicht zu erhoffen. So entschloss ich mich, die Besuchsreise abzubrechen und den nächsten Flug nach

Djakarta zu nehmen. Am nächsten Morgen lag ich dort im Hospital. Das Fieberthermometer zeigte 39 Grad. Doch der behandelnde Arzt weckte mein Vertrauen, und die Einrichtung des Hauses zeigte internationalen Standard. So war die Gefahr gebannt, dass ich zu einem verspäteten Opfer des Tsunami würde.

Auf die anderen Exkursionen im Laufe meiner Amtszeit will ich nicht weiter eingehen. Hier nur eine ziemlich vollständige Aufzählung:

- Kolumbien (20. 11. 1996);
- Kuba (18. 3. 1998);
- Mittelamerika: nach dem Wirbelsturm „Mitch" Treffen mit den geweihten Hirten der Ortskirchen von Guatemala, Honduras, El Salvador und Nicaragua (27. 11.–5. 12. 1998);
- Brasilien: Einladung des Kardinalerzbischofs von Rio de Janeiro (12.–13. 2. 1999);
- Panama (19. 7. 2001);
- Vietnam (14.–20. 1. 2003);
- Schweiz (1.–2. 9. 2003);
- Irland (6.–8. 10. 2003);
- Haiti und Dominikanische Republik (19.–27. 6. 2004);
- Bosnien (25.–27. 2. 2005);
- Polen (19. 10. 2006);
- Ukraine (4.–6. 12. 2006);
- Österreich (12.–13. 3. 2007);
- Spanien (24. 4. 2007);
- Aparecida/Brasilien: Vollversammlung der Lateinamerikanischen Bischofskonferenzen CELAM anlässlich des Papstbesuchs (12. 5. 2007);
- Russland (16.–21. 10. 2007);
- Indien (15.–19. 2. 2008);

- England und Wales (6.–8. 4. 2008);
- USA (3.–10. 11. 2008);
- Philippinen (18.–24. 1. 2009);
- Australien (22. 11.–1. 12. 2009).

Die Dienstreisen erweiterten meinen Horizont. Für unsere Abteilung ergaben sich daraus wichtige Erkenntnisse für die Arbeit im Feld der Caritas. So wuchs bei mir etwa die Überzeugung, dass ein Minimum an diözesaner Struktur nötig ist, wenn der Dienst der Nächstenliebe effizient werden soll. Deshalb regten wir bei unseren Besuchen immer wieder die Schaffung von kleinen diözesanen Institutionen an, die wir gerade in Notsituationen als hilfreich erlebt hatten. Es zeigte sich auch der Nutzen, dass die großen kirchlichen Hilfsorganisationen schnelle Eingreiftruppen haben. Diese kommen mit langjähriger Erfahrung und wissen wie die Feuerwehr den Brandherd rasch und gekonnt anzugehen. Wir lernten freilich gleichzeitig, dass sie mit ihrer Fertigkeit und ihren materiellen Mitteln im Kampf gegen die Not nicht die alleinige Zuständigkeit an sich reißen dürfen; denn die obliegt eben – gemäß zutreffender Theologie – den Bischöfen vor Ort; die von den Bischöfen und ihren Werken entsandten Helfer bleiben ja die ausführenden Organe der sakramentalen *communio effectiva*, die den Weltepiskopat zusammenschließt. – Gelegentlich waren auch politische Ermutigungen fällig: dass gegenüber „sündigen Strukturen“ (Johannes Paul II.) eine friedliche und gesellschaftlich wirksame Verteidigung der Gerechtigkeit und Freiheit im Sinne der katholischen Soziallehre geboten ist. – Und schließlich: Katholische Hilfsorganisationen gehen einen Irrweg, wenn sie ihre konfessionelle Identität verschleiern. Zwar hat die Werbe-Psychologie herausgefunden, dass eindeutige Konturen der eigenen „Produktionsmarke“ auf Dauer größeren Vorteil bringen als die Anonymität. Noch wichtiger aber ist der Ausweis, dass sich der christliche Einsatz gegen das Elend in der Welt aus den Quellen des Glaubens speist. Die kirchliche Geschichte des Helfens hat uns einen außergewöhnlichen Schatz von Männern und Frauen hinterlassen, die Gott innig verbunden sind. Auf diesen Schatz, der weltlichen Initiativen des Helfens nicht zu Gebote steht, müssen wir zurückgreifen – wobei natürlich klar bleiben muss, dass Gottes Liebe jedem gilt, der „unter die Räuber gefallen“ ist, sei er Mitchrist oder ein dem christlichen Glauben Fernstehender.

Ein Gratulationsbrief des Papstes

Wer immer sich mit Nüchternheit und Sachkenntnis die Dimensionen der Weltkirche vor Augen hält, den überrascht nicht, dass die Arbeit der vatikanischen Kurie die Sachgesetze einer Großverwaltung zu beachten hat. Die Kompetenzen sind gegeneinander abgegrenzt, und die persönlichen Beziehungen treten eher zurück. So freute es mich tief, dass mich der Heilige Vater zum „Silbernen“ meiner Bischofsweihe mit einem öffentlichen Gratulationsbrief bedachte – zumal der Text wohl aus der Kenntnis formuliert war, die er persönlich von mir hatte.

> „Dem verehrten Bruder
> Paul Josef Cordes
> Titular-Erzbischof von Naisso
> Präsident des Päpstlichen Rates *Cor unum*

Verehrter Bruder, vor zwanzig Jahren war es unser Wunsch, Dich zu einem verantwortungsvollen Dienst beim Apostolischen Stuhl zu berufen; zuerst als Vizepräsident des Päpstlichen Rates für die Laien, dann – immer mit gleichem Wohlwollen und in Hochschätzung Deines Wirkens – als Präsident des Päpstlichen Rates *Cor unum*. Heute bei diesem für Dein Leben bedeutsamen Tag gilt Dir unser Gruß im Herrn, und wir möchten uns öffentlich allen Gratulanten anschließen.

Es jährt sich zum 25. Mal der Tag, an dem Du, Sohn und Priester der Erzdiözese Paderborn, zum bischöflichen Wirken in der Kirche, ins Kolleg der Nachfolger der Apostel, als Weihbischof für jene Ortskirche berufen wurdest. So feiern wir, verehrter Bruder, mit dem Klerus und dem Volk Deines Heimatlandes den glücklichen Tag Deiner Bischofsweihe, vor allem aber erinnern wir an die zahlreichen Verdienste Deines bischöflichen Wirkens und Deinen Einsatz in den verschiedenen, von allen gekannten Aufgaben beim Apostolischen Stuhl. Sie gereichten der Kirche Gottes zum Wohl und werden es auch künftig tun.

Mit Scharfsinn und Weitsicht trugst Du in den zwanzig Jahren zur Arbeit der vatikanischen Dikasterien bei: für die Laien und für die Familie, für die Einheit der Christen und für die Glaubenslehre, für den Klerus; für Gerechtigkeit und Friede, für die Heiligsprechungen; für Lateinamerika. Auf allen Gebieten warst Du in Deinem Dienst hervorragend, verehrter Bruder, sowohl in Deiner bedingungslosen Treue zum Lehramt der Kirche als auch in der Offenheit für das gesunde Neue in Auffassungen und Urteilen – zum geistlichen Wohl des gesamten Volkes Christi.

Wir erinnern an Deine fruchtbare und weitgespannte Aktivität. Möge dieses Zeugnis unseres Wohlwollens Dir weiter Ansporn sein zu immer größerem Einsatz für Christus und für seine Kirche. Die Segenswünsche der Mutter Kirche seien Dir dabei Stütze. Mit diesem Schreiben erteilen wir unseren Apostolischen Segen und wünschen Dir für Deinen Jahrestag, den 1. Februar, den Trost des Himmels sowie den ständigen Schutz und Beistand des göttlichen Hirten bei Deinem wie bislang fruchtbaren Wirken als Bischof.

Aus dem Vatikan, 10. Januar 2001, dem 23. Jahr unseres Pontifikats

(gez.) Johannes Paulus II. PP“

Wie hätten mich solche Zeilen nicht anrühren und gleichzeitig beruhigen können? Ich durfte demnach weiter darauf setzen, dass die Turbulenzen um mich herum sein Vertrauen in meine Person und Arbeit nicht gemindert hatten. Und auch wenn mir gelegentlich bei dem einen oder anderen seiner leitenden Mitarbeiter Unverständnis und Reserven begegnet waren, so hatte doch beim Papst selbst die Wertschätzung mir gegenüber offenbar keinen Schaden genommen.

IV. Statt fragwürdiger Papstschelte …

„Vielfalt statt Einfalt!“ Mit solchem Spruch wollen sie den Papst vermahnen. Der Letzte auf diese Erde, der dazu berufen ist, das Heil nicht von Reformen zu erwarten. Diese Leute ahnen offenbar nicht, wie nötig die Entfaltung des Pluralen der einen Instanz bedarf, die es ausschließt. Sie wissen nichts von Einfalt, die längst verlorenging, aus dieser Welt fast spurlos verschwand – und wie viel Kraft und Gewissen sie erfordert, im Gegensatz zum raschen Zapping durch die nahverwandten Meinungen. Wie kann man für das Viele sein, wenn man das Eine noch nie erfahren hat? In dessen Namen doch der Gläubige seine Religionszugehörigkeit begründet.

Botho Strauß

Inzwischen habe ich weit über die Hälfte meines erwachsenen Lebens in Rom verbracht. Doch bin ich auch in Italien Deutscher geblieben. Immer habe ich besonderen Anteil an Freuden und Leiden Deutschlands und gerade an denen der katholischen Kirche meines Vaterlandes genommen. Andererseits verlor sich zunehmend mein Vorurteil, der Vatikan sei eine gefühlsarme, bürokratische Institution. Als Zugehöriger des vatikanischen Personals erlebte ich die Träger der verschiedenen Aufgaben allermeist von ihrer gutherzigen und liebenswürdigen Seite. Alltagsbegegnungen erleichterten mir, mich in sie einzufühlen – was mein Urteilen und Empfinden fraglos beeinflusste. Besonders gegenüber dem Papst vertieften sich bei mir Sympathie und Zuneigung, die ich schon bei der ersten Begegnung empfunden hatte. Ich sah in ihm den Nachfolger des heiligen Petrus und auch den Menschen und geistlichen Mitbruder. Umso mehr schmerzte es mich, wenn ihn in Deutschland die Medien schmähten. Ich fühlte mich dann herausgefordert und versuchte gelegentlich, den berühmt-berüchtigten „antirömischen Affekt" (Hans Urs von Balthasar) einzudämmen.

„Absolutistisches Gehabe!": die „Kölner Erklärung" (1989)

Im Januar 1989 war es wieder einmal so weit, dass ein Bannstrahl aus Deutschland nach „Rom" geschleudert wurde. Er richtete sich gegen Johannes Paul II. 163 Professoren katholischer Theologie veröffentlichten einen Protest, der unter dem Stichwort „Kölner Erklärung" zunächst in Deutschland und dann in anderen theologischen Hochschulen der sogenannten Ersten Welt zornigen Widerspruch gegen den Papst artikulierte. Er war eine Reaktion auf die Ernennung des neuen Kölner Erzbischofs Joachim Meisner. Die Autoren warfen dem Papst vor, er besetze „Bischofssitze in der ganzen Welt unter Missachtung der Vorschläge der Ortskirche und unter Vernachlässigung der gewachsenen Rechte". Der Vorwurf wurde zunächst mit viel medialem Getöse in die Welt gesetzt, verfehlte aber seine Absicht, die vorgesehene Bestellung des Berliner Kardinals für Köln zu annullieren. Die zornige Anklage, der Papst habe rechtswidrig in ein schwebendes Verfahren eingegriffen, traf nämlich nicht. Kenner der Materie wussten schon damals, dass der Papst sich dieses Mal tatsächlich direkt einzumischen hatte. Zunächst wurde nämlich eine eben vom Kölner Domkapitel verabschiedete neue Wahlordnung praktiziert, ohne mit dem vatikanischen Vertragspartner abgesprochen zu sein. Außerdem bewährte sich der neu eingeführte Wahlmodus nicht, da sich die Kapitulare auf keinen der konkordatsgemäß vom Vatikan vorgeschlagenen Kandidaten einigen konnten. So sah sich der Papst genötigt, den Bischof ohne Beteiligung des Kapitels zu ernennen.

Schnell schaltete sich das Zentralkomitee der Deutschen Katholiken ein. Sein „Geschäftsführender Ausschuss" nutzte die umlaufenden Animositäten zu weiteren Vorwürfen gegen den Vatikan. Er brachte eine Erklärung heraus, die Papst Johannes Paul II. am 3. März im Kontext der Kölner Bischofsernennung aufforderte, „ein deutliches Zeichen zu setzen, dass der Dialog in der Kirche ernst genommen werde". Dann sammelte die Stellungnahme noch weitere verstreute Munition gegen das angeblich absolutistische Gehabe Roms und beklagte u. a.: „Auf Unverständnis in der Öffentlichkeit ist die Tatsache gestoßen, dass der Heilige Stuhl bei der Zulassung zum Lehramt direkt eingeschaltet werden muss. Dies ist vor dem Inkrafttreten des neuen Kirchenrechts im Jahr 1983 nicht erforderlich gewesen." Der Ausschuss stellte somit die rechtliche Lauterkeit des Vatikans in Frage und warf diesem Missachtung des geltenden Kirchenrechts vor. Doch auch diese Anklage trug nicht; denn die Rechtsbasis für die monierte Praxis war eine Apostolische Konstitution Papst Pius' XI., die schon von 1931 stammte.

In solchem Klima katholischen Aufruhrs witterten dann selbstredend kirchenfeindliche Beobachter ihre Chance. Am 16. März 1989 veröffentlichte das Feuilleton der „Frankfurter Allgemeinen Zeitung" eine Polemik ihres Mailänder Korrespondenten Dietmar Polaczek: „Vereinigt euch. Islam,

Vatikan und Rushdie". Bei ihm traten alle Feinde der Freiheit der Menschheit geschlossen auf, und er stellte den Papst mit dem Massenmörder von Teheran auf eine Stufe. Dies tat er, indem er bei der Zitation einer vatikanischen Erklärung anlässlich des Todesurteils für den Schriftsteller Rushdie die entscheidenden Sätze einfach unterschlug, um dem Papst so vorwerfen zu können, er habe „über den Mordbefehl kein Wort" verlauten lassen. Damit standen sich nun in dem bürgerlich-liberalen Blatt zwei Schlachtreihen gegenüber:

- das Lager der Agnostiker, Skeptiker und Aufklärer einerseits und
- andererseits das Lager der „Gläubigen" um den Papst, um den Ayatollah und sogar um Hitler, der in der Reihe der Teufel natürlich nicht fehlen durfte.

Auf welcher Seite daher zu kämpfen war, lag auf der Hand.

Der Strudel der Papstschelte, den die „Kölner Erklärung" auslöste, diente demnach letztlich zur Verbreitung eines aggressiven Atheismus. Solche Konsequenzen hatten wohl die 163 Professoren und das Zentralkomitee nicht erwartet. Die Bibel hätte sie warnen können: „Sie säen Wind und ernten Sturm" (Hos 8,7).

Mir, dem römischen Beobachter der deutschen Szene, signalisierten die verschiedenen Zornesausbrüche wieder die tief sitzende Ablehnung des römischen Bischofs. Ich hatte sie eine Zeit lang nicht für derart unbändig gehalten. Gewiss, der Dr. Martinus hatte noch in seinem Testament geschrieben: *„Hoc unum me mortuo servate: odium in pontificem Romanum* – An dies eine haltet euch nach meinem Tod: an den Hass auf den römischen Papst!" Zeigte dieses Vermächtnis nach einem halben Jahrtausend immer noch Wirkung? Wohl sah ich mit eigenen Augen, dass wir römischen Kurialen keineswegs fehlerlos handelten. Noch weniger galt es, das Bild eines in allem fehlerlosen Papstes Johannes Paul II. zu lancieren – ein Verlangen, das er selbst am allerwenigsten teilte. Aber warum machte sich dieser Hass mit solchem Ingrimm ausgerechnet an ihm fest – dessen Wahl zum römischen Bischof auch in Deutschland einmal so viel Zustimmung gefunden hatte? Der rastlos unsern Herrn Jesus Christus verkündigte; der der Welt eine neue, dynamische Kirche zeigte; der dem Betonsystem des Kommunismus schon damals gefährliche Schläge und solche Risse zugefügt hatte, dass sie es noch im nämlichen Jahr zum Einsturz bringen sollten; der – das hatte ich selbst oft genug aus der Nähe erlebt – gerade uns Deutschen so zugetan war?

So fiel mir in dem kochenden Groll gegen ihn die Apologie des Sokrates ein, wie wir sie durch den griechischen Philosophen Platon kennen. Hatte nicht auch dieser Weise und Gute mit all seiner Zuwendung zu den Athenern nur Unverständnis, Widerspruch, ja Vernichtungswillen hervorgerufen? In einer kleinen Publikation, die da und dort veröffentlicht wurde, versuchte ich eine Analyse und Entgegnung. In ihr legte ich schließlich Papst Johannes Paul II. Sokrates' Worte über Ursprung und Gefährlichkeit der Verleumdung in den Mund – jedoch nicht mehr an die Athener, sondern an die Deutschen gerichtet:

> „Viele Ankläger habe ich längst bei euch gehabt und schon vor vielen Jahren, und die nichts Wahres sagten … welche viele von euch schon als Kinder an sich gelockt und überredet, mich aber beschuldigt haben ohne Grund … Verteidigen muss ich mich also, ihr Athener, und den Versuch machen, die verkehrte Meinung, die ihr in langer Zeit bekommen habt, euch in so kurzer Zeit zu nehmen … Ich glaube aber, dieses ist schwer,

und keineswegs entgeht es mir, wie es damit steht. Doch dieses gehe nun, wie es dem Gott genehm ist …“[35]

Des Sokrates Situation und Worte kommentierend, gestand ich ein, dass die heutigen Gegner des Papstes sich nicht alle der offensichtlichen Invektiven des „Spiegel“ bedienten – der hatte immerhin in seiner Weihnachtsnummer 1983 die geistige Gesundheit des Papstes angezweifelt; dass sie auch nicht – wie Ali Agca 1981 auf dem Petersplatz – den Revolver gegen ihn zückten. Sie passten vielmehr genau in den geistigen Horizont der Widersacher des Sokrates, insofern auch sie die Methode der Sophisten nutzten. Diese erlangten ja in der Antike dadurch zweifelhafte Berühmtheit, dass sie es verstanden, „das schwächere Wort zum stärkeren zu machen“ (Platon), d. h. in Bericht und Auslegung Einzelheiten leicht zu verdrehen und so die Wahrheit zu verfälschen.

Akademiker und einige Intellektuelle empörten sich über meinen Einspruch. Sogar die damalige Präsidentin des Bundestages, Rita Süssmuth, fühlte sich bemüßigt, bei einer öffentlichen Veranstaltung „einen deutschen Bischof im Vatikan“ – ich war damals der Einzige, auf den dieser Titel zutraf – an den Pranger zu stellen.

Medien als Tugendwächter der Kirche: der „Fall Williamson“ (2009)

Anfang 2009 – genau zwanzig Jahre nach der „Kölner Erklärung“ – zog von nördlich der Alpen wieder ein antipäpstliches Gewitter auf; zwischenzeitliche Wetterleuchten muss ich hier übergehen. Dieses Mal richtete sich der Zorn gegen den Nachfolger Johannes Pauls II., den Deutschen Benedikt XVI., der inzwischen zum Nachfolger des Apostels Petrus gewählt worden war. Anlass war die Aufhebung der Exkommunikation einiger Anhänger des abtrünnigen Erzbischofs Lefebvre. „Chaostage in Rom", überschrieb der „Spiegel" diese Geschehnisse. Ob es nicht zutreffender gewesen wäre, die Empörung als gut orchestrierte „Brunnenvergiftung für das Papsttum in Deutschland" zu bezeichnen? Mir schien Mitte Februar der Versuch angezeigt, diesen Konflikt wenigstens partiell zu beheben.

Geboten war zuerst einmal meine Information über das, was Exkommunikation und ihre Aufhebung ist. Wer mit dieser Kirchenstrafe belegt wird, dem ist nach kirchlicher Lehre die im fortlebenden Christus angebotene Gnade vorenthalten (würdiger Empfang der Eucharistie, des Bußsakraments etc.). Fraglos kann nur der das Gewicht einer solchen Strafe erkennen, der an die Kirche als des Christen Glaubensweg zu Gott glaubt. Wer überzeugt ist, auch ohne Kirche sein Heil zu finden, wird dem Verhängen oder Aufheben von Exkommunikation keine Bedeutung beimessen; ihm erscheinen solche Akte banal wie ein Vereinsausschluss oder -wiedereintritt. So nahmen denn auch vor allem die deutschen Medien an der Tilgung der Strafe durch Papst Benedikt XVI. keineswegs die geistliche Wirkung dieser Entscheidung für die vier Bischöfe der Piusbruderschaft wahr. Vielmehr galten die Kommentare allenthalben allein äußerlichen, gesellschaftlich-politischen Aspekten. Nicht nur das: Man unterstellte dem Papst, er wolle die Beschlüsse des Vaticanum II zur Religionsfreiheit verwässern, und klagte ihn mit Verweis auf die fatalen Äußerungen des Bischofs Williamson des Antisemitismus an.

„Spiegel online" charakterisierte Papst Benedikt XVI. am vom 2. Februar 2009 als einen eiskalten Technokraten, der sich mit „distanzierter Kühle“ umgebe und beherrscht sei von einem „abstrakten Wahrheitsfanatismus … Das Charisma der Menschenliebe, das sein Vorgänger Johannes Paul II. verbreitete, geht ihm ab“. Dabei stützte sich der Schreiber solcher Charakterisierung keineswegs auf den direkten Umgang oder seine persönliche Erfahrung; für die leichtfertige Ehrabschneidung genügte ihm der Verweis auf das, was „Kritiker … immer wieder registrieren“.

Es ist schon kurios, wie glaubensfremde Medien sich dem Papst gegenüber zu Wahrheits- und Tugendwächtern aufspielen, wie ungeniert auch kirchengebundene Persönlichkeiten sich in deren Schlepptau nehmen lassen, wenn Papstkritik ausgerufen und Kirche beschimpft wird. Solche Personen haben sich abgewöhnt, der Kirche für die Glaubensbotschaft dankbar zu sein. Gewiss liegt inzwischen Gottes gesammeltes Wort wohlfeil im städtischen Supermarkt aus. Die christlichen Lehrinhalte und Weisungen sind im Internet abrufbar. Jeder hat Zugriff auf das, was von der Welt des Christentums bekannt und erkennbar ist. Doch bedeutet solches Einreihen von Gottes eigener Wahrheit in das Allgemeinwissen nicht, diese Wissensmaterie könne jetzt von allen beliebig für eigene Zwecke gebraucht, verkürzt oder erweitert werden. Sie behält einen Garanten, der ihr Verbindlichkeit gibt; sonst bliebe sie ja anspruchs- und wirkungslos. Schon der Bibel selbst ist die Weitergabe des „anvertrauten Gutes“ (1 Tim 6,20) – der Lehre, der Wahrheit und des Glaubens – ein hohes Ziel. Wer in der 2000-jährigen Geschichte des Christentums gelesen hat, weiß um das mühevolle Ringen der Glaubenden, Gottes Botschaft der Menschheit unverfälscht zu erhalten. Und die Verantwortlichen der Glaubensgemeinschaft haben letztlich dafür geradezustehen.

Es ist darum im Gedächtnis zu behalten: Gottes Wort ist die Selbstdarstellung des Glaubens der Kirche. Gott hat als Urheber die formulierte Glaubensweitergabe für die Gemeinden gewollt; er ist es, der beides setzt. Und es war die Liturgie der Kirche, die von der apostolischen Zeit an herausfand, ob diese oder jene Schrift ein inneres Stück der kirchlichen Selbstkonstitution darstellt oder nicht.[36] Zwischen Kirche und Schrift besteht demnach eine totale gegenseitige Verwiesenheit. Beide fordern dann auch einander bei der Erhebung des Glaubensinhalts. Nach dem Weggang des Herrn oblag den Aposteln die verbindliche Deutung der konstituierenden Botschaft und die Beantwortung neu auftauchender Fragen, nicht in Beliebigkeit, sondern in Treue zum Glaubenserbe, wie die Apostelgeschichte etwa berichtet. Nach dem Ausweis der Heiligen Schrift sind es später die Nachfolger der Apostel, die diesen Dienst fortführen. Wenn kirchliche Lehre verbindlich vorgetragen wird, sind demnach zwei Instanzen desselben Vorgangs im Spiel: das treu verwahrte inhaltliche Erbe und dessen kompetente Interpreten. So liegt in der Kirche in gewisser Weise das „Copyright" für die Heilige Schrift, da sie deren „Koautorin" ist.

Offenbar sah sich schon die frühe Kirche von den Schwierigkeiten geplagt, die aus der Deutungsvollmacht der verantwortlichen Hirten für Gottes Wort folgen können. Denn keine geringere Autorität als Gottes Botschaft selbst ergreift für Letztere Partei. „Gehorcht euren Vorstehern und ordnet euch ihnen unter", schreibt der Verfasser des Hebräerbriefes. „Sie wachen über euch und müssen Rechenschaft darüber ablegen: Sie sollen das mit Freude tun können, nicht mit Seufzen; denn das wäre zu eurem Schaden" (Hebr 13,17). Die kirchliche Communio ist nämlich strukturiert, nicht amorph. Das Wort der Schrift mahnt Achtung vor der Autorität der Leiter und den gebotenen Gehorsam an. Durch die Glaubensführer hat Christus das Heilswort an die Menschen gerichtet. Wer nicht zur Kirche gehört, hat überhaupt keinen Anspruch, in Glaubensdingen Weisung zu geben. Ferner sind es in letzter Instanz die Träger des Amtes, die von Gottes Wort für alle Teilnehmer an der gemeinsamen Sendung der Kirche zum Wächterdienst autorisiert wurden. Nicht die Lautstärke der öffentlichen Resonanz befindet über die rechte Marschrichtung.

Das alles war in den „Chaos-Tagen" kühl im Kopf zu behalten. In den verschiedenen europäischen Ländern verlor sich rasch das Interesse an der Rücknahme von Williamsons Exkommunikation. Dem Leitartikler der „New York Times", Ian Fisher, war sie sogar Anlass für einen detaillierten und sehr wohlwollenden Artikel über Papst Benedikt (5. Februar 2009). In Deutschland hingegen tobte weiter dieser unersättliche, wütende Eifer! Zwei Wochen lang tägliche Abhandlungen in den führenden Tageszeitungen, Presseerklärungen, Fernsehnachrichten mit passenden Gästen und Talkshows. Sogar die Fernseh-Einladung an die Katholiken, Papst Benedikt doch den Rücken zu kehren und sich den Altkatholiken anzuschließen, unterblieb nicht (Deutsche Welle-TV am 11. Februar 2009). Leider ist es tatsächlich so, dass die Kritiker der vatikanischen Kurie ihre Argumente manchmal gar nicht zu erfinden brauchen, denn wer könnte auch erwarten, dass die päpstlichen Mitarbeiter immer ihren Aufgaben kompetent nachgekommen sind und nachkommen. Doch das Eingeständnis von römischen Unzulänglichkeiten und Fehlern sowie klärende Erläuterungen und Verständnisbrücken von Bischöfen wurden auch in diesem Fall von der Öffentlichkeit verschluckt. Die späte Rüge, die die deutsche Kanzlerin Angela Merkel dem Nachfolger Petri per Fernsehauftritt erteilte, gab dem deutschen Medien-Gerichtshof erneut Gelegenheit zur Agitation. Warum wiederholten sich die Attacken nördlich der Alpen mit immer neuen Aspekten: Abwertung des Vaticanum II, Schulterschluss mit dem Traditionalismus, Diskreditierung des Judentums etc.? Sollte aus dem „Fall Williamson" ein „Fall Benedikt" werden?

Wer von Rom aus die Heftigkeit wahrnahm, mit der man in Deutschland auf die Rücknahme der Exkommunikation für die vier Lefebvre-Bischöfe reagierte, der konnte sich nur traurig die Augen reiben. Fühlte man sich dort etwa so eng mit dem „deutschen Papst" verbunden, dass dessen Fehler seine eigenen Landsleute besonders wütend machte? Diese Erklärung mag nur den überzeugen, der die antirömischen Reaktionen gegen Johannes Paul II. bereits vergessen hatte. Nein, nicht die Person Benedikts war der Stachel im deutschen Fleisch, sondern sein Amt. Nicht wenigen Bewohnern in unserem Land ist es unerträglich. Und viele öffentliche Medien nehmen nur zu bereitwillig alle berechtigten und unberechtigten Gelegenheiten wahr, das Zornesfeuer zu schüren.

Und was bewirkte all dies bei dem Nachfolger Petri? Für Benedikt XVI. kann ich eine authentische Rückmeldung geben. Sie straft das Bild kategorisch Lügen, das „Spiegel online" gerade im „Fall Williamson" von ihm zu verbreiten suchte. Meine oben verkürzt wiedergegebene Apologie von Person und Amt des Nachfolgers Petri war auch dem Papst selbst in die Hände gekommen. Groß war meine Überraschung, als mich wenig später sein Privatsekretär Msgr. Georg Gänswein anrief. „Papst Benedikt möchte mit dir telefonieren. Welche Zeit wäre günstig?" Wir einigten uns rasch. Dann meldete er sich – eine wirklich seltene Erfahrung. Und der Grund: „Ich wollte dir für deinen Beitrag zum ‚Fall Williamson‘ danken.“ Aber mehr noch als die Ehre eines Papsttelefonats beschäftigte mich der Gedanke, wie stark Benedikt offenbar unter all den Anfeindungen litt, denen er als Papst ausgesetzt war.

Wir sind eine „hinkende Kirche“

Mein „proroömischer Affekt“ ließ mich naturgemäß den Kontakt besonders mit meinen eigenen Landsleuten suchen – ob bei Pilgerbesuchen im Vatikan oder auch bei Zusammenkünften in Deutschland. Mit wie vielen Mitgliedern aus Pfarrgemeinden, Verbänden und Vereinen hatte ich nicht schon in all den Jahren Gedanken ausgetauscht und Gespräche geführt! Gäbe es ein Instrument, die emotionale Atmosphäre solcher Treffen zu registrieren, es würde – so scheint mir – in den allermeisten Fällen dieselbe Stimmungskurve verzeichnen: Am Anfang steht reservierte Sachlichkeit. Man stellt kaum existenzielle Fragen, sondern eher solche, die die öffentliche Kirchendiskussion widerspiegeln. Die Gäste zeigen sich zurückhaltend, und ihre Gesichter bleiben meist verschlossen. In dieser ersten Phase musste ich immer geduldig zuhören und freundlich antworten; sie kostete eben Zeit und bedurfte der Gnade. Wurde Gottes Geist geschenkt, so öffneten sich langsam die Gesichter. Ich konnte dann Chancen und Probleme des Glaubens ansprechen, Zeugnis geben und „aus dem vatikanischen Nähkästchen“ erzählen. Es wäre dabei abwegig gewesen, die Kirche einfach nur zu verteidigen. Denn schon die großen Theologen der Vergangenheit mussten deren Sünden eingestehen und scheuten sich nicht vor drastischen Vorwürfen. Hieronymus (4. Jh.) etwa nennt sie „die schmutzigen Füße am Leibe Christi"; sie sei eine „hinkende Kirche" (Augustinus, 4. Jh.); „schamlose Dirne" heißt sie (Origenes, 3. Jh.), „Ehebrecherin" (Rhabanus Maurus, 9. Jh.), „Hure" und „Babylon" (Wilhelm von Auvergne, 13. Jh.). Und nicht ohne Grund hat Johannes Paul II. für sie zum Heiligen Jahr 2000 ein großes Schuldbekenntnis abgelegt.

All diese Anklagen sind beschämend. Doch dürfen sie uns nicht zu einer bequemen „Sündenbock-Lösung" verleiten. Noch weniger berechtigen sie uns, den Schmutz der kirchlichen Vergangenheit und Gegenwart einfach beim Vatikan abzuladen. Das wäre unredlich. Ich erlebte als päpstliche Mitarbeiter so viele Priester, Ordensleute und Laien, die in Ausdauer und Liebe zu Christus und dem Nachfolger der Apostel selbstlos ihren Dienst taten – unauffällig und ohne Ambitionen. Unter den Laien begegnete ich Männern und Frauen mit ganz unbeschädigtem Glauben, obschon doch nicht selten in kirchlichen Verwaltungen kaum vermeidlicher Unmut gegen die geistlichen Arbeitgeber leicht auch das Gottesverhältnis der Angestellten belastet. Ich bewunderte schließlich den unerschöpflichen Idealismus und die dauernde Verfügbarkeit der Schweizer Gardisten mit ihrem strapaziösen Dienst.

„Fehler und Runzeln" (Eph 5,27) machen eben nicht die ganze Wahrheit über die Kirche aus. Gottes Wort sieht sie auch als „Frau, mit der Sonne bekleidet" (Offb 12,1) und als „das Zelt Gottes bei den Menschen" (Offb 21,3); denn in einigen ihrer Glieder scheint gelegentlich die Herrlichkeit des Allerheiligsten selbst auf. Solch strahlende Gestalten haben jedenfalls keinen Zweifel, dass sie nicht aus eigener Kraft Gottes Glanz zu den Menschen bringen. Sie verdanken ihre

Leuchtkraft der Glaubensgemeinschaft. Das versicherte etwa die selige Mutter Teresa beim Eucharistischen Weltkongress 1976 in Philadelphia/USA. Damals sah ich diese Frau zum ersten Mal. Sie war schon nicht mehr ganz unbekannt, aber noch nicht hochberühmt. Sie wurde zusammen mit Kardinal Sergio Pignedoli aus Rom von einem amerikanischen Journalisten interviewt. Der Medienmann ließ kaum ein gutes Haar an der katholischen Kirche, und der Bischof aus dem Vatikan machte dann auch eine eher klägliche Figur. Doch dann unterlief dem Kritiker ein strategischer Fehler. Er verwies auf die andere Interviewpartnerin. „Gewiss“, sagte er, „da gibt es auch die Taten der Nächstenliebe, mit denen Mutter Teresa der Krankheit und dem Elend wehrt. Doch was sie tut, kann man ja nicht der Kirche zugutehalten.“ Die Angesprochene hatte bis zu diesem Augenblick still dagesessen. Jetzt jedoch griff sie ein: „Ich kann dieser Trennung zwischen mir und der Kirche nicht zustimmen. Die Kirche war es, die mir die Augen für Gottes Liebe und den Hunger der Menschen geöffnet hat. Durch sie empfange ich bis heute Christi Kraft. Sie ist die Mutter meines Glaubens und Liebens.“ In Philadelphia erinnerte mich Mutter Teresa daran, dass es unsere Kirche ist, der wir so viele Heroen und Heilige verdanken – und der sogar viele ihrer Gegner die Anfangsgründe ihres religiösen Wissens verdanken.

V. … ein Sich-Einlassen auf kirchliche Top-Modelle

> Es geht um das lebendige und wesentliche Stück Tradition, das diese Heiligen darstellen, jener kirchlichen Tradition, die den Heiligen Geist durch alle Zeiten hindurch lebendig am Auslegen der in der Schrift niedergelegten Offenbarung Christi zeigt. Diese Auslegung erfolgt wohl einerseits durch das Amt der Apostel, der Hierarchie, andererseits nicht minder eindringlich durch die Heiligen, die das „lebende Evangelium“ sind. Der Einwand, die Bibel sei genug, ist ein gar oberflächlicher; denn wer vermisst den Umfang des Wortes Gottes? Wer kann des Blicks auf jene Ausleger entraten, die vom Heiligen Geist selbst als authentische Darstellungen des in der Schrift Gemeinten der Kirche vorgestellt werden?
>
> *Hans Urs von Balthasar*

Der „antirömische Affekt“ blieb mir durch meine Arbeit im Vatikan keineswegs eine distanzierte, wissenschaftliche Beobachtung. Ich erlebte ihn. Er machte sich für mich an den betroffenen Menschen fest, personalisierte sich besonders am Nachfolger Petri. Die Attacken gegen diese Hirten bedrückten mich, verdichteten aber fraglos mein Fremdverstehen. Beim Apostel Paulus fand ich eine Überlegung, die mein normales Mitgefühl in die Glaubensdimension hob. In seinem berühmten Bild vom einen Leib und den Gliedern (1 Kor 12,12–31) lehrt er, dass wir Erlösten in Christus eine Schicksalsgemeinschaft bilden, die vom Mitleiden mit dem Gekreuzigten bis in die irdische Alltagserfahrung hineinreicht: „Wenn ein Glied leidet, leiden alle Glieder mit.“ Auf dem Weg geistlichen Reifens wuchs in mir gegenüber dem Nachfolger Christi solche „Sym-pathie“ (griechisch: „Mit-leiden“).

Der Apostel weist freilich auch auf die beglückende Seite solcher Einheit mit dem Leibe Christi hin: „Wenn ein Glied geehrt wird, freuen sich alle andern mit ihm.“ Paulus will seine Gemeinde zu inniger gegenseitiger Verbundenheit und Gemeinsamkeit führen, er geht gegen Abgeschiedenheit, Selbstgefälligkeit und Arroganz bei jedem Einzelnen vor. Paulus erzieht zum Selbstvergessen. Dieses kann auch von gelingendem Leben, von Ehre und Auszeichnung anderer Christen hervorgerufen werden. Fraglos lässt sich Pauli Argumentation gerade für das missgünstige gesellschaftliche Umfeld gut nachvollziehen, das die christliche Gemeinde in Korinth umgab: Da freute man sich über ein wenig öffentliche Anerkennung von Brüdern und Schwestern der Glaubensgemeinschaft, wie man immer aufatmet etwa bei Familienerfolgen. Warum sich also nicht auch heute erbauen an Männern und Frauen, deren Leben den christlichen Durchschnitt weit überragte? Ich stieß auf sie durch eine spezifische vatikanische Aufgabe. Sie brachte mir Personen nahe, die in der Kirche zu hohem Ansehen gelangten und denen Ehre gebührte.

Über meine schon dargestellte Verantwortung hinaus war ich in der Kurie lange Jahre Mitglied einer Abteilung, die dem Leben solch außerordentlicher Gestalten der Kirchengeschichte nachgeht, der Heiligsprechungskongregation. Johannes Paul II. erhöhte ihre Bedeutung, weil dem Papst heiligmäßige Vorbilder für die Menschen von heute besonders wichtig erschienen, um in ihnen Freude am Glauben zu wecken und sie darin zu bestärken. Auf seinen Willen hin und durch seine Anregung vermehrte sich – verglichen mit zurückliegenden Pontifikaten – die Zahl der Selig- und Heiligsprechungen beträchtlich. Diese Tatsache ging allerdings nicht zu Lasten der Sorgfalt, mit der die fälligen Prozesse geführt wurden – eine Versicherung, die nicht als wohlfeile Schutzbehauptung abgetan werden sollte. Ein noch zweifelnder Zeitgenosse lässt sich fraglos belehren, wenn er einige Details aus den vollzogenen Prozessen erfährt. Den Weg, um verstorbene Glieder der Kirche in die Schar der vorbildlichen Christen einzureihen, erlebte ich als lang und dornig. Nur dank sorgfältiger Arbeit schält sich aus einer Vielzahl von historischen Fakten und Dokumenten eine Gestalt heraus, die dann gleichzeitig fasziniert und nicht selten verstört.

Der Papst berief mich 1998 in diese Kongregation. Einmal monatlich kommen die Mitglieder zusammen, um für drei bzw. vier herausragende Katholiken ein abschließendes Votum zu formulieren. Mehrere Stufen der Prüfung haben die Kandidaten zu diesem Zeitpunkt bereits bestanden: den „Informativ-Prozess", der generell auf Diözesanebene stattfindet, die Eröffnung des Verfahrens auf der Ebene der römischen Kongregation und die kritische Begutachtung vonseiten der historischen und theologischen Konsultoren. Bei der Abschlusssitzung selbst ist dann auf der Grundlage aller vorliegenden Ergebnisse die Frage nach dem „heroischen Tugendgrad" und nach einem signalisierten „Wunder" zu entscheiden. Die äußerst akribische Untersuchung, die ich dort immer wieder erlebte, bestärkte mein Vertrauen in die Redlichkeit der Prozesse. Sind bei der Beratung alle Zweifel an der herausragenden Lebensführung der Kandidaten ausgeräumt, so erhält der Papst das Ergebnis zur Prüfung und Billigung. Stimmt er zu, werden die Männer oder Frauen in einem feierlichen Gottesdienst zur „Ehre der Altäre" erhoben.

Den Einzelheiten des Lebens solch beispielhafter Menschen nachzugehen, nahm mich nicht selten direkt gefangen. Wir wollen ja kennenlernen, was wir hochschätzen, und andererseits gehört das Sehen unbedingt zu den Ursachen des Liebens. So wirkte sich diese Aufgabe zwar nicht nach außen hin greifbar auf meine Biographie aus. Doch einige Schicksale, denen ich begegnete, hatten in sich die Kraft, mein Gottesverhältnis zu berühren und bei mir – im Sinn des zitierten Völkerapostels – Staunen, Dankbarkeit und Freude zu wecken. Besonders nahe kamen sie mir, wenn ich die „Ponenz", die Schlussvorlage, zu erstellen hatte, die bei den Kongregationssitzungen die definitive Wertung der geistlich-theologischen Qualität des Kandidaten einzuleiten und zu fixieren hatte. Das tat ich unter anderem bei Anna Katharina Emmerick (1774–1824), Engelmar Unzeitig (1911–1945) und dem Bischof von Münster, Clemens August Graf von Galen (1878–1946). Der verschiedenen Details ihres Lebens näher ansichtig zu werden, konfrontierte mich mit einem verwirrenden Reichtum und mit ihren oft unerträglichen Beschwernissen. Alle „Diener Gottes" hatten im Laufe ihres Lebens gelernt, auf Gottes Wort und die Weisungen der Kirche selbstvergessen zu hören. Und gleichzeitig hatten sie in ihrem eigenen Herzen die richtigen praktischen und geistlichen Impulse erkannt. So zeigte sich mir ständig, wie zutreffend der Märtyrerbischof Irenäus urteilte: Gott selbst ist im Herzen des Menschen der unverzichtbare Seelenführer. Ferner wurde mir unabweisbar, was im durchschnittlichen Alltagsleben oft verborgen bleibt oder jedenfalls vergessen wird: Gottes Heilshandeln gilt nicht nur den direkt gnadenhaft Beschenkten selbst und will nicht nur ihnen zugutekommen. Früchte erlangter eigener „Heiligkeit" werden auch für der Mitmenschen Weg zum Himmel fruchtbar. Dass Gottes Initiative vital ist und anstecken will, kann man etwa dem Leben und Leiden einer Münsteraner Mystikerin entnehmen.[37]

Anna Katharina Emmerick (1774–1824): Sie macht Christus für viele Zeitgenossen „gleichzeitig"

Die Ordensfrau wird am 8. September 1774 armen, sehr frommen Landbewohnern in Flamschen, einem kleinen Ort nahe Coesfeld (Diözese Münster), geboren. Schon als Kind schaut sie häufig – für die „Spökenkieker" des Münsterlandes eine nicht notwendig völlig unglaubliche Fähigkeit – den Herrn Jesus Christus, die Gottesmutter und verschiedene Heilige; sie spricht in großer Vertrautheit mit ihnen. Bereits früh zeigt sie sich stark vom Kreuz Christi ergriffen. Dabei bewegt das Blut des gegeißelten Heilandes ihr Herz, und um ihm stärker zu gleichen, macht sie es sich zur Gewohnheit, ein rotes Hemd zu tragen. Mit 24 Jahren erbittet sie betend in einer Kirche in Coesfeld die Gnade, am konkreten Schmerz von Christi Dornenkrönung teilzuhaben. 1802 tritt sie nach mehreren vergeblichen Anläufen bei anderen Ordensgemeinschaften in den Konvent der Augustinerinnen von Agnetenberg ein. Ihre besonderen mystischen Gaben rufen den Neid der Mitschwestern hervor, und diese lassen sie ihre Antipathie spüren. Ein Sturz macht Anna Katharina für ihr ganzes Leben zur Behinderten. Die ihr so auferlegten Leiden nimmt sie bereitwillig an. 1811 wird der Konvent durch die staatlich verfügte Säkularisation aufgehoben, und Anna Katharina findet in ihrer Heimat bei einer frommen Witwe Unterkunft.

Ihre geistliche „Schau“ vermittelt den Zeitgenossen neue geschichtliche Angaben über die Beschaffenheit des Heiligen Landes, seiner Bewohner und Sitten, über Jerusalem und den Tempeldienst. 1812 prägen sich ihr die Wundmale des Herrn (Stigmata) ein. Abgesandte des Bischofs, schlicht Neugierige, gläubige und ungläubige Ärzte kommen, um dieses Phänomen zu prüfen. So leidet sie nicht nur am beißenden Schmerz der Wundmale und an der seelischen Erschütterung, die ihr die Teilnahme an der Passion Christi verursacht, sie sieht sich auch der Scharlatanerie angeklagt. Körperlich total erschöpft, nimmt sie während langer Zeit nur den eucharistischen Herrn in Brotsgestalt und reines Wasser zu sich. Sie stirbt unter heftigen Schmerzen am 9. Februar 1824. Ihr Leichnam findet in Dülmen seine letzte Ruhe.

Um ein zutreffendes Bild von Anna Katharina Emmerick zu gewinnen, hatte der Seligsprechungsprozess zunächst den verschiedenen literarischen, kirchenpolitischen, historischen und theologisch-mystischen Quellen nachzugehen, die von der Erinnerung an sie geformt sind. Verfolgt man die Kongregation für die Heiligsprechungen bei dieser Arbeit, so zeigt sich die Kompliziertheit und Seriosität bei ihrem Bemühen, das überlieferte Zeugnis auf Wahrhaftigkeit und Glaubwürdigkeit zu prüfen.

Für das historische Umfeld war zu beachten, dass Papst Pius VII. 1801 ein Konkordat mit Kaiser Napoleon schloss. Die Erzbistümer Mainz und Trier verloren ihre Selbständigkeit und wurden dem Erzbistum Mechelen/Belgien zugeordnet. Die Gebiete von Köln und Aachen zählten künftig zu Mainz und Trier. Am 25. Februar 1803 verfügte dann der Reichsdeputationshauptschluss nach Dekret Kaiser Napoleons die Säkularisierung der Kirchengüter und Klöster, und der Konvent der Augustinerinnen in Agnetenberg wurde im Jahr 1811 aufgelöst. Diesen unfreundlichen Schritten gegen die katholische Kirche folgten bald weitere restriktive Maßnahmen. 1818 kamen in Frankfurt die Führer der Staaten Baden, Württemberg, Hessen-Darmstadt, Nassau, Frankfurt und Kurhessen zusammen. Sie alle sahen in „Rom" den gefährlichsten Konkurrenten ihrer eigenen politischen Ansprüche, und das 300. Jubiläum der Reformation weckte neue Kräfte, sich gegen die Gefahr einer angeblichen päpstlichen Machtusurpation zu wappnen und sie zu bekämpfen.

Die zeitgeschichtlichen Behinderungen für die freie katholische Glaubensausübung ergriffen verständlicherweise auch den Geist der Augustinerinnen. Jedenfalls traf Anna Katharina dort eher auf wachsenden Rationalismus als auf religiöse Glut und die Wärme der Nächstenliebe. Auch der Wiener Kongress (1815) und die Union der lutherischen und reformierten Gemeinden in Preußen (1817) wirkten sich für Katholiken belastend aus. Preußische Verfügungen über die konfessionell gemischten Ehen, mit denen das protestantische Preußen die Katholiken zu vereinnahmen trachtete, und die schmerzhaften Ereignisse von Köln (1837), die Erzbischof Clemens August Droste zu Vischering ins Gefängnis brachten, sowie der bald einsetzende Kulturkampf taten ein Übriges. Auch die glaubensfeindliche Wirkung des Materialismus unter den Intellektuellen und des Liberalismus als Wirtschaftsform wurde spürbar. All diese Faktoren schafften ein geistesgeschichtliches Umfeld, das in dem fälligen Prozess den Versuch erschwerte, der Vorbildhaftigkeit Anna Katharinas systematisch nachzugehen.

Mit Blick auf ihre Biographie lag zutage, dass das außergewöhnliche, wenn auch zunächst verborgene Leben Anna

Katharinas schon bald das öffentliche Interesse stärker geweckt hatte, als ihr lieb war. Andererseits wurde sie freilich durch ihr Leben und dieses Leiden für einige Mitchristen zu einer Art „Ikone Christi“. Dekan Rensing, der im Namen des Münsteraner Generalvikars Clemens August Droste zu Vischering schon 1813 die erste Visitation bei ihr durchführte und sie auch später begleitete, schreibt in seinem Tagebuch über ihr Krankenlager und ihre Qualen:

> „Sie wurden gegen Gründonnerstag so groß, dass sie gestand, es komme ihr vor, dass sie vor Schmerzen sterben könne. Alle ihre Wunden fingen in der Nacht gegen 11 Uhr an zu bluten und bluteten, als ich sie morgens um 8 Uhr besuchte, noch stark. ... Die Nacht, so sagte sie, ist mir nicht lang geworden, denn ich habe von Stunde zu Stunde betrachtet, was unser Heiland in dieser Nacht gelitten hat ... Wir kamen nun auf eine Unterredung, welche mich tief in ihre reine, demütige Seele blicken ließ und wie die Hand Gottes sie von Kindheit an geleitet und geschützt hat. ... Sie erzählte mir auch, wie Gott sie in der vorigen Nacht gefragt habe: Willst du lieber bald bei mir sein oder länger für mich leiden? Darauf gab sie zur Antwort: Wenn Du willst, so will ich gerne noch mehr leiden, wenn Du mir die Gnade gibst, dass ich leide, wie Du willst.“

Solche Teilnahme an Christi Leiden machte die Mystikerin offenbar für andere auf ihn hin transparent; sie wurde in gewisser Weise mit ihm „gleichzeitig“. Bewusst wollte sie mit ihm „Miterlöserin“ sein – wie es schon der heilige Paulus vor Augen hatte: „Für den Leib Christi, die Kirche, ergänze ich in meinem irdischen Leben das, was an den Leiden

Christi noch fehlt" (Kol 1,24). Persönlichkeiten ihrer Zeit waren beeindruckt und angerührt: Graf Friedrich Leopold von Stolberg, Luise Hensel, Msgr. van Bommel, der spätere Bischof von Lüttich, Bernhard Overberg, der Regens des Priesterseminars in Münster und ihr Beichtvater in den letzten Lebensjahren, sowie schließlich auch der Generalvikar Droste zu Vischering, der zunächst länger gezögert hatte.

Nach ihrem Tod setzte sich ihre Hochschätzung fort bis in unsere Tage. Im 19. Jahrhundert kamen Gruppen von allen Gegenden Deutschlands, aus Frankreich, England und den USA zu ihrem Grab. Im vergangenen Jahrhundert dauerte dieser Strom an. Besuche verschiedener Bischöfe in Dülmen bestätigen ihre Verehrung sowie die anderer bekannter Persönlichkeiten – etwa der Brüder Christian und Clemens Brentano oder Johann Michael Sailers – aus Kirche und Gesellschaft. Bei Clemens Brentano und Luise Hensel trug diese Verehrung dazu bei, dass sie zum Katholizismus konvertierten. Die genannten Persönlichkeiten hatten ihrerseits jeweils geistlichen Einfluss auf Joseph Görres, Johann Adam Möhler, die selige Franziska Schervier und die selige Pauline von Mallinckrodt. Auch im Ausland hielt die Wirkung des Lebens und Leidens Anna Katharinas an – in Holland, Belgien, Italien und den USA. Eindrucksvoll ist die Namensliste der Franzosen, die sich ihr verbunden fühlten: Léon Bloy, Paul Claudel, der sich für seine Konversion auf ihre Schriften bezieht, Jacques und Raissa Maritain, Paul Valéry und Jean Guitton (gest. 1999) von der Académie française.

Schließlich sind aus jüngster Zeit zwei Filme zu erwähnen, die in Teilen auf sie zurückgehen: Dominik Graf, „Das Gelübde" (2008) – eine Verfilmung der Begegnung zwischen Clemens Brentano und A. K. Emmerick und Mel Gibson, „Die Passion Christi" (2004) – eine Umsetzung von C. Brentanos Aufzeichnungen der Visionen A. K. Emmericks: „Das bittere Leiden unseres Herrn Jesus Christus".

Die Erfahrung lehrt, dass sich die Sicht auf ein solches Leben vor Idealisierung hüten muss; zeitlicher Abstand gegenüber außerordentlichen Gestalten und gelegentliche Neigung zur Stilisierung von Heroen können Gottes Handeln in seinen Zeugen verfälschen. Schränken andererseits die überkommenen Notizen das überlieferte Bild auch mit unfeinen Bemerkungen ein, so spricht doch manches für seine Authentizität. Dass die erhaltenen Dokumente Anna Katharina nicht schönfärben, legen ihre Aussagen über ihr privates Umfeld nahe: Diese Frau spart nicht mit Tadel an ihren Mitschwestern; sie bekennt sich als lieblos gegenüber ihrer leiblichen Schwester Gertrud; sie erscheint ungehorsam und ungeduldig gegenüber dem Generalvikar, der sie einer amtlichen Prüfung unterziehen will. Ihre große Vertraulichkeit mit ihrem Arzt, mit dem Vikar Lambert und mit ihrem Beichtvater Alois Josef Limberg, die vielleicht Anstoß erregen könnten, sind in den offiziellen Dokumenten vermerkt; nichts möglicherweise Unvorteilhaftes wird verschwiegen.

Generalvikar Droste zu Vischering blieb für lange Zeit skeptisch. Er verfügte, eine erste angesetzte Überwachung zu verlängern. Anna Katharina unterwarf sich geduldig aller Kontrolle, die ihr andererseits große geistliche Wirrnis bereitete und ihr Gebetsleben durcheinanderbrachte. Doch mit der ersten Nachforschung Droste zu Vischerings waren die Ölbergstunden keineswegs beendet. Der Generalvikar vertraute der Abschirmung nicht und legte ihre Überstellung an einen anderen Ort nahe. Sie gab trotz starken Widerstrebens ihr Einverständnis, wenn er es ihr denn befehle. Schließlich begnügte sich der Generalvikar mit den vorliegenden Ergebnissen und hielt dafür, man könne vernünftigerweise nicht von einem Betrug ausgehen. Nach und nach lösten sich offenbar seine Zweifel, denn er erbat Anna Katharinas Gebete in seinen Anliegen und bekundete ihr gegenüber Achtung, Respekt, ja Verehrung.

Die drei Monate der Aufsicht seitens des Generalvikars wecken in Anna Katharina ein heftiges Bedürfnis nach Vergessenwerden. Doch es gelingt ihr nicht, sich den Besuchen zu entziehen. Persönlichkeiten katholischer Kreise kommen mit Empfehlungen kirchlicher Autoritäten zu ihr. In Holland und Belgien bilden sich Gruppen von Sympathisanten und Gegnern. Unter den Freunden ist auch der Apostolische Internuntius und spätere Bischof von Lüttich, Msgr. van Bommel.

Doch selbst das Minimum an Ruhe, Stille und Zurückgezogenheit, das Anna Katharina Rat und Weisung für ihre Freunde erlaubt, findet bald ein jähes Ende. Ein Chemieprofessor der Universität Münster, Bernhard Bodde, sucht zusammen mit zwei adeligen Damen die Ordensfrau auf und gibt sich mit mehreren Besuchen nicht zufrieden. Er möchte dabei sein, wenn Anna Katharina in Ekstase gerät. Dekan Rensing untersagt ihm alle weitere Beobachtung. Bodde fühlt sich von ihr gedemütigt und rächt sich mit einer kleinen Veröffentlichung, die voller Verleumdungen und unbegründeten Behauptungen ist. Dekan Rensing macht sich in heftiger Weise zum Verteidiger Anna Katharinas. Die Polemik zwischen den beiden und eine hyperkritische Schrift des Theologen und Arztes Christian Bährens von 1816 rufen 1817 den preußischen Innenminister aus Berlin auf den Plan: Man nötigt die Regierung in Münster, eine Kommission unter dem Oberpräsidenten Ludwig von Vincke zu bestellen, die das lange Fasten und den Blutverlust durch die Wundmale prüfen soll. Dr. Rave, der Kopf der Kommission, bezeichnet

Anna Katharina noch vor der Durchführung der Maßnahme als ein schwaches, blindes Geschöpf, das in Irrtum geführt und ausgenutzt werde; sie sei das Opfer der Täuschungsabsicht ihrer Umgebung.

Ein fürwahr komplexer Fall für einen Prozess, der eine Seligsprechung zum Ziel hat! Den ersten Versuch machte 1858 der Dechant von Dülmen, Wilhelm Cramer, späterer Weihbischof von Münster. Es galt sicherzustellen, dass die viel genannte Ordensfrau die natürlichen und übernatürlichen Tugenden wirklich in einem außergewöhnlichen Grad gelebt hatte. Er begann damit, noch erreichbare Augenzeugen ihres Lebens zu befragen und deren Aussagen aufzuzeichnen. Anschließend wurde Pater Pius Keller beim Bischof von Münster Johann Georg Müller vorstellig, um die Seligsprechung auf den Weg zu bringen. Doch der Bischof lehnte das Ersuchen mit Hinweis auf die Äußerungen von Dechant Cramer ab – hatte dieser doch den Ruf von Anna Katharinas Heroismus angezweifelt und mögliche Wunder durch ihre Fürsprache als unwahrscheinlich bezeichnet. Da man jedoch im Orden der Augustiner Anna Katharina nach wie vor für eine außergewöhnliche Christin hielt, wandte sich Pater Thomas Wegener 1875 an den inzwischen in Münster residierenden Bischof Johann Bernhard Brinkmann mit der Bitte um Prozesseröffnung. Pater Pius Keller wiederholte diese Bitte 1883 wie auch in den nachfolgenden Jahren. Diese Initiativen machte sich darauf Pater Martinelli, ehemaliger Generaloberer der Augustiner und späterer Kardinalpräfekt der Ritenkongregation, zu eigen. Er erreichte auch, dass Papst Leo XIII. die Erlaubnis gab, Pater Keller als Vizepostulator des Verfahrens (Causa) einzusetzen. Aber das Münsteraner Ordinariat verweigerte seine Zustimmung – sei es aus Furcht vor protestantischem Missfallen oder weil man die Rechtsbestimmungen für einen Informationsprozess zu schlecht kannte. Schließlich verfiel Pater Kellers Sondergenehmigung mit der Rückkehr des münsterschen Bischofs aus dem holländischen Exil (1884). 1887 erschienen jedoch dem neu ernannten Dechant von Galen die erhobenen Daten als ausreichend für die Einleitung eines Prozesses; er unterbreitete sie dem Ordinariat und bewirkte ein Umdenken des Bischofs. 1891 wurde dann endlich der „Informationsprozess" in Münster eröffnet. Bis 1899 kam es zu siebzig Sitzungen.

Jetzt trat beim Studium der zahlreichen und international verbreiteten Schriften über und von Anna Katharina ein Problem zutage, das noch belangvoller war als alle zeitgenössischen Hindernisse. Man stieß auf die Frage, ob die allenthalben verbreiteten Aufzeichnungen in ihrer Substanz dieser selbst oder ob sie dem poetischen Genius des angesehenen Dichters Clemens Brentano, der lange Jahre gleichsam ihr Sekretär gewesen war, zugeschrieben werden mussten. Die Schwierigkeit wurde erstmals im Januar 1917 formuliert. Sie gab dem Prozess eine Wendung, insofern die vatikanische Ritenkongregation 1927 nach sorgsamen Studien in einem Dekret feststellte, dass die Anna Katharina zugeschriebenen Texte in Wirklichkeit von Brentano stammten. Dieses Dekret hatte zwar den Vorteil, dass alle Texte der auf Anna Katharina zurückgeführten Publikationen ausgeklammert werden konnten und demzufolge nicht auf die Rechtgläubigkeit der Dienerin Gottes hin zu prüfen waren. Dennoch verhinderte die Entscheidung nicht, dass die Glaubenskongregation im November 1928 ihr Veto gegen die Fortsetzung des Prozesses einlegte. Die Augustiner und der Bischof von Münster machten zwischen 1932 und 1934 eine neue Eingabe, der sie „eine Aufzählung von Gnadenerweisen auf die Fürsprache der Anna Katharina Emmerick, die in den letzten zehn Jahren die Hundert überschreiten", beifügten. Pater Winfried Hümpfner trug eine ausführliche Dokumentation von 220 Seiten zusammen; außerdem formulierten die Antragsteller 1934 ein Pro memoria für einen direkten Vorstoß beim Papst. Alle diese Schriftstücke blieben ohne Echo.

Neues Interesse kam erst mit dem Herannahen des 200. Geburts- und 150. Todestages von Anna Katharina auf. Aus diesem Grunde wandte sich der Bischof von Münster Heinrich Tenhumberg an die Kongregation für die Heiligsprechungen, sie möge die Frage der Kanonisierung von Sr. Anna Katharina Emmerick neu prüfen. Und am 1. Juni 1973 teilte der Präfekt der Glaubenskongregation dem Bischof von Münster die Rücknahme des Vetos mit, machte aber nochmals auf die Schwierigkeit aufmerksam, die hinsichtlich der Authentizität der auf die Ordensfrau zurückgeführten Schriften bestehe. Letztere Frage führte zu einem Gutachten zweier Experten, das darlegte, dass die von Clemens Brentano herausgegebenen Schriften dessen eigenes Werk sind und letztlich nicht Anna Katharina Emmerick als Autorin haben. So bräuchten sie für die Causa zwar nicht auf Rechtgläubigkeit hin geprüft werden, könnten hingegen für die tiefere Erkenntnis des Leidens Christi durchaus relevant sein.

In den Jahren 1818–1824 hatte der Schriftsteller und Dichter Clemens Brentano die Visionen der Seherin notiert und redigiert. 1833, neun Jahre nach ihrem Tod, veröffentlichte er das Buch „Das bittere Leiden unseres Herrn Jesus Christus nach den Betrachtungen der Anna Katharina Emmerick …". Außerdem verfasste er ein Manuskript „Das Leben der allerseligsten Jungfrau Maria nach den Betrachtungen der Anna Katharina Emmerick …, das erst nach seinem Tod im Jahr 1852 erschien. Die Veröffentlichungen entsprachen der Absicht Anna Katharinas. Sie hatte zu ihren

Lebzeiten festgehalten, sie sehe sich zu solcher Weitergabe ihrer Visionen gedrängt durch ein Wort, das ihr zuteilgeworden war: „Ich gebe dir diese Gesichte und habe in gleicher Weise jeder Zeit so getan, um zu zeigen, dass ich bei meiner Kirche bin bis zum Ende der Tage. Du sollst sie mitteilen, es sind Sachen der Kirche." Der bekannte französische Exeget Ignace de la Potterie S. J. erwähnt noch 1997 die letztgenannte Publikation. Er verweist darauf, dass Anna Katharina, die Westfalen nie verlassen hatte, zu einer wichtigen archäologischen Entdeckung in der Nähe von Ephesus beigetragen habe. Eines ihrer „Gesichte" habe die Aufmerksamkeit von Spezialisten dieser Wissenschaft (etwa von Adriano Prandi, Bari) geweckt. Ihretwegen habe man begonnen zu suchen und sei bei dieser Stadt auf Ruinen eines byzantinischen Hauses gestoßen, das informierte Kreise heute als den Ort ansehen, in dem die Gottesmutter ihren Lebensabend verbrachte. Solcher Aufenthalt Mariens entspreche im Übrigen dem Herrenauftrag an Johannes, Maria zu sich zu nehmen (vgl. Joh 19,27); denn nach dem einhelligen Zeugnis der großen Bischöfe des 2. Jahrhunderts (Papias von Hierapolis, Polykarp von Smyrna und Irenäus von Lyon) habe Johannes sein Evangelium in Ephesus geschrieben.[38]

Gestützt auf Brentanos Notizen, kamen andere Texte über Anna Katharina auf den Markt, die einen weit über Deutschland hinausgehenden Leserkreis erschlossen haben. Weil allerdings die Zusätze Brentanos nicht von den Aussagen Anna Katharinas geschieden werden konnten, war das Bild der Ordensfrau selbst nicht authentisch darzustellen, solange diese Schriften eine Rolle spielten. Sie wurden daher vom Seligsprechungsverfahren getrennt. Denn es ging bei ihm ja nicht um eine Beurteilung des Autors, sondern allein um die Vorbildhaftigkeit des Lebens der Augustinerin. Darum hatte ich in meiner Abschlussbesprechung möglichst überzeugend den Tugendgrad der Dienerin Gottes darzustellen.

Unter diesem Gesichtspunkt trat zunächst ihre Gottverbundenheit in den Blick. Der Glaube wurde für sie zu einer uneingeschränkten Unterwerfung ihm und seinem Walten gegenüber. Nach Luise Hensel verstand sie den himmlischen Vater als Grund, „sich von einem anderen auf dem Arm tragen zu lassen – wie ein kleines Kind, das keinen eigenen Willen hat". Freilich begnügte sie sich nicht mit einem primitiven Köhlerglauben, sondern war darauf aus, die Kenntnis von Gottes Heilswillen wissensmäßig zu vertiefen. Sie informierte sich in theologischen Schriften und im Gespräch mit Mitchristen und war dabei stets offen für Belehrungen. Der von Einsicht genährte Glaube bewegte sie zum rückhaltlosen Vertrauen auf den Schöpfer, richtete im Gebet ihr spontanes, persönliches Wort an ihn und ließ sie gelegentlich alles um sich her vergessen. Glaube war für sie der Antrieb, selbst Gutes zu tun und anderen zu Gutem zu raten. Glaube wurde bei ihr zur Tat. Dabei ließ sie sich gerade in ihrer Jugend gleichfalls von der Schönheit in Feld und Flur ansprechen, um den Schöpfer zu preisen. Nach einer Zeugin kroch sie noch als Kranke einmal im Mai aus dem Bett, um Gottes Werk zu bewundern: Sie schleppte sich mit Mühe zum Fenster, um hinauszuschauen.

Der Glaube führte sie dann über das Diesseits hinaus und nährte bei ihr die Hoffnung, die die Unsterblichkeit ersehnt und fest auf das ewige Leben vertraut. Am Vigiltag von Christi Himmelfahrt betete sie:

> „Mit welcher Freude würde ich zusammen mit dem Herrn zum Himmel auffahren. Aber meine Zeit ist noch nicht gekommen ... Alles geschehe, dass sein

Wille geschieht, wenn er mir inzwischen nur die Gnade gibt, dass ich bis zum Ende treu bleibe in der Geduld und in der Übergabe an seinen heiligen Willen."

Sie beklagte sich nie über die große Armut, in der sie zu leben gezwungen war. Von Jugend an richtete sie in asketischem und mystischem Streben ihr Glücksverlangen auf die ewigen Güter; sie maß den Wert ihres eigenen Tuns, ihres Gebetes und der Buße mit dem Maß der Ewigkeit. Verschiedene Zeitgenossen berichten, dass die Hoffnung auf die Ewigkeit der eigentliche Motor für ihre Lebensentscheidungen war. Nach ihren eigenen Aussagen verzichtete sie freiwillig auf die Freuden des Familienlebens und wählte um Gottes Willen den Weg der Jungfräulichkeit. Die Liebe zu Gott trieb sie andererseits zur Nächstenliebe, die sie in außergewöhnlicher Selbstlosigkeit und Dichte lebte. Graf von Stolberg versichert: „Ihr ganzes Wesen atmet, was es an Höchstem gibt: die Gottesliebe; sie bestimmt all ihre Gesten, ihre Worte, Geduld gegen alle; Liebe zu allen Menschen."

Gleichzeitig war die Liebe auch die Triebfeder, an Christi Leiden teilnehmen zu wollen – Liebe zum Herrn und sühnende Liebe für das Heil der Menschen. Sie ging nicht zu Gott, um für sich Gunstbeweise zu erbitten. Sie suchte ihn vielmehr, um am dreifaltigen Leben Gottes teilzuhaben. Natürlich fehlten ihr die Worte, um diese erlebte Gemeinschaft mit Gott theologisch zu beschreiben. Sie bediente sich vielmehr – und ihre Nüchternheit ist eigentlich erfreulich – von Jugend an einer einfachen Sprache, wenn sie versichert, dass „sie eine wirklich wunderschöne Sache gesehen hätte", dass „es ihr sehr gut gegangen war" oder dass „sie sich hätte in Gott verlieren müssen, der Quelle alles Guten". So wollte sie Instrument göttlicher Gnade für andere werden und Gottes Ehre unter den Menschen mehren – eine erstaunliche Auffassung von Gottesliebe und von Offenheit für die Trinität, besonders wenn man sich die Jugend Anna Katharinas vor Augen hält.

Wer genauer zusieht, mag in ihrer Liebe zum Nächsten zwei miteinander verbundene Komponenten erkennen: ihre Kümmernis wegen der Gottesferne mancher Mitmenschen und ihre Bereitschaft, sich jeder Form von Schmerz und Elend zu öffnen. Wohl lebte sie die „übernatürliche" Liebe; doch ihre Liebe war deshalb nicht „weltlos". Eines Tages sagt sie zu ihrem Arzt Dr. Wesener: „Man hat den Eindruck, dass die menschliche Natur total verdreht ist. Es kostet einen so viel, wenn man sich in den Dienst des Nächsten stellen will; ich weiß das aus eigener Erfahrung." Aus solcher Nächstenliebe erwächst ihr Wille zur Stellvertretung, sogar in der Übernahme von körperlichen Leiden und Schmerzen anderer. Diese sollen ihren eigenen Körper treffen, und sie will die Folgen tragen. So gab sie sich dazu her, mit Jesus den Kreuzweg zu gehen.

In dieser Leidensintimität verschloss sie sich nicht. Vielmehr war Anna Katharina fortwährend wach für die Ereignisse der Weltgeschichte und die Geheimnisse des Kirchenjahres. So konnte sie zu einer Art von Biblia pauperum werden: Ihre Visionen bekundeten, dass Christi Leiden durch die Geschichte hindurch erlösende Kraft hat. Darum zeichneten ihre Vertrauten auf, wie sich diese in Katharina neu ausprägten. Bis in unsere Tage weckt sie bei Menschen tiefe Anteilnahme an dem schrecklichen Kreuzestod Jesu von Nazareth. Nach meiner Intervention am 12. März 2001 wurde sie von der Kongregation als Kandidatin für die Seligsprechung angenommen, die Papst Johannes Paul II. nach der Anerkennung eines durch sie vermittelten Wunders am 3. Oktober 2004 vollzog.

Engelmar Unzeitig (1911–1945): Hirte und Seelsorger um den Preis des eigenen Lebens

Der zweite Kandidat für eine Seligsprechung, den ich vorstellen möchte, hat bislang weniger von sich reden gemacht. Er wurde am 1. März 1911 im mährischen Greifendorf, nördlich von Brünn, geboren, das damals zur Donaumonarchie Österreich-Ungarn gehörte und deutschsprachig war. Nach der Gründung der ersten Tschechoslowakischen Republik 1918 kam die dortige deutschsprachige Minderheit unter politischen Druck. Sie erhielt den Namen „Sudetendeutsche". Von 1917 bis 1925 besuchte Hubert – so sein Taufname – die Volksschule und arbeitete dann ein Jahr bei einem einheimischen Bauern. Da man zu Hause nur Deutsch sprach, lag ihm daran, die tschechische Sprache besser zu lernen. Dann erkannte er, dass Gott ihn zum Priester-Missionar berufen hatte. Er wurde in das Seminar der Mariannhiller Patres im bayerischen Reimlingen aufgenommen und machte 1934 das Abitur.

Hubert erlebte also schon früh die Spannungen zwischen verschiedenen Völkern und litt an dem wegen seiner deutschen Volkszugehörigkeit herabsetzenden Umgang mit ihm. Als er etwa nach ersten Studien in Stuttgart für die Ferien in die Tschechoslowakei zurückkehrte, unterzog man ihn als Sudetendeutschen peinlichen Kontrollen; bei einem Besuch der Stadt Prag wurde er von Passanten angepöbelt. Demzufolge sah er die „Angliederung" seiner Heimat 1938 durch Adolf Hitler zunächst als Befreiung. Als die römische Kongregation bei dem Seligsprechungsprozess später die Unterlagen sammelte, stieß sie erwartungsgemäß auch auf Äußerungen der Sympathie über den „Anschluss". Mir als dem „Ponens" war es jedoch leicht verständlich zu machen, dass dieser frühe Irrtum aus seiner persönlichen Geschichte entsprang. Auch konnte ich darauf verweisen, dass er schon in der Schulzeit nicht an nationalistischer Blindheit litt: Er riet etwa Klassenkameraden, zur Vorbereitung auf eine wirksame Mission in Russland Russisch zu lernen. Seine Reise nach Rom im Heiligen Jahr 1933 – teils zu Fuß, teils per Anhalter, teils mit dem Zug – belegte gleichfalls, dass er keine „braunen Scheuklappen“ hatte.

Die nächsten Etappen seiner Berufung waren: 1934 – Eintritt ins Noviziat in Venlo (Niederlande); 1935 – erste Gelübde; 1939 – Priesterweihe in Würzburg; 1940 – Seelsorger im deutschsprachigen Glöckelberg/Diözese Linz. Hier beginnt bereits die letzte Etappe seines Lebenslaufes, denn seine Glaubensverkündigung tritt bald in Gegensatz zur herrschenden nationalsozialistischen Ideologie. Sind die Fangfragen einiger „Hitlerjungen“ oder die Spitzel-Protokolle über seine Predigten der Grund für aufbrechende Konflikte? Am 21. April 1941 jedenfalls wird er von zwei Gestapo-Leuten im Pfarrhaus Glöckelberg verhaftet und in das Gefängnis nach Linz abgeführt.[39]

Pater Engelmar ist davon überzeugt, dass es sich bei seiner Festnahme um ein Missverständnis handelt. Er geht davon aus, dass er mit dem Schrecken und ein paar Wochen Haft davonkomme. In jedem Fall hat er vor Augen, dass „die Entscheidung meiner Sache in Berlin liegt“ (Brief vom 21. Mai 1941). Doch er irrte. Hitlers Kampf gegen das Christentum begann bekanntermaßen mit der Verfolgung katholischer Priester. So waren denn auch seine Häscher gerade auf Welt- und Ordensgeistliche angesetzt. Die Stoßrichtung zeigt sich etwa an den Zahlen, die ein evangelischer Laie von dem Lager Dachau veröffentlicht hat: Während in Deutschland der protestantische Bevölkerungsanteil für die Zeit der NS-Diktatur 63 Prozent betrug, machen die evangelischen Pfarrer dort lediglich 9,4 Prozent aus. Und obschon der Autor für die deutschen Katholiken 37 Prozent der Bevölkerung zählt, beträgt der Anteil der katholischen Geistlichen in Dachau, zu dem freilich auch viele Nichtdeutsche gehören, 90,6 Prozent.[40] Entgegen der Hoffnung auf eine rasche Aufklärung seines Falles wurde auch Pater Engelmar am 3. Juni in dieses Lager „überstellt". Sein Opfergang begann.

„Den Nächsten lieben wie dich selbst" ist ein Anspruch des Evangeliums, dem wir oft genug nicht entsprechen. Umso erstaunlicher ist es, dass es Christen gibt, die sogar diese Selbstliebe als das eingeräumte Richtmaß der Zuwendung zum anderen noch in den Schatten stellen: Sie vergessen sich selbst, um die Nächstenliebe allein über sich herrschen zu lassen. Pater Engelmar gelang dieses Wunder. Seine Liebe erreichte einen Grad, auf den der Herr verweist, als er in der Lebenshingabe die Liebe zu ihrer Vollendung brachte: „Es gibt keine größere Liebe, als wenn einer sein Leben für seine Freunde hingibt" (Joh 15,13). Der Missionar meldet sich, als im KZ Dachau Freiwillige für den Dienst an den Typhus-Kranken gesucht werden. Offenbar stand ihm klar vor Augen, er solle als Priester die Todgeweihten auf ihren letzten Schritt vorbereiten.

Um den Heroismus dieser seiner Entscheidung zu erahnen, müssen wir uns zunächst die Schrecken dieses Ortes vergegenwärtigen. In der Nähe der Stadt Dachau wurde 1933 eine ehemalige Munitionsfabrik nach der Beschlagnahme durch den Staat in ein Gefängnis für politische Gefangene umgewandelt. In ihm sollten sie angeblich vor der „Volkswut" bewahrt werden. Darum nannte man den Freiheitsentzug „Schutzhaft". 1933–1939 diente es fast ausschließlich als „Umschulungslager" für Kommunisten und Sozialisten, Sinti und Roma, Homosexuelle und Kriminelle. Nach Ausbruch des

Krieges nutzte die SS für gut ein Jahr das Gelände. Ab 1941 schließlich zog das Regime fast alle verhafteten katholischen und evangelischen Geistlichen an diesem Ort zusammen. Durch das so erbaute Konzentrationslager führte eine große Lagerstraße, die auf beiden Seiten von je 17 Baracken flankiert war. In ihnen befanden sich die Unterkünfte der Häftlinge. Jede Baracke, auch „Block“ genannt, war knapp 100 m lang und 19 m breit. Sie hatte vier Wohn- und vier Schlafstuben, die für je fünfzig Insassen berechnet, jedoch während der Kriegsjahre maßlos überbelegt waren. Die Priesterbaracken lagen auf der Seite, deren Hausnummern „gerade“ waren, und trugen die Nummern 26 und 28. Sie beherbergten in den Jahren 1939–1945 nach verlässlichen Angaben 2.764 Geistliche, von denen 1.072 starben. Von den wenigen Überlebenden wissen wir um den zynischen Umgang mit ihnen. Schon im Aufnahmeritual wurden sie erniedrigt: Beleidigungen wie „Diesen feisten Pfaffen ist aber auch alles zu eng“ waren an der Tagesordnung; in der Sklavenarbeit bei Wasser und Brot galt das Zusammenbrechen vor Schwäche als „Arbeitsverweigerung“ und wurde mit Züchtigungen bestraft; Quälereien durch sadistische „Spiele“ des Wachpersonals wie „Baumhängen“, „Stehbunker“ etc. waren gängig, und die Lagerärzte machten „medizinische Versuche“. Pater Engelmar war all diesen Torturen ausgesetzt; sie wurden ihm jedoch offenbar zu einer Schule, weiter auf Gott hin zu wachsen.

Im Brief vom 4. Oktober. 1941 an seine Schwester Maria-Huberta, die ihm in seiner Kaplanszeit den Haushalt geführt hatte, schreibt er schon bald nach seiner Überstellung: Er sei, Gott sei Dank, noch gesund und habe sich noch nicht erkältet. Dann erwähnt er den Rosenkranzmonat und erinnert sich, wie dieser die Gläubigen zu Hause um den Altar geschart habe. So gelte es auch im Lager, Maria, die Hilfe der Christen und die Mittlerin der Gnaden, „zu grüßen und um ihre mütterliche Fürsprache anzurufen, und mit der Patronin der Missionare, der hl. Theresia, beten und opfern wir für die Ausbreitung des großen Reiches der Seelen Christi des Königs“.

Immer klarer formuliert er, wie inmitten der Misere sein Glaube wächst. Er verweist auf den Gedanken stellvertretenden Leidens:

> „Was vielleicht manchmal als Unglück erscheint, ist oft das größte Glück: Wie vieles lernt der Mensch erst durch die Erfahrung in der Schule des Lebens! Wir sollen wohl die Friedlosigkeit in der Welt für die andern mitfühlen und miterleben und ihnen zum wahren Frieden verhelfen. Dann wundert es uns nicht, wenn Gott uns manches aus der Hand nimmt, was uns lieb und teuer war“ (Brief vom 15. Dezember 1941).

Dabei hat er freilich aufzupassen, dass seine Worte nicht auf das eigene erlebte Elend bezogen werden können, da seine Post sonst konfisziert würde. So bleiben sie allgemein gehalten:

> „Dass für uns viel gebetet wird und dass Gott wunderbar alles lenkt, merken wir hier täglich an uns. Doch hoffe ich, wie schon gesagt, auch hier für die Ewigkeit arbeiten zu können … Wenn man ganz auf sich gestellt ist, sieht man erst, wie viel man in der seelischen Verelendung erreicht hat. Für Erfahrung und Anregung ist ja überall Gelegenheit“ (Brief vom 25. Januar 1942).

In diesen Zeilen deutet sich an, dass er im Lager gegen die Vorschrift priesterliche Dienste tat. Wie Mithäftlinge später berichteten, wirkte er schon bald heimlich als Seelsorger: Er hatte sich in einen von Typhus befallenen Block eingeschlichen, um den russischen Häftlingen nahe zu sein. Gott leitete ihn – und er ließ sich leiten.

Später gibt er sich selbst aus Sicherheitsgründen in seinen Briefen das Pseudonym „Walter“. Am 22. März 1942 schreibt er:

> „Gott hat also den Walter in Exerzitien ganz eigener Art geführt, die der Größe und dem Ernst der Zeit entsprechen. Aber er ist ja die militärische Disziplin gewohnt und schließlich ist ja das ganze Leben der Menschen auf Erden ein Kriegsdienst. Da wird allen, auch denen, die es nicht wahrhaben wollen, klar, dass nicht nur Mut und Tapferkeit, sondern auch Geduld und stilles Durchhalten große Tugenden sind ... Wir betrachten in dieser Fastenzeit das bittere Leiden unseres Herrn, das uns viel Trost und Kraft in der Seele gibt.“

Im Sinne der glaubensfeindlichen Ideologie war im KZ alle religiöse Betätigung untersagt. Verboten war sogar der Besitz eines religiösen Gegenstands, selbst das Murmeln eines Gebetes. Man zielte auf eine Welt ohne Gott, eine widergöttliche Welt. Dennoch wird berichtet, dass wohl kaum ein gutwilliger Katholik ohne den Empfang der Sakramente gestorben sei; sie wurden ihm verdeckt und in primitiver Form gespendet. Der selige Karl Leisner, Mitglied der Schönstatt-Jugend, empfing sogar am 17. Dezember 1944 in Dachau das Sakrament der Priesterweihe.

Am 14. Dezember 1944 wurde im Lager der erste Fall von Fleckfieber gemeldet. Bald verbreitete sich die Krankheit wie ein Steppenbrand, der nirgends Halt macht. Die schlimmsten Szenen spielten sich in den Blocks 17 bis 27 ab –

also in denen mit den ungeraden Nummern jenseits der Lagerstraße der Priesterbaracken. Die Überbelegung der Räume, verfaulte Strohsäcke und der Wegfall aller Hygiene – die Häftlinge konnten sich nicht mehr erheben, um ihre Notdurft zu verrichten – machten die Unterkünfte zu einem Inferno. Durchschnittlich starben, so haben Überlebende berichtet, etwa hundert Gefangene täglich; an manchen Tagen stieg die Zahl auf das Doppelte. Wegen der unmittelbaren Todesgefahr war kaum jemand bereit, einen Pflegedienst in den verseuchten Baracken zu übernehmen. Die Kranken lagen im Delirium, stöhnten, schrien, verfielen dem Wahnsinn, wälzten sich in epileptischen Anfällen.

So potenzierte sich in den Typhus-Baracken das ohnehin schreckliche Elend des KZ. Ein Mithäftling, der überlebte, P. Johannes Maria Lenz, wurde Zeuge dieses Infernos. Wir dürfen uns wohl seine Schilderung nicht ersparen:

> „Durch den unbeschreiblichen Schmutz der Lagerarmut, durch Ansteckung, Läuse und Hunger begleitete uns der Herr – durch Typhus, Ruhr, Enterokolitis und Krätze; die Ärzte sprachen von Cholera … Das Seelsorgeverbot galt auch in den Typhusbaracken, doch die Todesangst hielt die SS fern … Die Betten, drei Stockwerke übereinander, waren erschreckend ärmlich: einfache Holzgestelle mit Strohsäcken sollten es sein, jetzt nur noch Holzpritschen. Alles starrte vor Schmutz und Läusen, Eiter, Speichel und Kot … Oft fehlten sogar die Bretter, andere Häftlinge hatten sie weggenommen, um die Baracke zu beheizen. Die Fensterscheiben fehlten. Eisiger Wind wehte herzlos über die Sterbenden."

In dieser Situation erinnerte sich die Lagerleitung der Geistlichen; paradoxerweise vermutete man bei diesen „Volksschädlingen“ und „Blutsaugern“ auf einmal die größere Hilfsbereitschaft und den größeren Opfersinn. Lagerdekan Georg Schelling hatte die Nachricht zu überbringen. Er versammelte die Priester in der Kapelle. Seine Worte sind uns erhalten: „Nicht um den Tod des Leibes aufzuhalten, denn das steht nicht in unserer Macht, rufen wir zum freiwilligen Dienst auf. Sondern weil die Sterbenden Gott brauchen. Sie brauchen den Priester, der ihnen Gott bringen kann. Ich weiß, bei denen, die sich melden, geht es um Leben und Tod … Darf ich es wagen, Priester in den Tod zu schicken, jetzt, wo für uns Überlebende endlich die Stunde der Befreiung naht? Nehmt mir bitte die Antwort auf diese Frage ab, indem ihr ja sagt oder nein.“

Diese Anfrage wurde für Pater Engelmar zur äußersten Herausforderung. Er sagte sein „Ja“, und die Geschichte seiner Hingabe vollendete sich. Mit seltener Klarheit bekundet er die unlösbare Verbindung von Jesu Weisung: dass Gottes- und Nächstenliebe nur ein einziges Doppelgebot ausmachen. Da versuchte er die kümmerliche Linderung der körperlichen Qual. Da war aber auch die Gewissheit, dass gerade die Todgeweihten den Zuspruch von Trost und Hoffnung für das ewige Leben brauchten; sein Samariterdienst hatte auch Glaubensdienst zu sein. Als einer der zwanzig freiwilligen Pfleger – Priester aus Polen, Österreich und Deutschland – machte er darum Gott in dieser Hölle präsent.

Im Februar 1945 schrieb er ein letztes Mal an seine Schwester:

„Liebe verdoppelt die Kräfte, sie macht erfinderisch, macht innerlich frei und froh. Es ist wirklich in keines Menschen Herz gedrungen, was Gott für die bereithält, die ihn lieben … Man sieht immer wieder, dass das Menschenherz auf Liebe abgestimmt ist und dass ihrer Macht auf die Dauer nichts widerstehen kann, wenn sie sich wirklich auf Gott und nicht auf die Geschöpfe gründet. Wir wollen weiter alles tun und aufopfern, dass Liebe und Friede bald wieder herrschen mögen."

Pater Engelmar starb am 2. März 1945, einen Tag nach seinem Geburtstag, im Alter von 34 Jahren. Sein Totenschein ist uns erhalten. Der Vermerk „Häftlingskrankenhaus" gibt seinen Ausstellungsort an. Er enthält – preußischer Ordnungssinn herrscht immer noch – Geburtstag, Geburtsort, Beruf, Religion, Revieraufnahme und Todesstunde. Über all dem steht: „Abgang durch Tod".

In unserer Sitzung vom 28. April 2009 befand die Kongregation, dass der „Diener Gottes" Glaube, Hoffnung und Liebe sowie die natürlichen Tugenden in heroischem Maß geübt hatte. Papst Benedikt XVI. machte sich diese Wertung am 3. Juli 2009 zu eigen. Die Diözese Würzburg untersuchte ferner, ob sein Tod die Bedingungen eines Martyriums erfüllte, prüfte also das Faktum und die Umstände des Todes (*martyrium materiale*) sowie die Motivation der Schergen (*martyrium formale*), die den Tod heraufführten. Das Ergebnis wurde 2012 unserer Kongregation übermittelt. Deren erneute Beratung wird gegebenenfalls eine Empfehlung an den Nachfolger Petri ergeben, den „Diener Gottes" als Helden der Nächstenliebe in die Schar der Seligen aufzunehmen.

Clemens August Graf von Galen (1878–1946): Anwalt der Würde des Menschen und der Rechte Gottes

Wer Gottes Boten sucht, mag im Verborgenen auf ihre Spuren stoßen. Manche von ihnen – wie P. Engelmar – wurden vor dem Vergessen bewahrt, weil Zeitzeugen später ihr anrührendes Schicksal verbreiteten. Andere hatten schon zu Lebzeiten einen hohen Bekanntheitsgrad. Sie waren ihren Mitbürgern Stützpfeiler in der Brandung von Glaubensverfolgung und zertretener Menschenwürde. Während der Pater sich in unauffälliger Hingabe an seine Mitmenschen verzehrte, weil Gottes Wort ihm „das Herz brennen machte" (Lk 24,32), riefen andere das Evangelium wie Propheten mit lauter Stimme „von den Dächern" (Mt 10,27). Clemens August Graf von Galen war zu dieser zweiten Sendung vorgesehen. Doch trotz seines hohen öffentlichen Bekanntheitsgrades gibt es an ihm immer noch Entdeckenswertes.[41]

Der Bischof von Münster starb am 22. März 1946. Zehn Jahre später begann man, seine Schriften zu prüfen. Von 1957 bis 1959 dauerte der Diözesanprozess in Münster. Auf der Basis der Akten wurde dann am 15. Juli 1960 das Verfahren bei der Heiligsprechungskongregation in Rom eingeleitet. Aber die Träger des Prozesses verloren an Energie, die Sache voranzutreiben. Diese Zurückhaltung, ja Säumigkeit hatte ihren tiefsten Grund in zeitgeschichtlichen Umständen, denen zum rechten Verständnis von Person und Sendung dieses Hirten kurz nachzugehen ist.[42]

Die bald nach dem Zweiten Weltkrieg in Deutschland einsetzende Diskussion über das Verhältnis der katholischen Kirche zum Nationalsozialismus zweifelte zunächst noch nicht an dem Heroismus, mit dem man sich in der katholischen Kirche gegenüber der braunen Diktatur behauptet hatte. So schrieb Anton Koch 1947: „Kirche und NS schlossen sich aus wie Licht und Finsternis, wie Wahrheit und Lüge, wie Leben und Tod."[43] Eine neue Phase der Bewertung des Zueinanders von katholischer Glaubensgemeinschaft und Nationalsozialismus begann, als während der Jahre 1955–1957 die Bedeutung des Reichskonkordates vom 20. Juli 1933 zwischen dem Apostolischen Stuhl und der Hitler-Regierung beim Bundesverfassungsgericht in Karlsruhe verhandelt wurde. Verschiedene Autoren kritisierten die Entscheidungen der katholischen Zentrumspartei, der katholischen Politiker, des Apostolischen Nuntius Eugenio Pacelli und des Vatikans. Im Jahr 1963 brachte dann in Deutschland Rolf Hochhuth mit großem Getöse sein Schauspiel „Der Stellvertreter" auf die Bühne. Dass es sich bei dieser Polemik um eine grobe Verfälschung der Geschichte und der Person Papst Pius' XII. handelt, wurde später in exakten wissenschaftlichen Publikationen belegt, konnte jedoch bis heute der üblen Nachrede keinen Einhalt gebieten. Nach der Uraufführung des Stücks bezog man bald schon alle deutschen Bischöfe jener Zeit in dieses Klima von Vorwürfen und Ehrabschneidung mit ein. Es affizierte auch den verstorbenen Bischof von Münster, Kardinal von Galen. Darum blieb mir für meine „Ponenz" die komplexe Aufgabe, in einer Synthese der zahlreichen verlässlichen geschichtlichen Untersuchungen die entscheidende Vollversammlung der Kongregation mit der umlaufenden pauschalen Verunglimpfung des deutschen Episkopats zu konfrontieren. Was konnte ich gegen Hochhuths Geschichtsklitterung sagen und wie Kardinal Galen vom Vorwurf reinwaschen, er habe sich Hitler'scher Ideologie angepasst und ihm die Steigbügel gehalten?

Im Jahr 1931 hatte der deutsche Episkopat die NS-Ideologie klar verurteilt. In Mainz wurden sogar die Mitglieder

der Hitlerpartei (NSDAP) von den Sakramenten und der katholischen Beerdigung ausgeschlossen. Allerdings wollten die Bischöfe die Härte nicht auf die Spitze treiben. Wegen der materiellen Not der Zeit und der politisch aufgeputschten Atmosphäre durfte man nicht riskieren, gutgläubige NS-Mitläufer durch scharfe Maßnahmen aus der Kirche zu treiben. Schon damals (1932) malten Publizisten das Schreckgespenst einer Allianz zwischen den „Schwarzen" und den „Braunen" an die Wand, etwa der Schriftsteller Walter Dirks: „So wenig Verständnis der Katholizismus für jede Form von Wotanskult und Deutschkirche hat, so nahe liegen ihm doch gewisse, weniger plumpe Formen faschistischer Ideologie. Die Worte ‚Autorität', ‚Vertrauen zum Führer', ‚Ruhe und Ordnung' finden ein geneigtes Ohr."[44] Solche und ähnliche Befürchtungen verminderten nach dem Krieg die positive Wertung des katholischen Widerstandes gegen den Nationalsozialismus. Und sie verdunkelten die Tatsache, dass die Resonanz auf die NS-Ideologie bei den als frei und mündig geltenden Protestanten die der angeblich systemverwandten Katholiken um ein Vielfaches überstieg – wie es die evangelische „Kirchenbewegung der deutschen Christen" erkennen lässt, für die Hitler „unter dem Befehl Gottes" zur Rettung des deutschen Volkes stand.

Trotz der größeren Standfestigkeit der katholischen Kirche gegen den Druck des Nationalsozialismus blieben die Thesen einiger katholischer Intellektueller in den 60er Jahren im Umlauf. Das inspirierte zunächst die Behauptung, vor allem der Anpassungswille und die Bereitschaft zur kirchlichen Einreihung in den NS-Staat hätten die Klarsicht der deutschen Bischöfe nach 1933 stark getrübt. In den 60er und 70er Jahren griffen dann Historiker Kardinal von Galen als das für diese Unterstellung geeignete Demonstrationsobjekt heraus. Doch er verdient – wie sorgfältige Erhebung belegt – am allerwenigsten diese Einordnung in die braune Diktatur.[45]

Am 30. Mai 1932 wurde der Reichskanzler Heinrich Brüning gestürzt und durch Franz von Papen ersetzt. Clemens August von Galen beurteilte die neue Lage mit Sorge. Er hielt in seinem Brief an Albert Coppenrath, seinen Nachfolger als Berliner Pfarrer, die Entlassung des Kanzlers Heinrich Brüning für „ein Unglück“ und wandte sich ausdrücklich gegen diejenigen, die Hitler als Reichskanzler befürworteten: „Ich kann nicht einsehen, dass man unbedingt nach Brünings Abgang den Hitlerleuten (sic!) als den Exponenten der immer größer werdenden radikalen Kopfzahl die Machtmittel des Staates hätte ausliefern müssen.“ Er verurteilte entschieden die um sich greifende Gewalttätigkeit. In Vorlagen für seinen Bruder Franz, der seit 1932 Abgeordneter im preußischen Landtag war, erwähnte er seine Beunruhigung wegen des Vordringens des „nationalsozialistischen Radikalismus“. In einer Erörterung vom 28. Februar 1933 wandte er sich gegen eine „Willkürherrschaft der jeweiligen Mehrheit“. Freiheit und Autorität seien „an die objektiven Normen des in der Natur und Offenbarung kundgemachten Willen Gottes zu binden“.

Als die Reichstagswahl vom 31. Juli 1932 die Zahl der NSDAP-Abgeordneten von 107 auf 230 erhöhte und bald die Auflösung des Reichstags sowie Neuwahlen folgten, veröffentlichte der Graf im „Münsterschen Anzeiger“ anonym einen Artikel, in dem er seiner Furcht vor dem „radikalen Umsturz der bestehenden Staats- und Gesellschaftsordnung“ Ausdruck gab. Die „radikale Mehrheit“ würde, wenn sie erst einmal „die Machtmittel des Staates in die Hand bekäme, vielleicht die formale Legalität wahren und auf ‚verfassungsmäßigem Wege‘ eine Gewaltherrschaft, sei es kommunistischer, sei es faschistischer Prägung aufrichten“. Diese Äußerungen, die bei Joachim Kuropka noch durch manche andere Zitate des Dieners Gottes aus der fraglichen Zeit gestützt werden, lassen keinen Zweifel an Graf von Galens Widerspruch gegen den Nationalsozialismus.

Eindrucksvoll bekämpfte er ferner schon 1930 den „Mythus des 20. Jahrhunderts“ Alfred Rosenbergs, der den Nationalsozialismus als Weltanschauung für die moderne Menschheit durchsetzen wollte und in seiner rassistisch-antijüdischen „Geschichtsphilosophie“ das Christentum als jüdisches Produkt lächerlich machte. Galen verurteilte diese Lehre in seinem Fastenhirtenbrief vom 29. Januar 1934. Darin stellte er gegen die Gemeinschaft des Blutes und der Rasse die einer höheren Gemeinschaft aus der Erlösung durch Christus, der von Sünde und Schuld befreite. Später im Jahr folgte am 26. März zu Ostern eine detailliertere Abrechnung von den Kanzeln. Die beiden Briefe hatten für die Christen eine befreiende Wirkung. Und die Nationalsozialisten bereiteten den Gegenangriff schon vor. Doch Galen ließ sich nicht einschüchtern und nutzte seine Predigten, das Gewissen der Gläubigen zu schärfen. Später tat er weitere Schritte, in denen er sich gegen die NS-Unterwanderung der Kirche wehrte: Seine Diözese veröffentlichte „Studien“ gegen Rosenbergs „Mythus“ und stellte eine Liste von Konkordatsbrüchen durch den Staat zusammen. Zudem intervenierte Galen beim Oberpräsidenten von Westfalen, dem später hingerichteten Widerstandskämpfer Ferdinand Freiherr von Lüninck, um eine Rede Rosenbergs in Münster zu verhindern. Hand in Hand mit solchen Einsprüchen wuchsen offenbar Galens Mut und Tapferkeit, wobei ihn seine eigene Kühnheit schon einiges kostete. Sie stieß 1941 auf eine neue Herausforderung. Pfarrer Albert Coppenrath, der ihn schon aus seiner Studienzeit im Canisianum in Innsbruck kannte und auch in Berlin wie später in Münster mit ihm zusammenarbeitete, berichtet:

„Am 8. Juni war ich auf Einladung des Bischofs bei ihm zu Besuch. Wir saßen in seinem Arbeitszimmer bei einer Tasse Kaffee. Clemens August fragte mich: ‚Was sagst du zur Lage?' Ich äußerte meine Unzufriedenheit über das *altum silentium* des Episkopats betr. Judenverfolgung und Euthanasiemaßnahmen und über das Nachgeben in Sachen Aufhebung der Feiertage Christi Himmelfahrt und Fronleichnam. Da sprang Clemens August erregt auf und ging mit dröhnenden Schritten in Richtung auf das Nebenzimmer, drehte sich um und rief: ‚*Cur dicis mihi?*', schleuderte seine lange Pfeife in die Zimmerecke … und verschwand. Da er mich ja eingeladen hatte, blieb ich seelenruhig sitzen und wartete die weitere Entwicklung der Dinge ab. Nach kurzer Zeit kam Clemens August zurück. Ich sagte: ‚Exzellenz, Sie fragten: ‚*Cur dicis mihi?*' – Die Antwort ist sehr einfach. Ich sagte es Ihnen, weil mir die andern Bischöfe nicht vor die Flinte kommen …' Clemens August hatte sich wieder völlig in der Gewalt und erklärte mir in längeren Ausführungen die Schwierigkeit der Situation für ihn als einen der zuletzt ernannten Bischöfe. Als solcher müsse er sich viel mehr zurückhalten, als ihm lieb sei, zumal er positiv wisse, dass Kardinal Bertram ihn als Elefanten im Porzellanladen bezeichnet habe."

Trotz solcher Bedenken wagte er bald eine Stellungnahme, mit der er freilich viel riskierte: die drei Predigten vom Juli und August 1941.

Münster war zu großen Teilen zerstört, als man am Samstag, dem 12. Juli, begann, in der Stadt Ordenskonvente zu konfiszieren. Man benachrichtigte den Bischof. Er begab sich sofort zu den beiden beschlagnahmten Häusern, stellte die Gestapo zur Rede und nannte sie „Räuber und Briganten“. Nach Hause zurückgekehrt, sagte er: „Jetzt kann ich nicht mehr schweigen.“ Sein Privatsekretär hält in seinem Tagebuch fest:

> „Am Abend dieses Tages war der Bischof bei Tisch seelisch so tief erschüttert, dass er förmlich aufstöhnte und sagte: ‚Was soll man nun machen?‘ Er stützte seine Ellenbogen auf den Tisch und legte den Kopf in beide Hände. Dann sagte er: ‚Morgen um elf predige ich in Lamberti.‘ An jenem Abend saß er stundenlang an der Schreibmaschine, während der bischöfliche Diener und ich mit Dachziegeln das Dach reparierten. Ich nehme an, dass der Bischof bis tief in die Nacht hinein geschrieben hat. Die Predigt selbst zeigte vor allem in ihrem ersten Teil, dass sie in den Stunden zwischen dem Samstagnachmittag und dem Sonntagvormittag entstanden sein muss. Dieser erste Teil nimmt fast ausschließlich Bezug auf die soeben erfolgte Beschlagnahme der Klöster.“

Und bei der Predigt nahm er dann kein Blatt vor den Mund:

> „Gemeinsamkeit mit jenen Leuten, die unsere Ordensleute, unsere Brüder und Schwestern wie Verbrecher aus ihrem Land vertreiben, ohne Rechtsgrund, ohne Untersuchung, ohne die Möglichkeit der Verteidigung und ohne Rechtsspruch? Nein! Mit ihnen und mit all den für so etwas Verantwortlichen habe ich weder im Denken noch im Fühlen Gemeinschaft … Unsere Soldaten kämpfen und sterben für Deutschland, aber nicht für

diese Leute, die mit ihrem grausamen Vorgehen gegen unsere Orden, gegen ihre Brüder und Schwestern, unsere Herzen verletzen und den deutschen Namen vor Gott und vor den Menschen schänden."

Angesichts der Kraft solcher Predigten wichen die Machthaber zurück: Am 30. Juli hob ein Befehl des Führers die Besetzung der Konvente auf.

Am 3. August folgte dann die Attacke des Bischofs auf die Regierung wegen der Tötung des sogenannten „lebensunwerten Lebens". Er hatte die Gefahr klar vor Augen, der er sich aussetzte. Das belegt wieder sein Privatsekretär, der sich der letzten Stunden vor dem Gottesdienst am 13. Juli genau erinnerte. Die Eucharistiefeier in St. Lamberti begann wie üblich um 10.30 Uhr. Schon eine gute Weile vorher durcheilte der Bischof den Flur hin zum Zimmer des Privatsekretärs. Als beide das bischöfliche Haus verließen und durch das Tor gingen, sagte der Diener Gottes mit todernster Stimme: „Wenn sie mich sofort nach der Predigt festnehmen – das ist gut möglich –, bringen Sie mir bitte etwas zum Anziehen und Wäsche zum Wechseln ins Gefängnis ..." Schon vorher rechneten die Angehörigen mit dem Schlimmsten – wie wir aus dem Zeugnis der Gräfin Helene von Galen wissen. Sie hatten ihn wiederholt gebeten, über Nacht nicht im Bischofspalast zu bleiben, sondern ins Generalvikariat umzuziehen. Doch er ließ sich nicht beeinflussen.

Hier ein kurzer Absatz aus seiner Predigt:

„Wenn man den Grundsatz aufstellt und anwendet, dass man den ‚unproduktiven Menschen' töten darf, dann wehe uns allen, wenn wir alt und altersschwach werden ... Wenn einmal zugegeben wird, dass Menschen

> das Recht haben, ‚unproduktive Menschen' zu töten, und wenn es jetzt zunächst auch nur arme, wehrlose Geisteskranke betrifft, dann ist grundsätzlich der Mord an allen unproduktiven Menschen, also den unheilbar Kranken, den arbeitsunfähigen Krüppeln, den Invaliden der Arbeit und des Krieges, dann ist der Mord an uns allen, wenn wir alt und altersschwach und damit unproduktiv werden, freigegeben … Wer kann da noch Vertrauen haben zu einem Arzt? Vielleicht meldet er den Kranken als ‚unproduktiv' an und erhält die Anweisung, ihn zu töten? Es ist nicht auszudenken, welche Verwilderung der Sitten, welch allgemein gegenseitiges Misstrauen in die Familien hineingetragen wird, wenn diese furchtbare Lehre geduldet, angenommen und befolgt wird."

Der Mut und die Logik, mit der Clemens August Pflegefälle und geistig Behinderte verteidigte, machen seinen öffentlichen Ruhm aus und waren nie umstritten. Anders wird sein Verhalten hinsichtlich der Judenverfolgung beurteilt. Nach dem Krieg hieß es verschiedentlich, er habe sich nur mit halbem Herzen für den Schutz der Juden eingesetzt. Wenn er für die Juden genauso mutig eingetreten wäre wie für die Geisteskranken, dann wäre seine Tapferkeit tatsächlich überzeugend gewesen. Doch musste Galen auch Folgendes im Auge behalten: Die Judenvernichtung machte den Kern der NS-Ideologie aus und wurde viel stärker beachtet als die Tötung des „lebensunwerten Lebens"; Letzteres war für die NS-Repräsentanten eine sekundäre Frage. Daher setzte sich Clemens August privat und im persönlichen Raum für die Juden ein. Der Zeuge Pfarrer Holling ging einmal im Auftrag einiger Juden zu ihm und bat ihn, sich für die verfolgten Juden zu verwenden. Er erklärte sich sofort bereit dazu. Doch wandte er auch ein, die Einmischung seiner diskreditierten Person könnte auch nutzlos sein, vielleicht sogar deren Lage noch verschlechtern. Da hätten die Juden den Bischof durch den Zeugen gebeten, von einer öffentlichen Stellungnahme abzulassen. Gott sei's geklagt, dass diese Vorsicht nur zu berechtigt war – wie sich an der Reaktion der Nationalsozialisten auf die Kanzelerklärung der holländischen Bischöfe vom 21. Februar 1943 nur allzu deutlich zeigte: Diese Bischöfe hatten den Katholiken jede Mitarbeit an Deportationen der Juden untersagt, und das werteten die Nazis als Aufruf zum passiven Widerstand. Reichskommissar Seyß-Inquart schlug mit Brutalität zurück: Von den ca. 700 holländischen Juden wurden etwa 200 nach Auschwitz zur Vergasung abtransportiert.

Den Mut zur Auflehnung nimmt der selige Clemens August aus seinem Glauben. In ihm greifen Wissen und Handeln ineinander. Ein Verwandter, Graf Droste zu Vischering, bezeugt: „Sein Leben und Tun war geprägt von tiefem und unzerstörbarem Glauben. Alle Dinge sah er im Licht des Glaubens." Die theologische Kenntnis umfasst lange Zeit nur das Notwendigste. So behauptet er: „Bis zum Theologiestudium habe ich nur das gelernt, was mir meine Mutter beigebracht hat." Doch später dann sieht er sich berufen, die verschiedenen Inhalte der Glaubenswahrheit unverfälscht zu erhalten – wie es der beim Seligsprechungsprozess zuständige theologische Prüfer beurteilt: „Als Bischof kämpfte er mit der ganzen Kraft seines Lebens für den unverkürzten Glauben, für die katholische Erziehung, für die Freiheit der Kirche und für die Autorität des Apostolischen Stuhles." Vor allem lässt er angesichts der Bedrängnisse durch das NS-Regime nicht davon ab, den Wert innerer Treue zu Christus herauszustellen. An der Treue zu Christus misst er die Treue zu den Menschen. Auch ist bezeichnend, dass er gern vom Himmel spricht. „Vom Himmel aus sieht das alles ganz anders aus … Eines Tages sehe ich das alles von oben … Oh, wissen Sie, vom Himmel oben können wir eines Tages all diese Dinge besser sehen.“

Trotz solch mystischer Aufschwünge und der bezeugten Unbeirrbarkeit bleibt sein Glaube allerdings nicht unangefochten. Gegenüber dem beim Diözesan-Prozess in Münster schon verstorbenen Rektor des Seminars, Dr. Arnold Francken, hat er einmal bekannt, er habe in Berlin zehn Jahre lang unter der Dunkelheit des Glaubens gelitten und nur das fortwährende Gebet habe ihm die erste Sicherheit wiedergegeben. Der Kommentar des Zeugen Heinrich Holstein, der ihm persönlich nahestand, hält dafür, dass der Diener Gottes eine solche sicherlich niederdrückende, belastende Glaubensprobe – auch wenn das paradox erscheinen mag – mit Ergebung, als eine von Gott verhängte Prüfung ertragen habe. Seine Berliner Mitbrüder hätten diese Nacht des Glaubens bei ihm nicht wahrgenommen – im Gegenteil: In seiner Gesellschaft habe man sich wohlgefühlt, in einer Atmosphäre des Glaubens, die auf alle ausstrahlte.

Glaube erfüllt sich demnach für den Diener Gottes nicht im intellektuellen Anhäufen von Glaubensdaten. Sein Glaube hat aktiven Charakter. Er richtet sich auf Welt und Zeit, für die er – induktiv – der Schlüssel zur Interpretation wird. So kann der Diener Gottes selbst hinter der drückenden Situation seiner Tage die Hand Gottes suchen und ihn in seine Entscheidungen einbeziehen. Für die Vertiefung des Glaubens kommt ihm seine ausgeprägte Kraft des Fühlens zugute. Das wird im Zusammenhang mit seinem Hirtenbrief erkennbar, der am 12. Januar 1941 die Priester und Gläubigen aufforderte, sich dem Herzen Jesu zu weihen. Im Dom von Münster stand er selbst dem Konsekrationsakt vor. Nach der Beobachtung eines Mitfeiernden war der Bischof dabei so bewegt, dass er hin und wieder nicht fähig war, im Weihegebet fortzufahren. In der Kraft der Gnade bestimmen bei Clemens August dank seines Willens und seines Fühlens die „Augen des Glaubens“ (Pierre Rousselot S. J.) immer wirksamer das Leben. Sein persönlicher Sekretär sagt über den Kardinal:

> „Ich hab ihn oft in schmerzlichen oder trostlosen Situationen sagen hören: ‚*Tua res agitur* – jetzt bist Du gefragt!‘ Damit wollte er sagen: ‚Guter Gott, es handelt sich um Deine Sache. Du musst es also wissen und entscheiden.‘ Er empfand sich ganz und gar als Gottes Werkzeug und er war immer darauf aus, den Willen Gottes genau zu erkennen und entsprechend zu handeln. In diesem Punkt verbreitete er um sich Ruhe und Gelassenheit. Wer ihm nahe war, hatte großes Vertrauen in ihn. In allem, was passierte, sah er den Willen oder die Zulassung Gottes, sodass ihm hoffnungslose Traurigkeit fremd war.“

Clemens August widerstand offenbar einer modernen Form von Glaubenslosigkeit, dem Deismus. Dieser trennte die Alltagswelt von einem „Gott überm Sternenzelt“. Bischof Clemens sah Gott als souveränen Herrn der Geschichte, deren Verlauf der Ewige trotz allem in Händen hält. Prälat Heinrich Portmann sagte im Diözesan-Prozess, es sei – und das könne man ohne Übertreibung sagen – seine Gewohnheit gewesen, die Dinge des Lebens und dieser Erde in übernatürlichem Licht zu sehen und sich entsprechend auch auszudrücken. Dabei wusste Clemens August durchaus darum, dass solche Behauptungen in den Ohren seiner Mitbrüder vielleicht eigenartig klangen. Darum suchte er seine Worte zu verfremden: „Wenn er den Blick zum Übernatürlichen erhob, flocht er in seine Rede einen kleinen Scherz ein. Ich bin überzeugt, er wollte auf diese Weise vermeiden, aufdringlich, schulmeisterlich oder bigott zu erscheinen."

So hütete und vertiefte der Kardinal seine Gottesliebe und war, von ihr getragen, authentisch. Das geistliche Leben hatte Vorrang. Der spätere Regens des Priesterseminars, Prälat Johannes Weiland, berichtet von den geistlichen Übungen, mit denen er seine Frömmigkeit nährte: regelmäßige Lektüre der Heiligen Schrift – er zog sie wohl dem wissenschaftlichen Studium vor; die „Nachfolge Christi" von Thomas von Kempen war das bevorzugte religiöse Buch; er war auch eifriges Mitglied der Priestergemeinschaft Unio apostolica und kontrollierte regelmäßig seine Frömmigkeitspraxis mit Hilfe von persönlichen Aufzeichnungen. Bemerkenswert ist seine Liebe zur Eucharistie. Häufige Besuche galten dem eucharistischen Herrn und sollten diesem offenbar ganz konkret die eigene Liebe bezeugen. Eine ungenannte Ordensschwester erfährt dies etwa – wie der Zeuge Karl Bussmann berichtet –, als sie einmal unbemerkt in die Hauskapelle kam und den Diener Gottes still vor dem Altar beten sah: Er sei plötzlich aufgestanden und habe den Tabernakel umarmt. Viele Zeugen weisen ferner auf die Verehrung hin, die er der Mutter Gottes erwies, etwa sein Privatsekretär, der erwähnt, dass Bischof Clemens August etwa alle zwei Monate zur Gottesmutter nach Telgte wallfahrtete. Er brach schon am frühen Morgen auf, ging die zwölf Kilometer dorthin allein, im priesterlichen Talar. Auch liebte er die einfachen Mariengesänge wie „Maria zu lieben, ist allzeit mein Sinn …" Man konnte ihm ansehen, wie ihn dies Lied echt von Herzen rührte. Desgleichen sagt man ihm eine große Liebe zu den Reliquien nach und die

Gewohnheit, zu den Heiligen zu beten. Der wöchentliche Empfang des Bußsakramentes gehörte ebenfalls zu seinen geistlichen Gewohnheiten.

Mich bestärkten das Wort und die Tat dieses Bischofs von Münster in der Überzeugung, dass wir unser Christsein nicht privatistisch vor der Öffentlichkeit verstecken dürfen. Prophetisch die Stimme für die Rechte Gottes zu erheben, ist Chance und Verpflichtung, die mit jemandes Grad gesellschaftlicher Anerkennung steigt. Hart verurteilt der Prophet Jesaia schon im Alten Bund die Führer Israels, die versagen: „Die Wächter des Volkes sind blind, sie merken allesamt nichts. Es sind lauter stumme Hunde, sie können nicht bellen" (Jes 56,10). Clemens August gehörte nicht zu solchen Versagern. Demgemäß erhielt ich bei der monatlichen Zusammenkunft unserer Kongregation im November 2004 nach meinem Vortrag ein positives Votum über den „Diener Gottes". Auch ein Zeichen für die Mächtigkeit seiner Fürsprache hatte er inzwischen gewirkt: Bei ihrer Krankenpflege im fernen Indonesien flehte ihn die Steyler Missionsschwester Vianelde Keuß für den Jungen Hendrikus Nahak an. Der lag nach einem Blinddarmdurchbruch im Sterben, und er wurde auf die Fürbitte des Kardinals geheilt. So kam die Prüfung von seinem Leben und Werk endlich zu dem erhofften Ergebnis. Schon am Ende seiner irdischen Tage hatte er ja unter den Katholiken in hohem Ansehen gestanden. 1946 war er von Papst Pius XII. zum Kardinal ernannt worden. Man nannte ihn den „Löwen von Münster". Seinem Wahlspruch gemäß – *Nec laudibus, nec timore* – weder aus Ruhmsucht, noch aus Unterwürfigkeit – zeigte sich in ihm etwas von der Standhaftigkeit alttestamentlicher Propheten. In seinem unerschrockenen Trachten allein nach Gottes Weisung bleibt er allen Christen ein Vorbild, besonders den geweihten

Hirten. Am 9. Oktober 2005 wurde er unter Beteiligung von Papst Benedikt XVI. in Rom seliggesprochen. Sein Gedenktag ist der 22. März.

Die Heroen: ein Spiegel der Gnade Gottes

Indem ich mich auf die genannten Männer und Frauen einließ, konnte ich mich dem Erschreckenden und Faszinierenden überzeugender Gläubigkeit nicht entziehen. Was ihnen zugemutet worden war, verwirrte mich. Rasch musste ich mir eingestehen, dass ich selbst überfordert wäre, wollte ich es ihnen gleichtun. So bewahren diese Männer und Frauen uns Christen wenigstens vor vollmundiger Selbstgefälligkeit und zwingen zur Demut. Aber es muss doch von ihnen gesprochen werden. Denn durch sie werden Gottes Macht und Wirken heute greifbar. Sein wundersamer Abglanz von Gnade unter uns zeigt sich. Darum wecken sie Freude und ein wenig allgemeinen „Familienstolz", auch selbst Glied an diesem Leibe Christi zu sein.

VI. Abschied und Neuanfang

> Gott ist der einzige Freund, der die wesentliche Einsamkeit nicht aufhebt, in dem vielmehr die Einsamkeit als solche erfüllt wird. Nicht allein deshalb, weil er so leise und unaufdringlich, auch nicht weil er so groß ist, dass ihn zu umfassen unmöglich ist. Sondern weil unsere tiefste Sehnsucht nach Einsamkeit gar nicht Sehnsucht nach uns selber ist, sondern nach jener inneren Liebe und Zwiesprache, die jenseits eines bloßen Gegenüberstehens von Ich und Du liegt, in einer Region, wo Eins und Zwei hinter uns liegen.
>
> *Hans Urs von Balthasar*

Am 2. April 2005 starb Papst Johannes Paul II., der gleich von öffentlichen Stimmen den Beinamen „der Große“ bekam. Er hatte einer in das Jungsein verliebten Welt gezeigt, was Altern bedeutet: den eigenen Verfall in der Nachfolge Christi anzunehmen. Wir waren alle Zeugen seines langen Abschieds geworden, den er am Ende sogar gleichsam zu einer öffentlichen Glaubenspredigt gemacht hatte.

Obschon dieser Papst in Lehre und Beispiel die Schwelle des Christseins erhöhte, statt sie tiefer zu legen, weckte sein Zeugnis ein überwältigendes Echo. Die Gläubigen nah und fern reagierten angerührt, ergriffen auf sein Scheiden. „Nie haben so viele Menschen ehrlichen bewegten Herzens Abschied von einem Toten genommen", fasste es Heinz-Joachim Fischer in einem seiner informativen Artikel in der FAZ zusammen. Über den Globus hin bekundeten stundenlange Sondersendungen im Fernsehen und mehrseitige Zeitungsberichte ehrliche Anteilnahme und Hochachtung. In Rom zog sich in den Tagen vor dem Requiem die Schlange der Wartenden, die an seiner Bahre im Petersdom Abschied nehmen wollten, über die Via della Conciliazione bis in die Nebenstraßen. Fünf Stunden harrten die Trauernden gelegentlich aus. Warum kamen so viele Menschen und brachten dieses Opfer? Da war neben der Ehrerbietung große Dankbarkeit spürbar. Der Papst hatte den Glauben gestärkt, dass man mit Gott das Leben bestehen kann, hatte seine Zeitgenossen dafür gewonnen, neu auf Christus zu setzen.

Auch in Deutschland bewegte sein Heimgang die Herzen, sodass die elektronischen Medien ungewöhnlich häufig berichteten. Bis zu seinem Ende hatte er sich als authentisch und geradlinig erwiesen. Verziehen waren die provozierenden Mahnungen: „Man kann nicht nur auf Probe leben, man kann nicht nur auf Probe sterben. Man kann nicht nur auf Probe lieben, nur auf Probe und Zeit einen Menschen annehmen" (Köln, Deutschlandbesuch im November 1980); überdeckt der professorale Groll, der sich in der „Kölner Erklärung" (1989) Luft gemacht hatte; verdrängt die Proteste und Polemiken auch mancher Bischöfe und kirchlicher Repräsentanten gegenüber der päpstlichen Forderung, aus der staatlichen Schwangerschafts-Konfliktberatung auszusteigen (1999). Aufmüpfigen und Störrischen blieb einige Zeit der Mund verschlossen.

Und dann das Requiem: Über zwei Millionen Pilger bevölkerten die Stadt. Die Großen der Welt aus Politik und Wirtschaft hatten sich vor der Basilika Sankt Peter eingefunden. Kardinal Ratzinger, der Dekan des Kardinalskollegiums, war Hauptzelebrant. Er legte das Evangelium aus, und seine Predigt kreiste um den Vers, mit dem der Herr dem Apostel Petrus dessen Zukunft ankündigte: „Du aber folge mir nach!" (Joh 21,22). Karol Wojtyla sei dieser Weisung Jesu Christi durch alle Etappen seines bewegten Lebens nachgekommen.

Auch wenn die Routinearbeit im Vatikan weiterging, so bedrückte doch uns alle zusammen mit vielen im Volk Gottes der Heimgang Johannes Pauls II. Auch waren gerade seine letzten Tage zu Herzen gegangen. Ich wollte das Gedenken an ihn wachhalten. Schon frühzeitig war es mir über seinen Sekretär Stanislaw Dziwisz gelungen, eines seiner weißen Scheitelkäppchen (Pileolus) zu bekommen, das ich nun aufbewahre. Immer suchte ich in den 25 kurialen Jahren die innere Übereinstimmung mit ihm, wenn Entscheidungen in der Arbeit anstanden; die Richtungswahlen auf meinem römischen Lebensweg waren selten erfolgt, ohne dass er direkten oder indirekten Einfluss gehabt hätte.

Aus all den Gründen konnte ich seine letzte Leidenszeit nicht mit der Objektivität eines Krankenbulletins registrieren. Seinen langsamen Verfall begleitete ich mit schmerzvoller Anteilnahme. Nach seinem Tod spürte ich eine innere Leere, ein Gefühl der Verwaisung erfüllte mich. Andererseits erkannte ich, dass er nun erlöst war: Gott hatte ihn zu sich genommen, ihn von der Last des Amtes und vom Leiden befreit. Der in seinem Leben so dynamisch Gottes Werk weitergeführt hatte, er würde sich auch nach seinem Tod und bei der Wahl seines Nachfolgers als machtvoll zeigen.

Kandidaten-Spekulationen

Bald schon brach die Zeit des Vorkonklaves an. Wer würde „dem Großen" nachfolgen? Gewiss, auch der Präfekt der Glaubenskongregation wurde genannt. Doch ich selbst hielt seine Wahl für höchst unwahrscheinlich. Von einem Neugierigen scherzhaft provoziert, hatte er vorher im kleinen Kreis ernst reagiert: Er würde in jedem Fall ja erst noch einmal gefragt, ob er eine solche Wahl annehme. „Und dann kann ich ja auch ablehnen", kommentierte er in einem Ton, der entschieden klang.

Außerdem gab es da noch die Vorbehalte gegen ihn, auf die man dann und wann in den Kommentaren traf. Da war etwa das Image, das ihm seine bisherige Tätigkeit eingebracht hatte: Er setze auf Distanz, verbreite um sich Autorität, handle nicht mit Diplomatie, sondern mit Strenge. Aber nur ein barmherziger, konzilianter Hirte könne heute die Einheit der Kirche sicherstellen. Unausgesprochen floss in die Vorbehalte nicht selten Ratzingers nationale Herkunft ein. Er ist ein Deutscher. Da wird ungute Geschichte wach – nicht nur bei Italienern, auch in Holland, England, Polen und den USA. Wohl mag man es nördlich der Alpen kaum wahrnehmen: In den Respekt vor den Deutschen mischt sich nicht selten die Furcht. Wie mir einmal ein Italiener das Verhältnis zwischen seinem und unserm Volk kommentierte: „Die Deutschen lieben die Italiener, aber sie schätzen sie nicht; die Italiener schätzen die Deutschen, aber sie lieben sie nicht." Schließlich die Ressentiments der eigenen Landsleute. Selbst deutschen Beteiligten am Konklave, deren gut gemeinte, aber fragwürdige Pastoralinitiativen unter Johannes Paul II. von ihm als unhaltbar durchschaut worden waren, würde er als ungeeignet erscheinen. Hatte nicht sein Bruder selbst in einem Interview erklärt, eine solche Wahl sei völlig ausgeschlossen?

Dann hielt er als Dekan des Kardinalskollegiums am 18. April die Predigt bei der Eucharistiefeier, mit der das Konklave einsetzte. Sie war die Botschaft eines Mannes, der sich beim Abschied von aller zentralen kirchlichen Verantwortung die große Freiheit leistete, alle „Diktatur des Relativismus" zu geißeln – „... das Sich-treiben-lassen hierhin und dorthin von jedem Windhauch der Lehre" –, für jemanden, der sich selbst hätte empfehlen wollen, ein törichter Missgriff. Gegen jede um sich greifende Beliebigkeit in der Kirche verkündet er das einzige tragfähige Fundament: „Wir hingegen haben ein anderes Maß: den Sohn Gottes, den wahren Menschen."

Die Gerüchteküche brodelte. Vielleicht war es nicht schlecht, dass ich ihr entfliehen musste. Denn es drängte ein wichtiger Auswärtstermin. Ich hatte die polnische Übersetzung meines Buches „Die verlorenen Väter – ein Notruf"[46] vorzustellen. Ich flog allem dramatischen Getriebe zum Trotz nach Warschau. Anscheinend war Kardinal Ratzinger mein Fernsein aufgefallen. Üblicherweise begegnete ich ihm nämlich mehrfach die Woche, da wir im Palazzo der Sant' Uffizio denselben Aufzug nutzten, wenn er die Arbeit in der Glaubenskongregation beendet hatte und ich nach Dienstschluss in meine Wohnung im dritten Stock kam. Gelegentlich kam es dann auch zu kleinen Kommentaren kirchlichen

Geschehens. Ob er auch diesmal einen Gesprächskontakt suchte? Jedenfalls sagte mir bei meiner Rückkehr am 18. April kurz vor Mittag der Sekretär des Kardinals, Msgr. Gänswein, Kardinal Ratzinger habe sich bei ihm nachdrücklich erkundigt, wo ich denn eigentlich stecken würde. Ich sei in Rom, habe er geantwortet. Darauf der Kardinal: „Ich sehe ihn aber nicht." Er habe ihm dann geantwortet: „Heute morgen bin ich ihm noch begegnet." Auch wenn ich nie den Grund für seine Erkundigung erfahren habe, nutzte ich diese später nur zu gern, um mir gleich nach der Papstwahl in einem eigenmächtigen Schritt außerhalb des Protokolls einen Weg zu ihm zu verschaffen.

„Habemus Papam!"

Als sich um 16.30 Uhr die Türen des Konklaves schlossen, lag eine große Spannung über Rom. Sie löste sich an jenem schicksalsschweren Dienstag, dem 19. April. Natürlich war ich gleichfalls unter den Pilgern und Schaulustigen auf dem Petersplatz. Endlich der weiße Rauch; dann das Auftreten des chilenischen Kardinals Medina. Bevor er den Erwählten nannte, machte er in den verschiedensten Weltsprachen seine umständliche Einleitung, die mir kein Ende zu nehmen schien. Dann endlich kam der lateinische Vorname – „Josephum"! Nach diesem Wort hatte ich keinen Zweifel mehr: Kardinal Ratzinger war gewählt worden. Ich konnte es kaum fassen: Einen Landsmann und mir wirklich vertrauten Mitbruder hatten die Kardinäle zum Nachfolger der Apostels Petrus gewählt. Auf ihn hat Christus seine Kirche gebaut, die die Pforten der Hölle nicht überwältigen würden. Dazu war er ein Mann, dessen überragende Theologie mir immer wieder Neues gezeigt und dessen innige Gottverbundenheit mich angezogen hatte. Und außerdem mein Landsmann: Welche Gnade für mein Vaterland! Der donnernde Applaus auf dem Petersplatz bestätigte nur mein Denken und Fühlen. Dann trat er selbst auf die Loggia. Der Jubel kannte keine Grenzen. Die Menge klatschte, wirbelte mit den Armen, die Jugend stieß Freudenschreie und -pfiffe aus.

In schroffem Gegensatz zu solchem Enthusiasmus stand freilich die Beklemmung, die die Entscheidung im neuen Papst geweckt haben mochte. Er bekannte sie bei seiner ersten Generalaudienz am Montag nach der Amtseinführung: Noch bevor er zur vorbereiteten Rede ansetzte, deutete er den abgelaufenen Wahlprozess mit dem Anbringen des Damoklesschwertes über seinem eigenen Haupt. Er sah sich demnach mit der Annahme des Amtes in eine äußerst gefährliche Lage gebracht. Denn der sizilianische König Damokles hatte – wie die Sage berichtet – seinem Diener zwar den Wunsch erfüllt, den Thron seines Herrn zu besteigen, doch setzte dieser damit sein Leben aufs Spiel. Denn über dem Thron hing ein scharfes Schwert, das lediglich an einem Pferdehaar (!) befestigt war und leicht herunterfallen konnte. Dann wurde Benedikt noch deutlicher und erzählte eine private Episode aus dem Konklave – nicht ohne zu versichern, dass er mit dieser Preisgabe nicht das gebotene strenge Stillschweigen breche. In einem bestimmten Augenblick des Prozesses habe er den kleinen Brief eines andern Kardinals in seiner Tasche gefunden. Die Zeilen hätten ihn aufgefordert, sich den absehbaren Ergebnissen nicht zu verweigern. Er habe – so der mahnende Mitbruder weiter – zum Requiem Johannes Pauls II. so stark herausgestellt, wie der verstorbene Papst Jesu Aufforderung an Petrus: „Du aber folge mir nach!“ trotz allen Zögerns nachgekommen sei. Jetzt liege es an ihm, dieses Wort des Herrn auf sich selbst anzuwenden. Von diesem kleinen Schreiben bekannte er später einmal: Es „fiel mir ins Herz“. Die beiden genannten Anekdoten lassen die Last erahnen, die die Übernahme des Papstamtes für Kardinal Ratzinger war.

Der neue Papst wählte sich Benedikt zum Namen. Er bezog ihn auf den heiligen Mönchsvater, den Patron Europas. Außerdem wusste er sich dem unmittelbaren Namensvorgänger, Benedikt XV., verbunden. Dieser hatte 1917 den Ersten Weltkrieg als „unnötiges Blutbad“ verurteilt und in seiner Enzyklika 1920 die Staaten aufgerufen, von den gegenseitigen Verdächtigungen abzulassen und zu „einer Familie der Völker“ zusammenzufinden. Im gleichen Sinn wollte sich auch der Papst aus Deutschland die Zusammenführung der europäischen Völker angelegen sein lassen.

Schon während seines Pontifikats sagte mancher, Gottes Geist hätte die Kardinäle nicht besser führen können. Benedikts Wort und sein Schrifttum haben weltweit erstaunliches Interesse geweckt. Und Menschen aus aller Welt wollten ihn sehen. Schon vor Jahren kamen Kardinal Ratzinger und ich einmal auf die Ströme der Vatikanpilger zu sprechen, die schon der Wojtyla-Papst so erstaunlich hatte ansteigen lassen. Ich sagte ein wenig bekümmert: „Was wird der Nachfolger von Johannes Paul II. tun, wenn zum sonntäglichen ‚Mittagsgebet‘ und zu den Mittwochs-Audienzen der Petersplatz leer bleibt? Man wird ihm vorwerfen, er habe keine Ausstrahlung.“ Ob sich Papst Benedikt später dieser meiner Sorge eventuell erinnerte? Wohl kaum. Jedenfalls hätte er nur lächeln können, denn die Anzahl der Rombesucher hatte in seinem Pontifikat noch sichtbar zugenommen. Die Herzen der Italiener flogen ihm bald zu. „Ich kann den Papst verstehen“, sagte eine alte, einfache Frau aus Bologna. Die Polen nahmen ihn während seiner Reise in ihr Land voller Wärme an, ohne ihn im Geringsten spüren zu lassen, dass sie statt seiner lieber ihren geliebten Karol Wojtyla hätten sehen wollen. Franzosen überzeugte er mit seinem Esprit und seinem akzentfreien Französisch. Bei seiner England-Reise (September 2010) und sogar später in Deutschland (September 2011) gelang ihm das Wunder eines Stimmungsumschwungs zum Guten.

Natürlich mag ein Versuch reizen, die Gründe für seine große Resonanz bei den Zeitgenossen herauszufinden und sie vielleicht verständlicher zu machen: Was gibt dem Ratzinger-Papst seine „Rufkraft“ (Heinrich Spaemann)? Antworten auf diese Frage müssen selbstredend spekulativ bleiben. Ich stellte mir zunächst dieselbe Frage, die mir nach dem Papstwechsel auch von anderen oft gestellt wurde: Was unterscheidet den neuen Papst von seinem Vorgänger? In jedem Fall bestimmten das jeweilige Naturell und Temperament, die Umstände der Herkunft und der Lebenslauf die Schwerpunkte ihres Regierens. Auch die individuelle, vom Studium mitgeprägte Sicht von Sein und Leben schlägt sich bei beiden nieder – war der eine doch eher Philosoph, der andere durch und durch Theologe. Demnach ist es die jeweilige Biographie, aus der sich die persönlichen Akzente für ihre Lehre und Verkündigung ergaben. Mindestens entnahm ich solchen Spekulationen, dass sich die Phantasie des Heiligen Geistes für die Leitung der Kirche auf Erden nicht in Regeln pressen, sondern dass sie vielleicht genau die Botschaft verkünden lässt, die für die jeweilige Epoche dringlich ist.

Der christliche Philosoph Karol Wojtyla sah zunächst sich selbst und uns alle primär bezogen auf Eindrücke, Erfahrungen und Denkweisen der alltäglichen, menschlichen

Umwelt. Diese rückte er dann in den Horizont des Glaubens, um sie umfassend darzustellen und zu deuten. So zielte er darauf, Schöpfung und Geschöpfe im Licht der Offenbarung zu lesen und dann auch christlich zu durchdringen sowie zu formen: das Bild des Menschen, der Familie, des Volkes, der Kräfte der Gesellschaft und ihrer Institutionen, des Miteinanders der Bürger in Friede und Gerechtigkeit. Seine Lehrtexte, seine Homilien und Predigten nahmen sich alles vor, was der gesunde Menschenverstand bedachte, was geweihte Hirten und Politiker beschäftigte und die Zeitungen füllte. Von dort schlug er dann jeweils die Brücke hin zu dem Anspruch Jesu Christi. So etwa in seiner ersten Enzyklika „Redemptor hominis", in der er ausgehend von den „Ängsten des Menschen" den Weg findet zum Fortschritt, zur Macht der Produktionssysteme und der Kommunikationsmittel, zum Hunger in der Welt, zu den Finanzmechanismen und Wirtschaftsstrukturen, um dann all das in das Licht der Worte Christi, des universalen Richters, zu stellen.[47]

Zu solcher Weltdeutung sah sich Papst Wojtyla gedrängt und befähigt, weil er einer Kirche entstammte, die durch leidvolle Geschichte und unterschiedliche politische Unterdrückung in ihrem Glauben gestärkt worden war. Nun zielte er darauf, den Geist des Christentums in die Gesellschaft zu tragen. Charakteristisch waren die Worte in der ersten Ansprache seines Pontifikats: „Öffnet, ja reißt die Tore weit auf für Christus! Öffnet die Grenzen der Staaten, der wirtschaftlichen und politischen Systeme, die weiten Bereiche der Kultur …" So redet jemand, für den das Glaubensfundament keine Brüche hat. Mit Schwung und Unbekümmertheit trachtete er danach, den Reichtum des Zweiten Vatikanischen Konzils, an dem er selbst maßgeblich beteiligt war, aufzuschlüsseln und in die Weltkirche weiterzugeben. Der optimistische Ton dieses Konzils beflügelte ihn. Nur der einfältige Zeitzeuge würde den unmessbaren Impuls auflisten wollen, den der Heilige Geist Karol Wojtyla dank seiner Sensibilität und Genialität für das Verständnis des Menschen und die Verankerung der Kirche und der Gesellschaft im Glauben gegeben hat.

Hinter Benedikt XVI. steht eine ganz andere Lebenserfahrung. In seiner Autobiographie „Aus meinem Leben. Erinnerungen (1927–1977)“[48] schildert er unbeschönigt, wie er etwa die stürmischen Jahre an der Universität Tübingen erlebte: die Zersetzung der Theologie und ihren Missbrauch zur Messianisierung des Marxismus; deren Anknüpfen bei der Glut biblischer Hoffnung – aber nicht um Letztere Gott zuzuwenden, sondern sie als politischen Motor zu nutzen. Joseph Ratzinger hatte leidvoll die aggressive Leugnung von Glaubenswahrheiten ausgehalten und war als Professor wie als Bischof vor dem Säkularismus in den Reihen auch der Katholiken erschrocken.

Papst Benedikt, der aus einer postmodernen Welt kommt, setzte darum nicht voraus, dass die Personen und Inhalte der Heilsgeschichte uns noch nahestehen, dass Geschehnisse und Worte noch bekannt sind und nur angedeutet werden müssen oder dass gar die simple Wiederholung von Dogmen ausreichend ist. Er verstand sich als zeitgemäßer Rufer und nahm sich eine Erkenntnis der Wissenssoziologie zu Herzen: „Was nicht mehr ausgesprochen wird, fällt dem Vergessen anheim.“ Seine Weisungen spiegeln dabei unmittelbar die Offenbarung und Überlieferung wider. Er gibt den biblischen Gestalten Konturen und spricht mit ihren Worten. Seine Verkündigung ragt heraus durch eine Schau von Gottes Offenbarung, wie sie nur selten geschenkt wird, und durch große Sensibilität für den seelischen Hunger, wie ihn der Ehrfürchtige im Zeitgenossen entdeckt. All seine Verkündigung soll nur den Zugang eröffnen zu dem einen fundamentalen Seelsorgeimpuls des Ratzinger-Papstes: den Menschen für Gottes Liebe und Nähe zu gewinnen. Wohl bleiben ihm dabei Vernunftwahrheit und Alltagssorgen im Blick. Aber sie werden nie dominant oder absolut gesetzt, sondern sie stehen immer unter dem Worte Gottes. Nicht selten formuliert er solchen Bezug ausdrücklich. So ergibt es sich, dass zu unterschiedlichsten Themen Schriftverweise eingestreut sind. In seine theologische Lehre transportiert er den Geist des Evangeliums und entkommt damit der Abstraktion, die – wenn auch zuweilen gewiss unumgänglich – dem Glauben leicht die Leuchtkraft nimmt. Er versäumt deshalb keine Gelegenheit, den Glauben als systematisches und abstraktes Lehrgebäude abzutragen und dessen personale Dimension herauszustellen. Er wirbt für unsere intime Zuwendung zum himmlischen Vater. Nach dem Vorbild des neutestamentlichen Jesus selbst nutzt er jede Thematik, uns für den himmlischen Vater als die Mitte der Offenbarung und unseres Heils zu gewinnen. Offenbar drängt ihn dazu seine eigene gewusste und gefühlte Nähe zum Herrn.

Typisch für seine pastorale Absicht und Methode waren etwa die Katechesen der Mittwochsaudienzen. In ihnen knüpfte er monatelang bei den Lebensbeschreibungen der Apostel, der Kirchenväter und der Mystiker des Mittelalters an. Wieder und wieder hatte er so Gelegenheit, den römischen Pilgern ans Herz zu legen, sie müssten Jesus ganz persönlich nachfolgen und eine eigene Beziehung zu Gott aufbauen. Später entschloss er sich dazu, als Papst eine Monographie „Jesus von Nazareth“ zu publizieren. Das verwunderte Kenner und verstörte Wohlmeinende; denn bislang hatte sich kein Nachfolger Petri in die wissenschaftliche Auseinandersetzung eingemischt. Er aber machte sich daran, durch das Geröll exegetischer Einzelanalyse, das die letzten Jahrzehnte hinterlassen hatten, den Weg zur Person Christi neu freizuschaufeln. In mehr als dreißig Sprachen liegen die Auflagen der drei Bände dieses Werkes weit über der Millionengrenze.

In einer sehr persönlich gehaltenen Predigt anlässlich seines diamantenen Priesterjubiläums am 29. Juni 2011 wagte er den seltenen, für einen Papst höchst ungewöhnlichen Schritt, den Hörern seine private Frömmigkeit zu eröffnen. Er deutete Jesu Wort aus dem Johannes-Evangelium: „Nicht mehr Knechte, sondern Freunde nenne ich euch" (Joh 15,15). In diesem Wort sah er das ganze Programm seines priesterlichen Lebens. So bewegte ihn die Frage: „Was ist das eigentlich, Freundschaft? *Idem velle, idem nolle* – dasselbe wollen und nicht wollen", zitierte er die Antwort der Antike. Dann machte er sich daran, solches Verständnis von Freundschaft weiter zu ergründen. Sie sei Gemeinschaft des Denkens und Planens, sei Kenntnis und Vertrautsein – wie es Jesus, der als guter Hirt die Seinen beim Namen rufe, uns zusichere (Joh 10,3). Dann sprach der Jubilar gleichsam zu sich selbst: „Er kennt mich mit Namen. Ich bin nicht irgendein anonymes Wesen in der Unendlichkeit des Alls. Er kennt mich ganz persönlich. Kenne ich ihn? Die Freundschaft, die er mir schenkt, kann nur bedeuten, dass auch ich ihn immer mehr zu erkennen versuche; … dass mein Wille hineinwächst in das Ja zu dem seinigen. Denn sein Wille ist für mich kein äußerer, fremder Wille, dem ich mich mehr oder weniger willig beuge oder auch nicht beuge. Nein, in der Freundschaft wächst mein Wille mit dem seinigen zusammen …" Und schon wurde seine Predigt zum Gebet: „Herr, hilf mir, dich immer besser zu erkennen. Hilf mir, immer mehr eins zu sein mit deinem Willen. Hilf mir, mein Leben nicht für mich selbst zu leben, sondern es mit dir für die anderen zu leben. Hilf mir, immer mehr dein Freund zu werden."

Papst Ratzinger – ein Mystiker auf dem Stuhl Petri? Vielleicht. Jedenfalls befolgt er genau die Devise, die sein bekannter Vorgänger auf dem Münchener Bischofsstuhl eines Tages formulierte. Es war bei der Synode der Bistümer der Bundesrepublik, in der zweiten Hälfte des vergangenen Jahrhunderts. Ich habe bereits auf die spannenden, oft dramatischen Beratungen und Diskussionen in Würzburg hingewiesen. Zölibat, Unauflöslichkeit der Ehe, Interkommunion und die Weitergabe des Glaubens an die nachfolgende Generation erregten heftig die Gemüter. Damals sagte der Präsident der Deutschen Bischofskonferenz, Kardinal Julius Döpfner, in einer Ansprache: „Wir können dem Menschen von heute keinen besseren Dienst erweisen, als ihn sicher zu machen: Gott ist, und er ist für mich, er ist für uns da."[49] Papst Benedikt stellte sich der postmodernen Gesellschaft, indem er genau diesen Dienst für die Weltkirche leistete.

Nächstenliebe ohne „religiöse Krücke"?

Dem neuen Papst stand aus theologischen Gründen die Diakonie als eine der kirchlichen Grundsendungen vor Augen. Auf der Ebene der Weltkirche ist es Cor unum aufgetragen, der Misere in der Welt auf sehr konkrete und praktische Art zu wehren. Dabei musste unsere Arbeit unbedingt diesen starken neuen Akzent päpstlicher Verkündigung aufnehmen. Des Papstes Theozentrik hatte auch als Perspektive unseres Engagements sichtbar zu werden. Bei all unserem Kampf gegen das Elend durften wir die Glaubensdimension nicht unbeachtet lassen, mussten sie vielmehr als karitative Orientierung klar herausstellen – eine Aufgabe, die auch das „Annuario pontificio“ als Zielsetzung unserer Abteilung formuliert: „Die Katechese der Caritas zu fördern und die Gläubigen zum Zeugnis evangeliumgemäßer Nächstenliebe anzuhalten“.[50] Diese Sätze hatten durch das neue Pontifikat an Aktualität eher noch gewonnen.

Bei dem Referat in der Congregatio generalis nach meiner Ernennung zum Präsidenten hatte ich – wie erwähnt – bereits einige der Probleme angesprochen, die sich in diesem Licht aufdrängten. Schritt für Schritt stießen wir später noch auf andere unschöne Überraschungen, die ich anführen muss, auch wenn die Irrungen inzwischen – möglicherweise und hoffentlich – korrigiert wurden:

- Eine europäische katholische Agentur gestattete Schweizer Ordensschwestern die Beteiligung an einem Sozialprojekt nur unter der Bedingung, dass sie vorher das Kreuz von ihrem Habit entfernten; diese lehnten ab.
- Der Apostolische Nuntius in Ruanda erkundigte sich, ob wir den Träger der Hilfsagentur Trocaire kennen würden. Ihr Sitz liege in Irland. Sie arbeite schon seit Jahren im Land und habe kürzlich einen für die katholische Kirche sehr nachteiligen Vertrag mit der Regierung gemacht. Wir mussten antworten, Trocaire sei das Fastenhilfswerk der katholischen Irischen Bischofskonferenz.
- In einem von der Caritas geführten deutschen Hospiz schlug eine freiwillige Helferin vor, im Meditationsraum ein Kreuz aufzuhängen. „Nein“, war die Antwort der Leiterin. „Sonst müssten wir ja auch die Figur Buddhas und ein Bild von Mohammed

aufstellen!" – Ein deutsches Caritas-Lehrkrankenhaus derselben Stadt ermutigte durch Absprache mit einem niedergelassenen Gynäkologen zum Gebrauch einer kontrazeptiven „Pille danach", indem es sich zu enger Kooperation bereit erklärte. Eine junge Ärztin in der Facharztausbildung weigerte sich, bei einem Schwangerschaftsabbruch mitzuwirken. Ihr wurde gekündigt, und sie fand nur mit Mühe andernorts eine neue Stelle.

- Seit mehreren Jahren schon haben sich die katholischen Hilfswerke der Niederlande in die säkularen Organisationen integriert und ihre katholische Identität aufgegeben.
- Die Bischofskonferenz von England und Wales bestätigte viele Jahre lang den Nationaldirektor der katholischen Caritas, dessen homosexuelle Praxis öffentlich bekannt war.
- Als sich die Caritas der Schweiz jüngst neue Statuten geben wollte, lehnte die Redaktionsgruppe jeden schriftlichen Hinweis auf eine Bindung an oder eine Beziehung zur katholischen Kirche ab.
- Bei der Umstellung der Statuten für die kirchliche Hilfstätigkeit in Lateinamerika wählten einige Bischofskonferenzen eine neue Terminologie: „Kirchliche Liebestätigkeit" (Caritas) wurde als Leitbegriff durch „soziale Pastoral" ersetzt.

All diese Missgriffe sollen freilich nicht den Zuwachs an Humanität und Glaubwürdigkeit des Evangeliums vergessen machen, den die Liebestätigkeit der Kirche in die Welt bringt. Sie gehören lediglich zu den „Makeln", die der streitenden Kirche leider untilgbar zu eigen sind. Sie machen es andererseits unabdingbar, dass sie sich immer neu dem Prozess der Reinigung durch ihren Herrn stellen muss (vgl. Eph 5,27).

Die säkularisierte Welt von heute hat das christliche Erbe nicht vollständig vergessen. Auch wenn postmoderne Gesellschaften nicht mehr darum wissen sollten, dass der Mensch Ebenbild Gottes ist, so sind sie generell doch feinfühlig gegenüber seiner Würde. Humanitäre Sensibilität ist verbreitet. Für den US-Soziologen Amitai Etzioni ist Offenheit für den anderen ein durchgängiger Zug heutigen Lebensgefühls. Er konstatiert, dass die Nächstenliebe *(charity)* eine wertvolle Begabung der Zeitgenossen ist, und engagiert sich für den „Kommunitarismus", in dem sie für das gesellschaftliche Miteinander noch nachdrücklicher zu Buche schlagen soll.[51]

Jesu Gleichnis vom barmherzigen Samariter mit seinem Gebot der Nächstenliebe ist heute im Strom gegenseitiger Zuwendung und Verantwortung füreinander gut angenommen. Dem einen oder anderen Engagierten mag es gar scheinen, dass kirchliche Liebestätigkeit besser daran täte, sich in die Strukturen säkularer Hilfsorganisationen hinein aufzulösen. Warum die Hilfe am Nächsten mit den Hauptamtlichen und den freiwilligen Helfern nicht dem Roten Kreuz oder UNICEF zuführen? Das Kriterium liege schließlich nicht in der Motivation, sondern in der Faktizität der Hilfe – entsprechend dem Slogan: „Es gibt nichts Gutes – außer man tut es!"[52] Doch das ist ein grundlegendes Missverständnis kirchlicher Liebestätigkeit und nötigt die Glaubensgemeinschaft, deutlich zu machen, was kirchliche Caritas eigentlich ist. Durch Jahrhunderte hindurch schwamm kirchliche Nächstenliebe im Kielwasser der Pastoral, ohne zur Frage zu werden. Die Sorge um den leidenden Mitmenschen und der Kampf gegen das Elend waren ihr vom Religionsgründer in die Wiege gelegt – von dem die Apostelgeschichte schreibt, dass er „umherzog und Gutes tat“ (Apg 10,38). Nach biblischer Weisung war die gute Tat nichts anderes als der Ausweis der Gottesliebe; das zweite Gebot, das „dem ersten gleich ist“ (vgl. Mt 22,34 ff.). Vom schlichtgläubigen Christen bis zum gefeierten Heiligen wurde die Nächstenliebe spontan geübt, weil das Wort der Schrift und praktizierter Heroismus sie eingab. Man reflektierte sie nicht eigens, brauchte zum Engagement keine systematische Abhandlung. Selbst das Zweite Vatikanische Konzil stellte die kirchliche Diakonie nicht geschlossen dar, sondern beschränkte sich vielmehr auf verstreute und sporadische Einzelforderungen. Reicht aber die lobenswerte Praxis als solche heute noch hin, der Kirche eine wesentliche Dimension ihrer Sendung zu erhalten?

Nach der schon erwähnten Zusammenkunft der Leiter der vatikanischen Abteilungen (Congregatio generalis) am 25. November 1999 hatte Papst Johannes Paul II. von mir ein Pro memoria erbeten, in dem ich Folgerungen aus ihr ziehen sollte. Am 17. Dezember legte ich ihm schriftlich einige Punkte vor und schlug ihm als langfristiges Ziel ein Lehrschreiben zum Thema Caritas vor. Vielleicht war der Wunsch etwas zu ambitioniert. Jedenfalls traf er im Staatssekretariat offenbar auf wenig Gegenliebe – nicht zuletzt weil man dem Papst auch wegen seiner Altersschwäche wohl keine Enzyklika mehr zumuten wollte. Eine Weile schien er „vom Tisch“. Dann, im Februar 2003, zeigte sich, dass er nicht ganz vergessen war. Der Papst selbst schaltete sich ein. Er lud mich in sein Appartement zum Essen und beauftragte mich zur Erstellung einer ersten Version für einen solchen Text. Dem Vorschlag stand dann freilich ein langer Redaktionsprozess bevor, wie er für das Entstehen vatikanischer Dokumente gewiss nicht selten ist.

Zusammen mit meinen Mitarbeitern und einigen Experten machten wir uns an die Arbeit und erstellten einen Entwurf, den ich im Mai des Jahres Kardinal Ratzinger zeigte. Er korrigierte einiges und riet, ihn ins Italienische zu übersetzen. Wir übergaben ihm dann die neue Fassung. Diese sah er gründlich durch und versah sie mit Verbesserungen und Einfügungen, die er mir mit einem Brief vom 24. März 2004 zusandte. Die so entstandene Fassung schickten wir nochmals an das Staatssekretariat. Vor den Sommerferien, am 28. Juli 2004, kam dann dessen verblüffende Ablehnung. Unser Projekt wurde verworfen. Gestützt auf allerlei wenig einleuchtende oder kaum relevante Beanstandungen, wurde bezweifelt, dass die weitere Arbeit an dem Text überhaupt sinnvoll sei. Er „stellt keine geeignete Basis für die Formulierung eines so bedeutenden Dokuments … dar". Das war eine herbe Enttäuschung. So schien es mir beinahe providenziell, dass Kardinal Ratzinger just in Brixen seinen Sommerurlaub verbrachte. Denn auch ich pflegte dort jährlich meine Ferien zu machen. Es war also leicht, den Mentor um Rat zu fragen. Er ermutigte mich, die Sache nicht aufzugeben, und diktierte mir gleich einen Antwortbrief, der den vorliegenden Entwurf verteidigte. Ich schickte das Schreiben am 9. September an das Büro des Papstes und versäumte nicht zu erwähnen, dass die Erstellung eines Dokumentes auf den Wunsch des Papstes selbst zurückgehe und ich daher der übernommenen Aufgabe nachzukommen gedächte. So verhinderten wir den Abbruch des Projekts, wiewohl die rapide abnehmende Gesundheit Johannes Pauls II. zunächst seine Fortführung unmöglich machte. Dann aber kam der Tag der Wahl Kardinal Ratzingers.

„Da bist du ja!"

Gleich bei der Verkündigung von Ratzingers Wahl erinnerte ich mich daran, dass er am Morgen vor Konklave-Beginn bei seinem Sekretär intensiv nach mir gefragt hatte. In den gemeinsamen römischen Jahren war unsere menschliche Nähe zueinander gewachsen. Und er war nun der Nachfolger des Apostels Petrus, auf den der Herr seine Kirche gegründet hatte! Es drängte mich zu einer persönlichen Begegnung mit ihm, die ihm meine Freude und Hochstimmung persönlich zeigen konnte. So nahm ich die Information von Georg Gänswein gern zum Anlass, trotz des festgelegten vatikanischen Zeremoniells einen Weg zu ihm zu suchen.

Msgr. Karel Kasteel, Sekretär unserer Abteilung Cor unum, hatte nach Ende des Konklaves Zugang zur Sixtinischen Kapelle, weil er auch Dekan des Prälatenkollegiums der Camera Apostolica war. So nahm er am Morgen des 20. April an der ersten Eucharistiefeier des Neugewählten mit den Kardinälen in der Sixtina teil. Ich versuchte ihn dort über sein Mobiltelefon zu erreichen und bekam – trotz aller gegenteiligen Befürchtungen – sofort Kontakt. Msgr. Kasteel hatte nämlich im Moment meines Anrufs gerade die Sixtina für ein paar Minuten verlassen, um selbst ein eiliges Telefonat zu führen. Ein Geschenk der göttlichen Vorsehung! Meine Frage verstand er sofort: „Kann ich kommen, den neuen Papst zu sehen?" Er beschrieb mir einen möglichen Weg, und ich eilte in den Vatikanischen Palast. Als die Eucharistiefeier eben zu Ende ging, traf ich dort ein. Man führte mich in die kleine Sakristei. Als ich auf den neuen Bischof von Rom zuging, um ihm Gottes Segen zu wünschen, sagte er mit hörbarer Freude: „Da bist du ja!" Fast konnte ich dem Ton seiner

Stimme entnehmen, dass er für die Last seines Amtes Vertraute als Mitträger suchte.

Der neue Papst wohnte in den Anfangstagen seines Pontifikats in dem vatikanischen Gästehaus Santa Marta. Deshalb begegnete ich ihm wenig später erneut. Wir redeten kurz miteinander, und er fragte mich, als ob er mein unausgesprochenes Anliegen geahnt hätte: „Was wird denn nun aus der Enzyklika?" Mir war bewusst, dass das erste Lehrschreiben eines Papstes sozusagen sein „Regierungsprogramm" formuliert – wie es Papst Johannes XXIII. mit „Ad Petri cathedram" (29. Juni 1959), Paul VI. mit „Ecclesiam suam" (6. August 1964) und Johannes Paul II. mit „Redemptor hominis" (4. März 1979) getan hatten. So sagte ich spontan: „Ich denke, der neue Papst hat schon so viele Dinge im Kopf, die er in seiner ersten Enzyklika behandeln möchte! Aber wenn in diesem Kopf noch ein wenig Platz wäre für das Thema ‚Caritas', würde ich mich sehr freuen." Er darauf: „Ich werde mich bald entscheiden." Wenig später ließ er mich wissen, er wolle in seinem ersten Lehrschreiben das Liebesgebot behandeln. Seine Wahl erfreute mich sehr, versprach sie doch, meinen mühevollen Einsatz zu einem glücklichen Abschluss zu führen. Mehr noch: Von Papst Ratzinger durfte man kraftvollen neuen Antrieb für die Sendung der Kirche sowie für die Glaubwürdigkeit ihres Dienstes erwarten.

Was lange währt: die erste Enzyklika

Überzeugt vom Rang des kirchlichen Liebestuns für die Verkündigung des Evangeliums und von der theologischen Genialität Ratzinger'scher Gedanken, machten wir uns daran, für die angesagte Enzyklika einen spektakulären Start vorzubereiten. Nach verschiedenen Rücksprachen planten wir für Januar 2006 in Rom einen Kongress „Über die christliche Liebe". Dieser Schritt war nicht ohne Risiko. Wohl waren wir uns der Absicht des Heiligen Vaters, sein erstes Lehrschreiben der Nächstenliebe zu widmen, bewusst. Aber niemand beauftragte unser Dikasterium, seiner Publikation ein großes öffentliches Echo zu geben; wir waren nur überzeugt, dass die Materie unser Dikasterium besonders betraf. Andererseits konnten wir durch ein vorzeitiges Ankündigen weder bestimmte Inhalte noch genaue Termine ausmachen. Wie aber zu etwas einladen, ohne die eigentlichen Hintergründe zu nennen? Wie den viel beschäftigten Verantwortlichen der Caritas ihre Zeit und lange Wege abringen, ohne die Autorität eines päpstlichen Lehrschreibens in die Waagschale zu werfen?

Der Blindflug gelang. Wir waren hochzufrieden, dass sich dennoch fast 200 geweihte Hirten sowie Verantwortliche der Hilfsorganisationen aus allen Kontinenten zu dem Kongress anmeldeten, der am 23. und 24. Januar 2006 im Vatikan stattfand. Und sie brauchten es nicht zu bereuen. Für alle Engagierten wurde er ein veritables Glaubensereignis. Wohl wollten wir den Einsatz gegen das Elend in der Welt nicht theologisch-theoretischen Thesen opfern. Doch unser Hauptziel war es, einen starken geistlichen Impuls zu setzen.

Ein ausgewiesener Kenner im Feld der Caritas war Denis Viénot. Er konfrontierte uns mit seinen Erfahrungen als Präsident von Caritas Europa. Die Hoffnung der Gesellschaft auf den kirchlichen Beitrag im Kampf gegen die Not legte James D. Wolfensohn dar, der emeritierte Präsident der Weltbank. Zu der vielfältigen Bedeutung des Wortes „Liebe" und seinen Missverständnissen im kirchlichen Parlando wurde

Liliana Cavani befragt, eine international bekannte und dekorierte Filmregisseurin; im Gespräch mit ihr trugen die gedanklichen Anstöße Sabine Scharnagls vom Fernsehen des Bayerischen Rundfunks dazu bei, dass unsere Deutung des Liebesbegriffs geerdet blieb. Kardinal Francis George, Chicago, regte zu hilfreichen theologischen Reflexionen an. Außerdem schafften Zeugen und Zeugnisse aus sozialen Brennpunkten in aller Welt die gebotene Lebensnähe.

Unvergesslich blieb uns allen die Ansprache Benedikts XVI., der uns zu einer Audienz empfing. Er trug uns keine Zusammenfassung seiner Enzyklika vor, beschränkte sich auch nicht darauf, sie zu zitieren. Er zeichnete stattdessen, ausgehend von der berühmten „Göttlichen Komödie" des berühmten italienischen Dichters Dante, ein vielen unbekanntes, bewegendes Bild vom Liebesglück, das im trinitarischen Gott seinen Ursprung hat. Unser Herz hätte sich kaum wirksamer für die Liebesmacht Gottes öffnen lassen können.[53]

Am 25. Januar wurde der Lehrtext „Deus caritas est" (Gott ist die Liebe) dann endlich allen zugänglich. Mancher „Samariter" mag gestaunt haben. Schließlich widerfährt es dem Caritas-Helfer nicht jeden Tag, dass sein Kirchenoberhaupt ihn auf so ernsthafte und direkte Weise anspricht. Die Enzyklika ist ein reiches Kompendium für jeden, der sich in der Nachfolge Christi den Erniedrigten, den Leidenden, den spirituell Enteigneten zuwendet, ihnen sein Ohr, seine Hand leiht und ihnen ins Gesicht schaut und darin das Angesicht des Mensch gewordenen Gottessohnes erblickt. Und die Mitte seiner Botschaft? „Es gibt kein Helfen ohne Gott." Dem wird kaum ein Christ widersprechen. Doch wenn dies nur Theorie bleibt und allein Kollekten, Projekte und technisches Know-how zählen? Dann wird die Stoßrichtung der päpstlichen Weisung revolutionär – ein Paradigmenwechsel, weil dieses Papstwort Gott so dezidiert an den Anfang allen kirchlichen Liebesdienstes stellt.

Die Botschaft des Papstes wurde gehört, bezeichnenderweise auch jenseits christlicher Institutionen. Die Reaktionen waren durchgehend ungemein positiv:

> „Gegen Leere und Verfall postmoderner Gesellschaften setzt Benedikt das Ideal der Liebe, gepaart mit Verantwortung. Nicht nur gegenüber dem Einzelnen, sondern auch gegenüber der Gesellschaft. Der totale Versorgungsstaat, so der Papst, wird letztlich zu einer bürokratischen Instanz. Die persönliche Zuwendung ersetzt er nicht. Das sind Thesen, mit denen sich der Papst an jedem Gespräch beteiligen könnte …“ („Handelsblatt“, 26. Januar 2006).

> „Joseph Ratzinger ist konservativ, aber eigentlich kein Moralprediger – ihn interessiert das Große und Ganze, der Wesenskern des Christentums“ („Die Zeit“, 26. Januar 2006)

> „Niemals zuvor hat ein Papst so einfühlsam und poetisch, zugleich theologisch von umfassender Bildung über die menschliche Liebe, vom ‚Versinken in der Trunkenheit des Glücks‘ geschrieben wie Benedikt XVI.“ (FAZ, 20. Januar 2006)

Sogar auf der Titelseite der „New York Times“ (3. Februar 2006) – nicht gerade ein Hofjournal der Kirche – gab es einen uneingeschränkt zustimmenden Kommentar.

Für unser Dikasterium lag nun ein kostbarer Schatz bereit. Er musste in Umlauf gebracht werden, wir mussten mit ihm wuchern.

VII. Unsere Magna Charta: „Gott ist die Liebe“

Es war durchaus angebracht, dass mein verehrter Vorgänger Paul VI. den „Päpstlichen Rat Cor unum“ als eine für die Orientierung und Koordination der von der Kirche geförderten karitativen Organisationen und Aktivitäten verantwortliche Instanz des Heiligen Stuhles eingerichtet hat.

Benedikt XVI.

Wer das erste Lehrschreiben Papst Benedikts XVI. als freischwebende Reflexion deutete, würde es gänzlich missverstehen. Es ist erkennbar realitätsbezogen und trägt durchaus noch manche Züge ihrer wechselvollen Redaktionsgeschichte. Für alle Glieder der Kirche, für die Menschen guten Willens und nicht zuletzt für die Hilfswerke hält es eine Fülle von Anregungen und Impulsen bereit. Es war ja auch keineswegs zufällig von unserer Abteilung Cor unum der Öffentlichkeit vorgestellt worden. Uns an erster Stelle oblag fraglos die konkrete Nacharbeit.

Vom Papst beauftragt, versuchten wir seine Weisungen und Anregungen umzusetzen. Wir befassten uns zunächst mit den vielfältigen Strukturen, die die Welt des Helfens durchziehen. Ihre Institutionen sind die Visitenkarten, mit deren Hilfe man vielen Fernstehenden heute das Evangelium nahebringen kann. Dabei bewegte uns allerdings die Überzeugung, dass nicht nur die Kirche die Hilfswerke braucht, sondern dass die Werke in gleichem Maße den kirchlichen

Glaubensgeist brauchen sowie die anspornenden Modelle der Nächstenliebe, die die Kirche in ihrer reichen Geschichte vorweist. Beispielhaft möchte ich vier Aufgabenfelder ansprechen, die unser besonderes Engagement forderten.

Caritas Internationalis: Justieren der weltweiten Plattform

Die Enzyklika des Papstes hatte uns als „Verantwortliche des Heiligen Stuhles" für die Welt der Caritas bezeichnet (Nr. 32). So ergab sich für uns der Auftrag, das Verhältnis einer allseits bekannten und selbstbewussten karitativen Institution zur Kirchenstruktur zu prüfen: das der Caritas Internationalis (= CI). Diese Einrichtung ist ein seit 1951 bestehender Zusammenschluss von inzwischen 165 nationalen Caritas-Organisationen und katholischen Hilfswerken. Sie alle arbeiten national und auch weltweit. Die Verwaltung von CI hat ihren Sitz im Vatikan. Mit Brief vom 16. September 2004 erklärte Papst Johannes Paul II. ihren kanonischen Status als dem „Apostolischen Stuhl spezifisch verbunden" und beauftragte Cor unum damit, sie in ihren „lokalen und globalen Aktivitäten zu begleiten und zu geleiten" (*follow and accompany*). Msgr. Segundo Tejado Muñoz vom Rat Cor unum wurde darum zu den Sitzungen des Exekutiv-Komitees regelmäßig eingeladen. Paradoxerweise trat allerdings zeitgleich mit dem Erscheinen der Enzyklika zutage, dass sich die Leitung der Föderation zunehmend über unsere päpstlich geforderte Mitwirkung an ihrer Arbeit hinwegsetzte. Die römische Leitstelle (*Governance*) gab sich in Äußerungen und Publikationen mehr und mehr als eigenständige kirchliche Hilfsagentur und ließ bei Projekten und Programmen ihren Charakter als Plattform der nationalen Caritas-Verbände kaum noch erkennen. In Aktionen zu internationalen politischen „Events“ erweckte sie sogar den Eindruck, sie sei eine Art katholisches „Attac“ (globalisierungskritisches Netzwerk).

Vollends verstört waren wir 2008 während der Gespräche beim Ad-limina-Besuch der Bischöfe aus Bangladesch. Von CI war nämlich eine weltweite Initiative ausgegangen, die „Gender-Theorie“ zu verbreiten.[54] Dabei gaben der Name Caritas Internationalis und ihr Sitz im Vatikan dem Appell besondere Autorität und verschärften die Konfusion von örtlichen Caritas-Gruppen. Bei unseren bischöflichen Gesprächspartnern hatte sich jedenfalls die Auffassung verbreitet, „Rom“ würde die Gender-Thesen inzwischen gutheißen: zum Beispiel, dass Männlichkeit und Weiblichkeit nicht vom biologischen Geschlecht, sondern von der Kultur bestimmt seien; dass darum die Unterschiede zwischen Mann und Frau nicht von der Natur vorgegeben seien, sondern beliebig anerzogen werden könnten; dass es nicht nur zwei, sondern weitere Geschlechter gebe.

Ganz abgesehen davon, dass der publizierte Lehrtext ohne unser Wissen verfasst und in Umlauf gebracht worden war, stand es Caritas Internationalis überhaupt nicht zu, sich den Anschein einer katholischen Weisungsinstanz für Pastoralkonzepte, Gesundheitsförderung und Lebensführung zu geben. Sie war lediglich eine Plattform der Kooperation. Unannehmbar war schließlich die Verbreitung einer ethisch-moralischen Sonderlehre, die der katholischen Lehre zu einer christlichen Anthropologie widerspricht, wie sie die Klarstellung der Glaubenskongregation unter Kardinal Ratzinger an den Weltepiskopat noch einmal herausstellte.[55] Zu allem Überfluss kam unsere Abteilung sogar in den Verdacht, sie habe ihrer Aufsichtspflicht nicht genügt.

Auf seine vornehme Art hat Papst Benedikt XVI. daraufhin die Einbindung von Caritas Internationalis in die Weltkirche noch einmal angemahnt, indem er am 22. Mai 2011 in seiner Ansprache an die Vollversammlung dieser Föderation darauf hinwies, dass „Caritas Internationalis im Einsatz für die Erfüllung ihrer Sendung auf die Hilfe und Unterstützung des Heiligen Stuhles, besonders durch das zuständige Dikasterium Cor unum, zählen kann". Die inzwischen neu formulierten Statuten, publiziert im Dekret vom 2. Mai 2012, lassen an dieser Verantwortung von Cor unum keinen Zweifel mehr.

Das Ei des Kolumbus: hörbereite Bischöfe

Die Zuordnung der weltweiten Caritas-Föderation zu Cor unum war nur eine, wenn auch sehr dringliche Verpflichtung, die uns Benedikt XVI. in seiner ersten Enzyklika verdeutlichte. Schwieriger war es, die Inhalte der päpstlichen Orientierung für das karitative Helfen in die Kirche hinein zu vermitteln. Doch erst dieser Versuch konnte Breitenwirkung auslösen. Es drängte ja den Papst, für manche bereits bekannten oder auch vergessenen fundamentalen Weisungen zur Nächstenliebe durch das Licht des Glaubens neu zu motivieren. Die Umsetzung des Lehrschreibens – das lag auf der Hand – überstieg bei Weitem die Kräfte unserer Abteilung. Wir konnten den Reichtum des Dokuments für die Kirche nur dann fruchtbar machen, wenn wir auch die Bischöfe in aller Welt mit einbezogen. Hatte nicht der Papst selbst in klaren theologischen Aussagen vor allem ihnen die Zuständigkeit für die kirchliche Caritas zugesprochen? Der Episkopat habe „die erste Verantwortung … dass das Programm der Apostelgeschichte (vgl. Apg 2,42–44) auch heute realisiert wird" („Deus caritas est", Nr. 32).

Solche Zuordnung lässt der Text von „Deus caritas est" nicht unbegründet: Die Enzyklika erinnert daran, dass der geweihte Hirte bei seiner Ordination ausdrücklich versprochen hat, „um des Herren willen den Armen und Heimatlosen und Notleidenden gütig zu begegnen und ihnen barmherzig zu sein" (ebd.). Da der Bischof dies Versprechen in einem so gewichtigen Augenblick gemacht hat, ist es fraglos ein wesentliches Element seines Amtes. Zweifellos muss sich der Ordinarius trotz dieser persönlichen Zusage in seiner karitativen Obsorge helfen lassen. Doch kann er seine Letztzuständigkeit für den kirchlichen Grunddienst nicht delegieren, und umgekehrt hat jeder in der kirchlichen Caritas Tätige und jede Institution der Caritas diese Letztverantwortung des Bischofs zu achten. Sie wird in der Enzyklika auch aus der kirchlichen Tradition begründet. Schon die Apostelgeschichte berichtet von der Gütergemeinschaft, in der die Vorsteher der Gemeinden „jedem so viel zuteilten, wie er nötig hatte" (Apg 4,35). Die nachbiblischen Zeugnisse – etwa der Theologen Justin, Tertullian oder Ignatius von Antiochien – zeigen die Fortsetzung dieser Praxis in den ersten christlichen Jahrhunderten. Auch nach der konstantinischen Wende im Jahr 313 n. Chr. lag die Sorge um die Notleidenden zuvorderst in den Händen der Bischöfe, wie wir aus zeitgeschichtlichen Dokumenten wissen.[56] Für die spätere Zeit lassen gleichfalls die karitative Aktivität als Teilhabe am bischöflichen Auftrag sehen: Johannes von Gott und der Bischof von Tuy, Vinzenz von Paul und Kardinal Pierre de Bérulle, Frédérice Ozanam und Erzbischof Denis Affre von Paris, aber auch in unserer Zeit Pauline von Mallinckrodt und der Bekennerbischof Konrad Martin von Paderborn sowie Teresa von Kalkutta und Ferdinand Perier, der Erzbischof von Kalkutta.

Die Letztverantwortung des Bischofs für die Nächstenliebe der Kirche ergibt sich theologisch zwingend. Dass Gottes Volk und der Leib Christi eine dreifache Sendung zu erfüllen haben, ist unbestritten; die Glieder der Kirche sind aufgerufen zu Verkündigung, Gottesdienst und Diakonie. Der Theologe Karl Rahner hatte für diese Grundfunktionen der Kirche ein „gegenseitiges Bedingungs- und Einschließungsverhältnis" festgestellt.[57] Der Papst spricht in seiner Enzyklika im gleichen Sinne vom „dreifachen Auftrag: Verkündigung von Gottes Wort, Feier der Sakramente, Dienst der Liebe … Es sind Aufgaben, die sich gegenseitig bedingen und sich nicht voneinander trennen lassen" (Nr. 25). Demnach verbinden sich alle drei Aspekte der kirchlichen Sendung im bischöflichen Amt, und sein Träger ist ihr personaler Ausgangspunkt, weil er zu garantieren hat, dass sie alle drei in seiner Diözese verwirklicht werden und dabei kein Eigenleben führen, sondern in gegenseitiger lebendiger Beziehung stehen.

Bei der Begegnung mit den Notsituationen in der weiten Welt waren wir nicht nur mit dem herrschenden Elend bekannt geworden. Wir sahen auch die tatkräftigen Versuche der Ortskirchen, ihm zu wehren. Oft führte das zu Gesprächen über sinnvolle Hilfsstrukturen und wie von selbst auch zu den grundlegenden Aufgaben kirchlicher Diakonie. So hatten die Reisen nicht selten auch den Nebeneffekt, dass sich eine verlässliche Theologie der Caritas immer deutlicher herausbildete. Später habe ich einmal alle meine bedeutenderen Reisen zusammengestellt:

- Australien (22. 11.–1. 12. 2009)
- Philippinen (18.–24. 1. 2009)
- England und Wales (6.–8. 4. 2008)
- Indien (15.–19. 2. 2008)
- Russland (16.–21. 10. 2007)
- Aparecida/Brasilien: Vollversammlung der Lateinamerikanischen Bischofskonferenzen (CELAM) anlässlich des Papstbesuchs (12. 5. 2007)
- Spanien (24. 4. 2007)
- Österreich (12.–13. 3. 2007)
- Ukraine (4.–6. 12. 2006)
- Polen (19. 10. 2006)
- New Orleans: Hurrikan „Katrina“ (10. 9. 2005)
- Südostasien: Opfer des Tsunami (29. 1.–4. 2. 2005)
- Sankt Petersburg: Caritas Russia (17.–19. 1. 2005)
- Straßburg: Europäisches Parlament (15.–16. 12. 2004)
- Haiti und Dominikanische Republik: Flutopfer der Überschwemmung in „Rio Soleil“ (19.–25. 6. 2004)
- Irak: nach der Erklärung des Kriegsendes durch Präsident Bush (28. 5.–3. 6. 2003)
- Schweiz (1.–2. 9. 2003)
- Irland (8.–10. 7. 2003)
- Kolumbien (12.–19. 5. 2003)
- Vietnam (14.–20. 1. 2003)
- Ukraine: Caritas der lateinischen und griechischen Katholiken (2.–3. 12. 2002)
- Heiliges Land: Begegnung mit den Opfern des Terrorismus (7.–10. 11. 2002)
- Uganda (25.–30. 10. 2002)
- Genf: Besuch der internationalen Hilfsorganisationen (8.–9. 10. 2002)
- Panama und Peru (19.–22. 7. 2001)

- Bundesrepublik Jugoslawien (4.–5. 6. 2001)
- El Salvador: Besuch der Erdbebenopfer (22.–27. 1. 2001)
- Mosambik: Flutkatastrophe (9.–12. 3. 2000)
- Taiwan: Erdbebenopfer (11.–18. 1. 2000)
- Brasilien: Einladung des Kardinalerzbischofs von Rio de Janeiro (12.–13. 2. 1999)
- Mittelamerika: nach dem Wirbelsturm „Mitch"; Treffen in Guatemala, Honduras, El Salvador und Nicaragua (27. 11. – 5. 12. 1998)
- Kuba: Begegnung mit der Caritas und Regierungsrepräsentanten (18. 3. 1998)
- Kolumbien: Erdbeben (20. 11. 1996).

In all den Ländern überzeugte mich immer neu das Engagement aller kirchlichen Hilfswerke. Auch konnte ich bei meinen zahllosen Begegnungen mit Menschen in tiefer und existenzieller Not Chancen und Fallen kirchlicher Caritas erkennen oder zumindest ansatzweise erahnen.

- Das karitative Engagement der katholischen Kirche wird überall auf der Welt hoch geschätzt. Selbst in Ländern, in denen die pastorale Bewegungsfreiheit der Kirche eingeschränkt ist, etwa in Kuba oder in Vietnam, ist dieses Engagement den herrschenden Ordnungsmächten sehr willkommen.
- In einigen Ländern – das Problem war mir schon in Brasilien begegnet – dürfen Bischöfe und verantwortliche Laien nicht schweigen, wenn das menschliche Elend wächst, weil Minderheiten und Randgruppen das Existenzrecht beschnitten wird. Unverzichtbar müssen die geweihten Hirten und verantwortlichen

Laien die Stimme erheben, wenn in der Gesellschaft die Gerechtigkeit unterdrückt wird.

- Der kirchliche Dienst am Nächsten lässt sich nie auf Entwicklungshilfe und Sozialprojekte beschränken – weder individuell noch gemeinschaftlich. Dass in einigen Ländern Lateinamerikas der Begriff Caritas auch bei kirchlichen Werken durch den glaubensneutralen Begriff des Sozialen ausgetauscht wurde, verhinderten glücklicherweise die Alarmrufe einiger Bischöfe. Dennoch stehen die kirchlichen Werke nach wie vor unter dem Druck der zunehmenden Säkularisierung, schon allein wegen der machtvollen finanziellen Förderung durch gesellschaftliche und staatliche Zuschüsse.
- Die Trennung zwischen Staat und Kirche hat sich bewährt. Sie verhindert, dass sich Kirche die Ordnung und Lenkung der Welt zu eigen macht und so ihren Heilsdienst vernachlässigt und dass andererseits Staat und Regierungen die berufenen Lenker der Kirche vereinnahmen oder sich an ihre Stelle setzen. Politik zielt eben immer auf „Machtanteil oder Beeinflussung der Machtverteilung“[58]. Sie will nie nur subsidiär sein, sondern bedient sich gegebenenfalls auch der Kirche für ihre Zwecke (Honduras, El Salvador).
- Die mediale und finanzielle Potenz karitativer Laienverbände führt gelegentlich dazu, dass in den Medien und selbst bei Katholiken ein falsches Verständnis des Hirtendienstes entsteht. Eine Folge davon ist, dass sich in der öffentlichen Wahrnehmung die Letztverantwortung für kirchliche Entscheidungen auf die Repräsentanten von Räten und Gremien verschiebt. Dieser Prozess resultiert auch aus der Tatsache, dass

sich im konkreten Leben gesellschaftlich-politische und religiös-kirchliche Felder überlappen (Schweiz, Österreich).

- Neben der materiellen Hilfe der internationalen Werke benötigen die bedürftigen Länder besonders nach erlittenen Heimsuchungen auch erfahrene Experten für den Wiederaufbau. So reisen Fachleute der Agenturen an. Diese haben jedoch für alle kirchliche Liebestätigkeit lediglich den Bischöfen zuzuarbeiten. Sonst würde die dreifache kirchliche Sendung von Liturgie, Verkündigung und Diakonie, die im Bischof ihre Klammer hat, beschädigt. Auch hat schließlich der Ordinarius nach dem Abzug der Helfer das begonnene Werk fortzusetzen (Bosnien, Irak).
- Die missionarische Sendung trifft in der Kultur mancher Völker auf eine Ahnung von Gott. Dennoch „sollen sie, um den wahren Gott zu erkennen, ihre falschen, von ihnen selbst verfertigten Götter verlassen und sich für jenen öffnen, den Gott gesandt hat, um ihrer Unwissenheit abzuhelfen und die Erwartung ihres Herzens zu erfüllen".[59] Inkulturation kann also nicht als Übernahme heidnischer religiöser Praktiken verstanden werden. Die Einbeziehung von Schamanen und Heilern öffnet für den Aberglauben. Der Kult der „Mutter Erde" verdrängt Gott den Schöpfer (Guatemala, Haiti).
- In vielen Zonen der Erde gibt es heute aufgeklärte Menschen, die besonders nach Naturkatastrophen laut ihre Stimmen erheben, um Gott anzuklagen. Auch wenn selbst die Hirten der Kirche nicht immer eine Antwort wissen, so müssen sie doch möglichst dem totalen Glaubensdunkel wehren. Ein Wort des

Kirchenvaters Augustinus, zitiert von Papst Benedikt, kann zwar das Problem nicht lösen, korrigiert aber alle Vermessenheit des Menschen gegenüber dem Höchsten: „Wenn du ihn verstehst, so ist er nicht Gott“[60] (Kolumbien, New Orleans).

Das rote Birett und das rote Moskau: Reiseüberraschungen

Von all den Reisen soll lediglich die nach Russland im Oktober 2007 noch ausführlicher kommentiert werden; dies erscheint mir unumgänglich. Zunächst ließen uns bei ihr die Beschwernisse wieder einmal erfahren, dass Apostolat Erlösungsarbeit ist und auch die Boten „etwas kostet“: Ein plötzlicher Schneeeinbruch in Moskau schloss die Landung der Lufthansa-Maschine dort aus. Wir fanden uns stattdessen ziemlich verloren in Sankt Petersburg wieder. Durch Telefonate mit italienischen Bekannten gelang uns schließlich der Kontakt mit dem Leiter des dortigen Priesterseminars, dem späteren Erzbischof von Moskau Paolo Pezzi. Wir erhielten ein provisorisches Nachtquartier und dann nach Sorgen und Warten auch ein Ticket für den Flug am 16. Oktober nach Moskau. Noch während des Eincheckens auf dem Airport erreichte mich ein römischer Anruf besonderer Art: Mitten in den Schlangen an den verschiedenen Kontrollschranken informierte mich Kardinalstaatssekretär Tarcisio Bertone über mein Handy, der Heilige Vater würde morgen meine Aufnahme in das Kardinalskollegium bekanntgeben. Ich konnte von Glück sagen, dass man mich überhaupt gefunden hatte, und freute mich verständlicherweise über diese Nachricht!

Am Mittwoch waren wir nach sicherem Flug wieder im „Schoß der Kirche“: Wir saßen bei Erzbischof Antonio Mennini in der Moskauer Nuntiatur und konnten dank des Satellitenfernsehens sogar der päpstlichen Mittwochsaudienz beiwohnen. Die Namen der neu ernannten Kardinäle verlas Papst Benedikt gegen Ende. Dann war also das eingetreten, was mir zugetane Bekannte und Freunde schon länger prophezeiten. Wir genehmigten uns erfreut und fern vom Papst einen guten Tropfen. Am 24. und 25. November feierten wir, zurück in Rom, die beiden Liturgien, in denen Benedikt XVI. den Neuernannten das Kardinals-Birett und den dazugehörigen Ring überreichte. Er bestimmte die Kirche des mir lieb gewordenen Jugendzentrums, San Lorenzo in Piscibus, zu meiner Titelkirche. Ich war sehr dankbar für das kleine Gotteshaus in der Nähe von St. Peter, weil dieser alte romanische Bau aus meiner Lebensgeschichte nicht mehr wegzudenken war – hatten doch hier auch die Neuen Geistlichen Bewegungen gemeinsam ihr erstes Heimatrecht in der Nähe des heiligen Petrus bekommen.

Mut zur Lücke? Selbst im Kirchenrecht hapert's

Die Begegnungen mit den geweihten Hirten, ihre Berichte und die zahlreichen Gespräche brachten es mit sich, dass ich gelegentlich auf etwas völlig Unerwartetes stieß: eine – wenn man so will – Gesetzeslücke im Kodex des Kirchenrechts (CIC). Sie betraf die kirchliche Diakonie. Der CIC spricht zwar ganz allgemein vom Auftrag des Bischofs, die verschiedenen apostolischen Werke zu koordinieren (can. 394), behandelt aber nicht ausdrücklich dessen letzte karitative

Zuständigkeit. Da ich die Genauigkeit kannte, mit der die Kanonisten das kirchliche Leben erfasst und geordnet haben, war meine Verwunderung groß. Gleichzeitig hatte ich vor Augen, wie überzeugt die Kirchenrechtler von der Perfektion ihrer Disziplin waren. Es würde daher nicht leicht sein, sie von der Verbesserungswürdigkeit des CIC zu überzeugen. Dennoch schien mir – nicht nur wegen der Aussagen Papst Benedikts in „Deus caritas est" – eine Korrektur unumgänglich. Die Letztverantwortung des Ortsbischofs für die kirchliche Liebestätigkeit musste auch im kirchlichen Gesetzbuch explizit festgehalten werden.

Bald bot sich eine Gelegenheit zur Intervention. Im Januar 2008 dachte man in Rom über eine Neuausgabe des kirchlichen Gesetzbuches von 1983 nach. Rund 900 Fachvertreter und Interessierte nahmen an der Veranstaltung teil. Auch ich sollte ein Referat beisteuern und wählte das Thema: „Freiwilligkeit im Dienst am Nächsten: Forderungen und Grenzen der normativen Strukturen". Im Kontext dieser Überlegungen wollte ich meine Kritik an dieser Gesetzeslücke vortragen und rechnete natürlich mit dem Widerspruch der Fachvertreter. Doch zu meiner Verwunderung blieb er aus.[61] Dadurch ermutigt, formulierten wir mit der Hilfe von Kanonisten und von Mitarbeitern des „Rates für die Interpretation des Kirchenrechts" die Bitte um eine päpstliche Ergänzung des CIC und einen dafür geeigneten Text. Ich wusste, dass der Heilige Vater selbst beabsichtigte, im Kirchenrecht die bischöfliche Verantwortung für die kirchliche Liebestätigkeit mit all ihren Hilfswerken deutlicher zum Ausdruck zu bringen; er hatte in seiner Enzyklika nämlich vermerkt, dass die entsprechenden Paragraphen des CIC über das Bischofsamt „die karitative Aktivität nicht ausdrücklich als eigenen Sektor des bischöflichen Wirkens" behandeln (Nr. 32). Freilich brauchten wir Geduld, und es stand gewiss auch Dringlicheres an als die Vervollständigung des Kirchenrechts. So war ich sehr erfreut, als der Heilige Vater mich bei einer Begegnung am 20. Oktober 2011 wissen ließ, er habe nach den gebotenen Konsultationen den Auftrag zur Formulierung eines Motu proprio über die bischöfliche Verantwortung gegeben. Dieses wurde am 11. November 2012 veröffentlicht. Der ausführliche Text räumt zunächst ein, dass „in der kanonischen Rechtsordnung die Wesentlichkeit des Liebesdienstes in der Kirche und seine konstitutive Beziehung zum Bischofsamt" nicht hinreichend zum Ausdruck kommt. Die deshalb erlassene „Verfügung" formuliert sie dann detailliert in 15 Artikeln mit jeweils verschiedenen Paragraphen.

Exerzitien: vom „gedachten" zum „gegenwärtigen" Gott

Wenn ich den bischöflichen Mitbrüdern in ihren Diözesen begegnete oder sie uns bei ihrem Ad-limina-Besuch in Rom aufsuchten, spielte die Enzyklika „Deus caritas est" immer eine zentrale Rolle. Unsere Gesprächspartner zeigten freilich das größere Interesse an deren Aussagen zum Vollzug des Liebestuns der Kirche. Hinweise, Fragen und Reaktionen zu der Grundlegung der Praxis – Benedikt sagt ausdrücklich, dass er im ersten Teil „die innere Verbindung zwischen der Liebe Gottes und der Realität der menschlichen Liebe aufzeigen" will – blieben eher rar. Irgendwann konnte ich die Bemerkung nicht mehr unterdrücken: „Aber warum hat der Papst sich so ausführlich mit Gott als dem Urgrund der Liebe befasst? Wir sollten uns doch wohl auch dazu einige Gedanken machen." Genau dieser Akzent hatte mich nämlich in dem endgültigen Aufbau des Textes überrascht. Wir waren bei unseren Vorentwürfen von den praktischen Aspekten kirchlichen Liebestuns ausgegangen, hatten dann die generelle Sensibilität für die Hilfsbedürftigen angesprochen und Fragen der Ökumene erwähnt, um schließlich – gleichsam induktiv – gegen den Trend eines generell verbreiteten Humanismus bis zum christlichen Spezifikum vorzustoßen. Der Papst hatte jedoch unsere Abfolge auf den Kopf gestellt. Der Text bekam durch ihn ein völlig neues Gesicht, insofern er mit dem Paukenschlag der Gottesfrage begann. Bei ihrer Beschreibung geht er so weit, die menschliche Erfahrung der Liebes-„Ekstase", der Freigabe des Ichs und seiner Hingabe, auf die „Findung Gottes" anzuwenden (Nr. 6). Gott selbst kann im menschlichen Liebesdienst anwesend werden. Dann wird das Gesicht des notleidenden Mitmenschen auf Christus hin durchsichtig. Aus dem „gedachten Gott" wird – wie es der deutsche Mystiker Meister Eckhart fordert – der „gegenwärtige Gott".[62]

Für unsere Arbeit schälte sich folglich die Frage heraus, wie in der Caritas-Tätigkeit Gott gegenwärtig werden kann. Ich wandte mich wieder an den Prediger des Päpstlichen Hauses, den Kapuzinerpater Raniero Cantalamessa. Ich vertraute seinem theologisch fundierten und katechetisch wirksamen Sinn. Mir schwebte eine Art „Manuale" des geistlichen Lebens für die Mitarbeiter der kirchlichen Hilfswerke vor. Pater Cantalamessa winkte ab und überzeugte mich von etwas Besserem: die Führungskräfte der Diakonie zu Exerzitien einzuladen. Die erste Reaktion in unserem Dikasterium war ziemlich skeptisch: „Wer für karitative Werke verantwortlich ist, interessiert sich eher für Projekte und Kollekten, aber kaum für Exerzitien."

Dennoch wagten wir einen Versuch. Eine „geistliche Weltveranstaltung“ würde freilich den angezielten Tiefgang verfehlen. Wir mussten regionalisieren. Die besonderen Kontakte zu den Kirchen in Lateinamerika durch unsere Stiftung „Populorum progressio“ sowie positive Eindrücke von der Bischofssynode der beiden Amerikas (1997) ließen uns den amerikanischen Doppelkontinent für das Pilotprojekt wählen. P. Raniero entsprach unserer Bitte, die Exerzitien zu leiten. Kardinal Juan Íñiguez Sandoval kam unserer Bitte um Gastfreundschaft in seiner Diözese Guadalajara/Mexiko nach. Msgr. Anthony Figueiredo aus unserem Büro trug die Hauptlast der Organisation.

Persönliche Einladungen richteten wir an über 2.000 Präsidenten und Direktoren der diözesanen und nationalen Hilfswerke sowie an die Vereinigungen der freiwilligen Helfer. Wir waren überrascht, dass tatsächlich fast ein Viertel sich dann zum 1. Juni 2008 in Guadalajara einfand: Bischöfe, Priester, Ordensleute, Diakone und Laien. Aus dem Experiment wurden Tage der Gnade für viele Beteiligte. Auch wenn die Teilnehmer ja schon positiv gestimmt kamen – alle kamen ja freiwillig –, so waren die vielen positiven Rückmeldungen uns doch eine große Freude:

> „Ich bin seit 18 Jahren Priester, und Sie können nicht ahnen, wie viel geistliches Gut mir diese Exerzitien gegeben haben. Mein Dienst, meine Liebe zu Jesus Christus sind neu geworden, besonders in der Suche nach dem Willen des Guten Vaters“ (P. Juan Aburtos Fuentes, Chile).

> „Es gibt so viele, die sich in Lateinamerika und weltweit für die Caritas engagieren. Aber vielen ist – wie auch

uns – deren Sinn abhanden gekommen“ (Xiegdel Candanedo Word, Panama).

„Der Appell, den Armen zu helfen, ist eine Gabe und ein Segen. Nur durch Gebet und die Hilfe des Heiligen Geistes werden wir echte Diener der Kirche sein. Er erinnert daran, dass wir keine Sozialarbeiter sind, sondern Personen, die unsere Liebe zu Gott durch die Art zeigen, wie wir uns selbst geben, unsere Zeit und unsere Fähigkeiten“ (Maxime Gooden, Jamaica).

„Wir müssen diese Art von Treffen auf der Ebene des Landes wenigstens jedes Jahr wiederholen“ (Juan Rodriguez Benavides).

Die Erfahrung und das Echo von Guadalajara legten es nahe, auch für andere Kontinente solche Exerzitien vorzusehen. Papst Benedikt selbst hatte uns bei unserer Vollversammlung im Februar 2008 ermutigt, diese Initiative auch auf andere Teile der Welt auszuweiten. So dachten wir zunächst an Asien. Doch überfiel uns gleichzeitig die Sorge, wir könnten angesichts dieses riesigen und so heterogenen Kontinents unsere materiellen und personellen Kräfte überschätzen. Immerhin gingen ja die Reisekosten zu unseren Lasten, wenn die teils sehr armen und weit entfernten Ortskirchen sie nicht aufbringen konnten. Aber der Herr fand für alle unsere Probleme eine Lösung.

Als wir noch das Für und Wider einer solchen Veranstaltung in Asien erwogen, machte gerade der nationalchinesische Botschafter beim Apostolischen Stuhl – der Vatikan unterhält diplomatische Beziehungen lediglich zu Taiwan – bei uns seinen Abschiedsbesuch. Seine Exzellenz Chou-seng Tou hatte uns mehrfach von der Situation seines Landes und des chinesischen Volkes berichtet. So hatten wir uns persönlich recht gut kennengelernt. Doch nicht nur das: Herr Tou hatte sich in Rom dem Christentum geöffnet. Er war als Buddhist gekommen. Nach einigen Jahren in dieser Stadt bat er um die Taufe. Als er in mein Büro eintrat, schoss mir die Lösung für das Exerzitien-Problem durch den Kopf. Wir sollten Taiwan als Austragungsort wählen! Geographisch gesehen lag die Insel günstig. Die Regierung würde gewiss sehr kooperativ sein; denn sie nutzte alle Gelegenheiten, um sich in ihrer Angst vor Festlandchina Freunde zu machen. Die Kirchenstrukturen dort waren solide und verlässlich, die Bürger wohlhabend. Und wir hatten in Herrn Tou schon einen ortskundigen Wegbereiter. Er gab rasch sein Einverständnis, uns behilflich zu sein. Auch die Frage der Logistik klärte sich durch ihn: Er stand vor seiner Ernennung zum Professor an der Fu-Jen-Universität; zu einer „Fortbildungs-Veranstaltung“ dort würden sogar – so stand zu hoffen – interessierte Festlandchinesen eine Ausreisegenehmigung von ihrer kommunistischen Regierung bekommen. Nicht gering zu schätzen waren schließlich Herrn Tous Kontakte zu begüterten buddhistischen Unternehmern. Und wirklich: Bei einem vorbereitenden Treffen mit ihnen im exquisiten Grand Hotel in Taipeh und einem sehr chinesischen Abendessen verlor ich schließlich alle finanziellen Ängste.

Wieder war die Teilnehmerzahl erstaunlich und zeigte, wie wichtig diese Initiativen waren. Mehr als 450 Männer und Frauen fanden sich ein: 66 Kardinäle und Bischöfe, eine große Anzahl Priester und Ordensschwestern und Laien. Die Namensliste der Länder spiegelt diesen riesigen Kontinent wider: Bangladesch, Kambodscha, Hongkong, Indonesien, Irak, Israel, Japan, Korea, Libanon, Macao, Malaysia, Myanmar, Nepal, Pakistan, Singapur, Sri Lanka, Syrien, Taiwan, Tadschikistan, Thailand, Türkei, Turkmenistan, Usbekistan, Vietnam und eine sehr lebendige Jugendgruppe aus Festlandschina.

Die Organisation war mustergültig; die Simultananlage, oft ein Quell für Fehler und Pannen, funktionierte tadellos; fünfzig Studentinnen und Studenten der Universität, die man ausgewählt hatte, kümmerten sich um den Service; Ma Ying-jeou, der Staatspräsident machte einen persönlichen Besuch und feierte mit uns die Eucharistie. Auf viele Weise erlebten wir die oft gerühmte asiatische Gastfreundschaft.

Die geistlichen Anregungen gab dieses Mal Bruder Yesudas, vormaliger Oberer vom männlichen Zweig der Missionaries of Charity. Wie die selige Mutter Teresa verstand er es in seiner tiefen und eindringlichen Art, Irdisches auf Gott hin transparent zu machen und so unsere menschliche Sehnsucht, andere zu lieben, den Armen und Notleidenden zuzuwenden. Immer wieder zitierte er die Gründerin und unterstrich ihren Anspruch, im Dienst an den Elenden sich mit Christus zu vereinigen: „Als ein Bruder zu den Missionaren der Nächstenliebe kam und sagte: ‚Mutter, meine Berufung ist, den Lepra-Kranken zu dienen‘, sagte sie zu ihm: ‚Nein, Bruder, deine Berufung ist es, Jesus zu gehören‘.“ Die deutsche Generaloberin Schwester Mary Prema Pierick und einige andere Schwestern unterstützten ihn durch Meditationen zum

Kreuzweg, zum Rosenkranz und bei der eucharistischen Anbetung. Pater Fio Mascarenhas, Jesuit aus Bombay, bereitete uns zur Spendung und zum Empfang des Bußsakramentes vor, was wieder zu einer sehr dichten geistlichen Erfahrung wurde.

Die Rückmeldungen der Teilnehmer bezeugten wieder das starke Licht des Glaubens, das ihnen Taipeh geschenkt hatte. Schon lange war ihnen die Kraft und Dynamik unserer Kirche bewusst gewesen. Doch jetzt war sie Ereignis geworden. Manche haben dabei offenbar die Manifestation des Katholischen sprichwörtlich in sich aufgesogen – ungeachtet der Tatsache, dass der Kampf in der „Zerstreuung" (Diaspora) sie nicht selten auch ermüdete. Einige Zeugnisse:

> „Ich wurde getröstet mit dem Gedanken, dass Caritas nicht von der Kirche getrennt werden kann und dass Nächstenliebe die Stimme der Kirche in nicht-christlichen Ländern ist; und auch, weil man zu Geistlichen Exerzitien einlud, um die professionelle, nüchtern-anspruchsvolle Arbeit von Verantwortlichen in Caritas-Institutionen zu bereichern" (Dr. Rinaldo Marmara, Caritas Türkei).

> „Es war eine wunderbare Erfahrung für mich, die universale Kirche zu spüren und mich an ihrem Geist zu freuen – besonders an der überbordenden Kirche Asiens, zusammen mit denen, die gegenwärtig in ihr verfolgt werden, wie in China" (Fr. Wilfred Saldanha, Aurangabad, Indien).

> „Wir sind nur zwei katholische Priester im ganzen Land, das bedeutet, dass wir oft allein sind. So bin ich dankbar, dass ich für wenige Tage mit Brüdern und Schwestern

zusammen sein durfte: zusammen zu beten und Erfahrungen auszutauschen ... Am wichtigsten von allem war die gemeinsame Bußfeier mit Einzelabsolution. Die gemeinsame Erfahrung der Vergebung mit Gott und unseren Brüdern und Schwestern offenbart den Sieg der Liebe in unserm Leben – dem Leben der Kirche" (Fr. Andrzej Madej, Turkmenistan).

• *Tschenstochau* (November 2010)

Für das nächste Treffen dachten wir zunächst an Australien und Ozeanien. Ende des Jahres 2009 fand in Sydney die Vollversammlung der Bischöfe Australiens statt. Ich erhielt eine Einladung, berichtete darüber, wie unsere bisherigen Exerzitien-Angebote durch die verantwortlichen Mitarbeiter der Diakonie aufgenommen wurden, konnte aber die Konferenzmitglieder leider nicht überzeugen, für 2010 einen Termin einzuplanen. So war die weite Reise ein Fehlschlag. Sollten wir uns andernorts aufdrängen? Viele Schäden waren nach der Monsun-Katastrophe in Pakistan, die im Sommer 2008 begonnen hatte, immer noch zu bewältigen. Das Erdbeben im Januar 2010 hatte über Haiti unvorstellbares Elend gebracht. Die besonderen Notsituationen vielerorts banden viele einsatzfähige Kräfte. Dennoch galt es, auch die geistlichen Impulse von „Deus caritas est" weiterzugeben. Als zu wählenden Kontinent entschieden wir uns schließlich für Europa – nicht ohne Kopfzerbrechen. Denn bei diesem Erdteil fällt zuallererst die große Verschiedenartigkeit sofort ins Auge. Sie betrifft die Sprache genauso wie die Glaubenskultur. Auch sind die Hilfswerke im Westen des Erdteils voll professionalisiert, während man sich im Osten vielfach noch um besseren strukturellen Aufbau bemüht. Das Problem des kirchlich-christlichen Profils wurde schon berührt und schlägt gerade auf unserem Kontinent zu Buche. Wie würden Bischöfe und Verantwortliche auf unsere Einladung reagieren? Wie würden sie sich eventuell in solche Tage einbringen?

Trotz solcher Bedenken blieben wir bei Europa. Als Datum legten wir Ende November/Anfang Dezember 2010 fest. Der Ort sollte Tschenstochau sein – das Ziel von jährlich ca. fünf Millionen Pilgern. Es konnte der Zusammenkunft selbst wenig homogener Exerzitanten eine besondere Färbung geben. Geeignete Versammlungsräume, ein frisch renoviertes, leuchtend-helles Gotteshaus und intime Kapellen wie die des Gnadenbildes der Schwarzen Madonna standen bereit. Vor allem setzten wir auf den besonderen Beistand Johannes Pauls II. Denn gerade dieses Heiligtum war ihm ja so kostbar für die Strahlkraft der Kirche. Unvergessen ist, wie er, der große Marienverehrer, beim Internationalen Jugendtag 1991 dort den Pilgern zurief:

> „Was war dies Heiligtum der Madonna für euch? Jasna Gora war für euch heute der Abendmahlssaal. Seht, ein neues Pfingsten! Die Kirche aufs Neue vereint mit Maria versammelt, eine junge und missionarische Kirche, die sich ihrer Sendung bewusst ist. Empfangt den Heiligen Geist und seid stark."

Gegen 300 Bischöfe, Priester, Ordensleute und Verantwortliche der katholischen Hilfswerke kamen zum 28. November, um unsere Einkehrtage mitzuerleben. An der Anzahl der Teilnehmer aus den verschiedenen Ländern war natürlich ablesbar, wie hoch man jeweils die neue Enzyklika des Papstes „Gott ist die Liebe" dort wertete. „Caritas Polska" zeigte sich in allen organisatorischen Fragen sehr kompetent und effizient. Im Heiligtum trafen wir auf Mönche, die es gewohnt waren, sowohl einem großen Andrang von Gästen gerecht zu werden wie auch trotz vieler Besucher ein geistliches Klima zu wahren.

Für die Vorträge zur Glaubensvertiefung konnten wir eine Frau gewinnen: die Zisterzienserin Theresa Brenninkmeijer, damals Äbtissin des Klosters in Sostrup, Dänemark, dem sie zu neuem Leben verholfen hatte. Die Ordensfrau kam nicht nur mit ihrer geistlichen Kenntnis und Erfahrung. Sie ließ uns gleichsam einen Hauch ihres heimatlichen Klosters spüren; einige ihrer Schwestern begleiteten sie. Diese hatten Geigen, Flöten und sogar ein Cello mitgebracht, die sie zu Hause in ihrem Konvent regelmäßig gebrauchen. So erhielten die Liturgien einen selten festlichen Charakter, zumal die klassische Musik und die barocke Kirche prächtig harmonierten.

Unsere Exerzitien-Leiterin gab später zu Papier:

> „Die gelebten Liturgien – die tägliche Eucharistie, dann die Kreuzwegmeditation und das Rosenkranzgebet, die eucharistische Anbetung und die Feier des Bußsakramentes – waren ebenso wichtige Bestandteile der Exerzitien wie die Vorträge. Der schöne Rahmen der geistlichen Musik war hierbei ein wesentlicher und bewusst gewählter Beitrag, damit unsere Herzen sich williger und leichter von Gott ergreifen ließen.
> Mir waren diese Tage eine große Bereicherung – nicht zuletzt, weil die Kirche Christi in ihrer Vielfalt vertreten war. Es war für mich ‚als Frau' normal, in der ‚Kirche' zu sprechen; ich bin ja dreißig Jahre lang von der dänischen Diaspora geprägt worden, in der Mann und Frau – auch

im kirchlichen Umfeld – ihre unbestrittene Sendung haben. Als Frau Exerzitien zu halten, empfinde ich sogar als einen großen Vorteil: Es liegt gerade in unserer Natur, zu empfangen und wieder zu geben, also Zeuge und Sprachrohr der Liebe Gottes für andere zu sein. Rein körperlich sind wir zwar die ‚Schwächeren'; wenn sich jedoch diese Schwäche mit Gottes Kraft verbindet, wird sie innerlich stark und kann freimütig die eigene Schwäche zum Nutzen der anderen offenbaren.
Wohl kam mir zunächst Unbehagen wegen eines eventuell erwarteten intellektuellen theologischen Stils, dem ich nicht nachkommen konnte und wollte – auch weil eine Theologie ohne gelebte Mystik leer wäre. Aber die Bereitschaft der Teilnehmer, sich neu auf Gott einzulassen, erfüllte bald den ganzen Saal mit Seinem Heiligen Geist."

Emeritierung und das Wohlwollen Benedikts XVI.

Wohl hatte ich am 24. Juni 2009 dem Heiligen Vater pflichtgemäß meine Bereitschaft zum altersbedingten Rücktritt erklärt. Doch wusste er fraglos, dass ich noch einige Projekte, vor allem die Exerzitien, in gute Bahnen lenken wollte. So beließ er mich weiter im Amt. Mitten in die Planung hinein wurde mir dann mitgeteilt, der Papst wolle mich sehen. Mit seinem Sekretär vereinbarte ich den späten Vormittag des 7. Oktober. Im Gespräch teilte er mir überraschend meine Emeritierung mit. Offenbar nötigten ihn innervatikanische administrative Gründe dazu. Meine Mitgliedschaft in verschiedenen anderen vatikanischen Kongregationen dauerte freilich noch fort. Zu meinem Nachfolger wurde gleichzeitig Erzbischof Robert Sarah, bislang Sekretär der Kongregation für die Evangelisierung der Völker und emeritierter Erzbischof von Conakry, ernannt. Und wir beide trugen dann zusammen die Verantwortung für die geistliche Einkehr in Tschenstochau, die zwei Monate später stattfand.

Eine Bilanz meines kirchlichen Dienstes in der Kurie zu ziehen, steht mir nicht zu. „Der Herr ist es, der mich zur Rechenschaft zieht" (1 Kor 4,4), schreibt selbst der Völkerapostel. Lediglich der theologisch-pastoralen Übereinstimmung mit den Nachfolgern Petri, derentwegen ich nach Rom aufgebrochen war, bin ich mir sicher. Und auch ein Brief macht mir Mut, den mir Papst Benedikt XVI. für die Festschrift anlässlich der Vollendung meines 75. Lebensjahres geschrieben hat:[63]

„Eminenz!
Lieber Freund Cordes!

In der Festschrift zu Deinem 75. Geburtstag möchte ich wenigstens mit einem Wort des Dankes und des Segens vertreten sein. Ich weiß nicht mehr, wann wir uns zum ersten Mal begegnet sind. Ein Bild von Dir habe ich zuerst in den 70er Jahren durch Deine Beiträge in der damals noch jungen Zeitschrift „Communio" gewonnen. Was Du dort geschrieben hast, war einerseits immer aktuell auf konkrete und drängende Fragen der Gegenwart bezogen, andererseits aber durch den Blick für das Wesentliche gekennzeichnet, sodass der Leser durch die innere Logik der Sache zur rechten Antwort geführt wurde. Nachdem wir ungefähr ein Jahr gemeinsam der Deutschen Bischofskonferenz angehört hatten, bist Du nach Rom in den Päpstlichen Laienrat gerufen worden. Nur kurze Zeit später hat mich der Heilige Vater an die Spitze der Glaubenskongregation gestellt, sodass wir nun seit mehr als einem Vierteljahrhundert gemeinsam in der Ewigen Stadt leben. Mit Mut und Kreativität hast Du zu Beginn Deines römischen Wirkens neue Wege für die Jugend zu Christus hin aufgetan. Hinter den Häusern der Via della Conciliazione hast Du die alte Kirche Sankt Laurentius bei den Fischen gefunden, die damals als Zeichensaal einer Schule diente – ein altkirchliches Gotteshaus, das Du in seiner reinen Schönheit wiederherstellen ließest und zu einem Zentrum der Begegnung junger Menschen mit Christus gemacht hast. Auch das Werden und Wachsen der Weltjugendtage ist von Dir mitgeprägt worden. Besonders kennzeichnend für Deinen seelsorglichen Elan ist und bleibt Dein Einsatz für die „Bewegungen": Die Charismatische Bewegung, Comunione e Liberazione und das Neokatechumenat haben Dir viel zu verdanken. Während die kirchlichen Organisationen und Planer den Bewegungen zuerst reserviert gegenüberstanden, hast Du sofort das Lebendige gespürt, das da aufgebrochen war – die Kraft des Heiligen Geistes, der neue Wege schenkt und in unvorhergesehenen Weisen die Kirche immer wieder jung hält. Du hast das pfingstliche Wesen dieser Bewegungen erkannt und Dich leidenschaftlich für deren Annahme durch die Hirten der Kirche eingesetzt. Gewiss, dem Planen und Organisieren stand oft Ärgerliches im Wege, weil Neues und Unvorhergesehenes aufbrach, das sich nicht immer und ohne weiteres in die gegebenen Ordnungen einfügen ließ. Du hast gesehen, dass das Organische wichtiger ist als das Organisierte. Du hast gesehen, dass hier Menschen von innen her durch den Geist Gottes berührt worden waren und so neue Weisen lebendigen Christseins und Kircheseins wuchsen. Gewiss, solche Bewegungen müssen geordnet und ins Ganze eingefügt werden; sie müssen lernen, ihre Grenze anzuerkennen und Teil der gemeinschaftlichen Wirklichkeit der Kirche in ihrer Verfassung mit Papst und Bischöfen werden. Insofern bedürfen sie der Lenkung, auch der Reinigung, um zu ihrer wahren Gestalt reifen zu können. Aber sie sind Gaben, für die man dankbar sein muss. Inzwischen sind sie als Geschenke Gottes an die Kirche unserer Zeit aus deren Leben nicht mehr fortzudenken.

Schließlich bist Du zum Präsidenten des Päpstlichen Rates „Cor Unum" geworden und als solcher für die Liebestätigkeit der Kirche in der weiten Welt verantwortlich. Du hast diese Aufgabe mit der gewohnten Energie und dem gläubigen Blick für das Wesentliche aufgenommen und ihr Gestalt gegeben. Vor allem sorgst Du Dich darum, dass Caritas nicht eine soziale Hilfsorganisation unter anderen wird, nicht ins Politische umgeleitet wird, sondern immer Ausdruck des Glaubens bleibt, der von innen her zur Liebe werden muss. Bei dieser Gelegenheit habe ich einen persönlichen Dank abzustatten. Als ich nach meiner Wahl zum Nachfolger Petri überlegte, welches das Thema meiner ersten Enzyklika sein könne, fiel mir ein, dass Du schon lange ein Rundschreiben zum Thema Liebe angemahnt hattest, in dem nicht nur Caritas als Organisation vorgestellt werden sollte, sondern sichtbar werden musste, dass Liebe die zentrale Wirklichkeit des christlichen Glaubens ist; von da aus musste dann auch das karitative Handeln der Kirche ins rechte

Licht gerückt werden. So habe ich Dir mit dem Thema dieser Enzyklika Einsichten zu verdanken, die sich in den Gesprächen mit Dir gebildet hatten.
Für all dies möchte ich Dir von Herzen danken. Möge der Segen unseres Herrn Dich weiterhin auf all Deinen Wegen begleiten.

(gez.) Benedictus PP XVI“

VIII. Papst Franziskus und die Menschenfischer

Alle Verwandtschaftsbeziehungen zwischen Menschen sind Gleichnisse für die Gottesbeziehung und ihren unerschöpflichen Reichtum an immer neuen Perspektiven. Christus nennt sich unser Meister und unser Freund, uns nennt er seine Brüder, Schwestern und Mütter – also ist er auch das „Kind“ unserer Seele, er wird in unserer Seele vom Vater geboren, doch nicht ohne unser Zutun –, ist aber selbst wieder unsere Mutter (im Bild von der Henne und den Küken). In entsprechender Weise sind die Beziehungen zwischen Paulus und der Gemeinde so reich, dass Paulus sich als ihren Vater, ihre Amme, ihren Lehrer und ihren Freund und Bruder bezeichnen kann.

Hans Urs von Balthasar

Es versteht sich, dass mich der Brief des Papstes gleichermaßen erfreut und angerührt hatte. Von der Hand eines wirklich Berufenen geschrieben, ließ er mich hoffen, dass meine erstrangige Rom-Motivation keine Utopie geblieben war. So schien mir ein harmonischer und stiller Lebensabend ohne neue Herausforderung im Pontifikat Benedikts gekommen zu sein. Doch wie ich mich irrte!

„Ein Blitz aus heiterem Himmel" – so nannte der Dekan des Kardinalskollegiums Angelo Sodano die Ankündigung Benedikts XVI., er werde sein Amt aufgeben. Er sei, so der Papst, zu der Gewissheit gelangt, die heute so rasche Veränderung der Welt und die damit aufkommenden Fragen überforderten die ihm verbliebenen Kräfte des Körpers und des Geistes. Er habe daher sein Unvermögen erkennen müssen, den ihm anvertrauten Dienst weiter angemessen auszuführen.

Er verlas seine lateinische Erklärung, als wir am 11. Februar mit etwa vierzig Kardinälen im Konsistoriums-Saal des Palazzo Apostolico versammelt waren. Unsere Reaktion? Bewegt, bedrückt, bestürzt. Hochschätzung und Zuneigung schlagen ja in Kummer um, wenn sich ein verdienter und geachteter Mensch aus unserm Leben entfernt. In einem Interview von 2010 hatte Benedikt zwar den Rücktritt eines Papstes als Möglichkeit eingeräumt: „Wenn ein Papst zur klaren Erkenntnis kommt, dass er physisch, psychisch und geistig den Auftrag seines Amtes nicht mehr bewältigen kann, dann hat er das Recht und unter Umständen auch die Pflicht, zurückzutreten." Doch niemand konnte ahnen, dass er einen solchen Schritt selbst tun würde. Jetzt war es geschehen. Als er nach seinem Segen dann den Saal verließ, hielt uns andere der Schock noch fest: Wir standen beieinander – verwirrt und ratlos.

Unnötig zu sagen, dass mich sein Entschluss auch ganz persönlich schmerzte. Schon seit meiner Zeit im Sekretariat der Deutschen Bischofskonferenz kannte ich ihn. Dann hatten sich mehr als dreißig Jahre hindurch unsere Wege im Vatikan gekreuzt: wenn wir am Aufzug im Sant'Uffizio – seinem damaligen Arbeits- und meinem Wohnort – einige

Worte wechselten; wenn ich ihn in dienstlichen Angelegenheiten um Rat aufsuchte; wenn wir uns aus Anlass unserer Namenstage jeweils gegenseitig einluden. Noch Mitte Januar war ich zum Abendessen sein Gast im päpstlichen Appartement gewesen und hatte ihn trotz seiner 85 Jahre in hochwacher geistiger Präsenz erlebt.

In den folgenden Tagen verminderte sich dann die allgemeine Niedergeschlagenheit ein wenig. Sein Pontifikat als Ganzes trat in den Blick. Mich erreichten E-Mails von Bekannten mit dem Ausdruck der Bewunderung für diesen Mann und seinen Dienst an der Kirche. Die gewohnte Medienschelte wich überwiegend positiven Kommentaren: „... will kein Chaos hinterlassen ...", „Vorbild für die Welt", „Menschen vom Schlag Benedikts braucht die Welt". Als sein Landsmann hatte ich keinen Zweifel, wir Deutschen konnten stolz sein auf diesen Papst. Wohl erinnerte man sich auch der Fakten, die manchem nicht nur Kirchenfernen in den letzten Jahren willkommene Gelegenheit waren, den Papst herabzusetzen. Doch den „Hass der Welt" (Joh 15,18) hatte Jesus Christus selbst seinen Jüngern schon angekündigt; solche Anfeindungen hatten darum eher noch meine Hochschätzung für seinen Dienst vermehrt.

Bei längerem Nachdenken ahnte ich auch ein wenig von der möglichen Motivation für seinen unerwarteten Schritt. Er passte zur Wesensart Joseph Ratzingers: Ungemein selbstkritisch und anspruchsvoll wollte er seinen Pflichten ohne Schonung und Abstriche genügen. Er beurteilte alle Vorgänge und auch sich selbst in kühler Rationalität und mit großem Freimut. So schien mir, dass er sich mit diesem kühnen Schritt selbst treu geblieben war. Während die meisten Betroffenen zunächst mit ihren Emotionen auf den Rücktritt des Papstes reagierten, hatte er nach seiner durchdachten Überzeugung gehandelt, dass sich bei der Glaubensentscheidung Gefühl und Verstand die Waage halten müssten. Sein Glaubensverständnis hatte ihn auch diesmal geleitet. Solch intellektuelle Kraft war bei ihm immer schon getragen von entwaffnender Demut: Einmal, als wir uns während des Sommerurlaubs wieder einmal in Brixen trafen, lud er mich in ein Lokal zum Essen ein. Bei Tisch kamen wir auf Hans Urs von Balthasar und dessen überragendes theologisches Œuvre zu sprechen. Keine einzige Bemerkung zu seinen eigenen Publikationen kam aus Ratzingers Mund, obschon er schon damals einen großen Namen hatte und etwa als assoziiertes Mitglied in die berühmte Académie des sciences morales et politiques in Paris unter die sogenannten „Unsterblichen" aufgenommen worden war. Sein einziger Kommentar zu von Balthasar war mir der Ausweis totaler Selbstvergessenheit seiner eigenen Person: „Was für eine Gnade, diesen Mann erlebt zu haben!"

Der Grundakkord seines Wesens war wohl seine Gottverwiesenheit; auf den wusste er jede seiner Melodien abzustimmen. Typisch etwa, wie er bei der vorweihnachtlichen Zusammenkunft mit seinen vatikanischen Mitarbeitern auf seine Reise nach Bayern im Jahr 2006 zurückgeblickt hatte:

> „Das große Thema meiner Deutschland-Reise war Gott. Die Kirche muss über vieles sprechen – über all die Fragen des Menschseins, über ihre eigene Gestalt und Ordnung usw. Aber ihr eigentliches und in gewisser Hinsicht einziges Thema ist ‚Gott': Und das große Problem der westlichen Welt ist die sich ausbreitende Gottvergessenheit. Im Letzten lassen sich – davon bin ich überzeugt – alle Einzelprobleme auf diese Frage zurückführen. Darum ging es mir in dieser Reise vor allem darum, das Thema ‚Gott' groß herauszustellen."

Wer solche Worte liest, sollte gewiss auch die vom Papst angesprochene Hörerschaft beachten: uns Kardinäle, die Bischöfe und Monsignori. Bestimmt wollte Benedikt nicht einen schlichten Tätigkeitsbericht geben. Er hielt eine Glaubens-Katechese. Und zwar gerade uns, die wir sozusagen ständig mit der Sache Gottes befasst waren. In seiner feinfühligen Art gab er uns zu bedenken, dass auch wir diese vergessen und uns vom weltlichen Denken gefangen nehmen lassen könnten, aber nicht – nach einem Wort Friedrich Hölderlins – „Göttliches wie ein Gewerbe betreiben" dürften.

Weil Papst Benedikt sein Pontifikat in erster Linie für die Proklamation Gottes einsetzte, darf denn auch der letzte Satz in seiner Rücktrittserklärung keineswegs als ein obligates Anhängsel verstanden werden: „Was mich betrifft, so möchte ich auch in Zukunft der heiligen Kirche Gottes mit ganzem Herzen durch mein Leben im Gebet dienen." Der Papst hat seinen Alterssitz in einem kleinen Kloster auf einem Hügel im Vatikanischen Garten genommen, in dem bislang kontemplative Ordensfrauen in Lobpreis und Opfer ihr Leben – vordergründig gewertet – verschenkten. Er will es dort genau wie sie fürbittend für die Kirche an Gott ausgießen. Bei seinem letzten Angelus-Gebet am Sonntag (28. Februar 2013) begründete er seinen Schritt mit den Worten: Er fühle sich von Gott gerufen, „auf den Berg zu steigen und sich noch mehr dem Gebet und der Meditation" zu widmen, dass dies aber nicht bedeute, „sich von der Kirche zurückzuziehen, im Gegenteil". Und bei einem privaten Besuch am 4. Juni 2013 in seinem neuen Domizil bestärkte er auf meine Frage hin diese Aussage nochmals: „Ich habe meinen Petrusdienst nicht niedergelegt. Ich stelle mich ihm in diesem Hause durch mein Gebet."

Ganz offenbar hat der Papst vor Augen, dass seine Aufgabe des obersten Hirten der Kirche nicht allein in einer äußerlich messbaren Führung des Schiffes der Kirche besteht. Gewiss, da war die Verantwortung des Steuermanns für die Wahl der Richtung, für das Setzen und Einholen der Segel. Diesen Dienst sollte künftig jemand anderer übernehmen. Nicht jedoch gedachte er, in seiner Bitte an Gott für diese Kirche nachzulassen; er wollte diese Bitte sogar zu seinem einzigen Einsatz für sie machen – gleich dem Mose, der das auserwählte Volk zum Sinai führte und während des Kampfes gegen die Amalekiter „auf dem Berg" betend für die Israeliten eintrat:

> „Als Amalek kam und in Refidim den Kampf mit Israel suchte, sagte Mose zu Josua: ‚… Ich selbst werde mich morgen auf den Gipfel des Hügels stellen und den Gottesstab mitnehmen.' Solange Mose seine Hand erhoben hielt, war Israel stärker, sooft er aber die Hand sinken ließ, war Amalek stärker. Als dem Mose die Hände schwer wurden, holten sie einen Steinbrocken, schoben ihn unter Mose, und er setzte sich darauf. Aaron und Hur stützten seine Arme, der eine rechts, der andere links, sodass seine Hände erhoben blieben, bis die Sonne unterging. So besiegte Josua mit scharfem Schwert Amalek und sein Heer" (Ex 17,8 ff.).

Das Konklave und eine total atypische Lobby

Uns aber verblieb die Wahl eines Nachfolgers. Die Vorstellung, nun an diesem Akt teilnehmen zu müssen, empfand ich nicht als Ehre, sondern als Last. Auf die Frage eines Journalisten sagte ich darum frei heraus: „Konklave ist für mich wie der Besuch beim Zahnarzt – man fürchtet sich vor den

Schmerzen und hofft auf ein rasches Ende."[64] Die Verpflichtung quälte mich regelrecht. Am 28. Februar 2013 hatte dann jeder von uns Gelegenheit, Benedikt XVI. als amtierendem Papst ein letztes Mal persönlich kurz die Hand zu geben. Er sah mich kommen und fragte mich gleich mit eher aufgehellter Stimme: „Wie geht's dir denn?" Meine Antwort war wenig einfühlsam. Statt an ihn zu denken, ließ ich meine Gefühlen freien Lauf und bekannte: „Abgesehen von Ihrem Rücktritt geht es mir gut." Und auch der kleine Neid einiger Bekannter, dass mir die Teilnahme an einem Konklave vergönnt war, erleichterte keineswegs mein Herz. In solcher Stimmung stellte ich mich auf die erste Sitzung des Vorkonklaves ein, die auf den 4. März 2013 festgesetzt worden war.

Dann jedoch kam eine Nachricht, die mich alle Bedrückung vergessen ließ. Meine Sorgen wurden vertrieben von der deutschen Gruppe einer Neuen Geistlichen Bewegung, die mir schon vor Jahren bei den Anfängen der Internationalen Jugendtage aufgefallen war. Ihr Name: „Jugend 2000". Letztmals hatte ich beim großen Weltjugendtag zum Heiligen Jahr in Rom mit ihr zu tun gehabt. Für mich stand damals eine Katechese mit Beichtgelegenheit an, zu der diese Gemeinschaft in der Pfarrei San Giuseppe an der Via Tiburtina in Rom einlud. Ich nahm zur Vorbereitung Kontakt mit den Verantwortlichen auf. Dass deren Mitglieder ihren Glauben sehr ernsthaft praktizierten und regelmäßig zu den Sakramenten gingen, war mir bekannt. So sagte ich beiläufig, dass wir vielleicht für den vorgesehenen Wortgottesdienst gar keine Beichte anzusetzen brauchten; es war nämlich nicht ganz leicht, in Rom deutschsprachige Beichtväter zu finden. Sie hingegen: „Das wäre nicht gut! Wir werden mit allerlei Jugendlichen von den ‚Hecken und Zäunen' kommen. Gerade sie aber sollten das Sakrament der Versöhnung wiederentdecken." In der Tat kamen Beichtwillige dann in recht großer Zahl zu der angesetzten Katechese, und wir fünf Priester standen mehr als zwei Stunden für die Spendung der Einzelbeichte zur Verfügung.

Mir kam die frühere Begegnung mit diesen jugendlichen Missionaren der „Jugend 2000" gleich wieder in den Sinn, als sie während des Konklaves von sich reden machten. Sie hatten sich eine sehr ausgefallene Initiative vorgenommen. Dem vatikanischen Pressesprecher P. Lombardi war sie so wichtig, dass er sie bei einem seiner „Briefings" erwähnte: Die „Jugend 2000 Deutschland" biete im Internet den Menschen die Möglichkeit an, einen Kardinal zu „adoptieren" und ihn vor und während des Konklaves betend zu begleiten; unter Angabe des eigenen Namens und der E-Mail-Adresse könne man sich einklinken und erhalte im Zufallsverfahren einen der 115 Wahlmänner.

Da mochte man seinen eigenen Ohren kaum trauen: eine Anteilnahme am Konklave anders als alles, was bislang darüber Beachtung fand und in Umlauf war. Wer immer sich bislang für diese Papstwahl zu Wort gemeldet hatte, den bewegten generell Eigeninteresse oder Gruppenwünsche: Da votierten Italiener oder Amerikaner für einen Landsmann; anderen erschien die Kirche zu unbeweglich in Dingen des Glaubens und der Moral, und man erhoffte sich jemanden „mit Verständnis für den Menschen"; wieder andere sahen im Zweiten Vatikanischen Konzil die Quelle für den Kirchenverfall und empfahlen jemanden mit präkonziliarem Geist; nachdrücklich wurde ein Mann gefordert, der die Kurie reformierte oder die Jugend in die Kirche zurückbrächte. In England schließlich gab es bereits Wetten darüber, wer denn wohl das Rennen machen würde.

Und nun diese Initiative! Sie erschien mir wie von einem andern Stern. Der Glaube hatte sie eingegeben: Christus will die Kirche, er will sie gut, und er ist ihr allmächtiger Garant. Warum für die Wahl eines Nachfolgers Petri nicht auf ihn setzen – und zwar ohne mit einem praktischen „Anliegen“ oder mit einer Lobby zu liebäugeln? Die Initiatoren hatten offenbar mitten in der verweltlichten Kirche eine „Marktlücke“ entdeckt. Ferner gefiel es mir, dass dieses Konzept von jungen Leuten aus Deutschland stammte. Und nicht zuletzt: die Resonanz! Kaum ein Land der Erde blieb unbeteiligt. Und nicht nur als Nebeneffekt: Wie schon von Anfang ihres Bestehens an nutzte die „Jugend 2000“ ein kirchliches Großereignis, um unter den Christen zum Beten anzuregen und auf Gott zu verweisen. Auch diesmal trat sie eine Lawine los. Die Initiative „Adopt a Cardinal“ hatte es auf 552.385 Adoptionen gebracht, als das Konklave zu Ende ging und der neue Hirte gewählt war.

Sehschule mit dem „Kleinen Prinzen“

Am 13. März warteten bei schon hereinbrechender Dunkelheit viele Zehntausende auf dem Petersplatz. Um 19.06 Uhr sahen sie, wie der weiße Rauch, der aus dem kleinen Öfchen in der Sixtinischen Kapelle stammte, aus dem bekannten Schornstein des Palazzo Apostolico aufstieg – das sichere Zeichen für den Abschluss der Wahl. Wir drinnen erlebten unter dem Fresko Michelangelos derweilen die offizielle Befragung des Neugewählten, ob er die kanonische Wahl zum obersten Hirten annehme. Nach seiner Zustimmung bat der Kardinaldekan um die Nennung des Namens, mit dem er genannt werden wolle. Zur Überraschung der meisten wählte der Jesuit Jorge Mario Bergoglio den Namen Franziskus. Der neue Papst verließ dann die Kapelle, um sich in einem Nebenraum umzuziehen. Wir Kardinäle verblieben an unserem Platz, und jeder von uns konnte in der Stille sich der Bedeutung des Geschehens nochmals bewusst werden. Nach der Rückkehr von Papst Franziskus verlas dieser zum ersten Mal in seiner Eigenschaft als oberster Hirte der Kirche den berühmten Abschnitt aus dem Matthäus-Evangelium: die Beauftragung des Apostels Petrus durch den Herrn. In diesem bedeutenden Text, dessen Kernsatz in goldenen Buchstaben die Kuppel des Peterdomes schmückt, sehen die Gläubigen die Legitimation für den besonderen päpstlichen Dienst: „Du bist Petrus, und auf diesen Felsen will ich meine Kirche bauen" (Mt 16,13–19). Darauf sprachen wir unser erstes gemeinsames Gebet für den Neubestellten und stimmten den klassischen Jubelgesang der Kirche an: das „Te, Deum, laudamus – Dich, Gott, loben wir!" Dann gingen wir gemeinsam durch die Benediktionsaula zu ihrer äußeren Loggia. Es war genau 20.10 Uhr, als der neue Papst sie betrat. 150.000 Menschen sollen es gewesen sein, die ihn im Rund der Kolonaden und in der Via della Conciliazione erwarteten.

Der Kardinalprodekan Jean-Louis Tauran kündigte den neuen Stellvertreter Christi an, und alle spürten, sein verkündetes „gaudium magnum – eine große Freude" war keine rituelle Formel, sondern fasste das Empfinden der Menschen ins Wort. Auf dem Petersplatz hallte die Nacht wider von echter Begeisterung. Auch die italienischen Begrüßungsworte von Papst Franziskus ließen den hohen Ton des Zeremoniellen hinter sich; sie verbreiteten menschliche Wärme, waren schnörkellos und trafen die Herzen der Versammelten:

> „Brüder und Schwestern, guten Abend!
> Ihr wisst, es war die Aufgabe des Konklaves, Rom einen Bischof zu geben. Es scheint, meine Mitbrüder, die Kardinäle, sind fast bis ans Ende der Welt gegangen, um ihn zu holen. … Aber wir sind hier. … Ich danke euch für diesen Empfang. Die Diözese Rom hat nun ihren Bischof. Danke."

Und dann dachte er zuerst an seinen Vorgänger, den er Gott und der Mutter des Herrn empfahl:

> „Zunächst möchte ich ein Gebet sprechen für unseren emeritierten Bischof Benedikt XVI. Beten wir alle gemeinsam für ihn, dass der Herr ihn segne und die Mutter Gottes ihn beschütze."

Die Funken von Sympathie und Vertrauen waren von dem neuen Nachfolger Petri gleich schon bei der ersten Begegnung auf das Volk Gottes übergesprungen. Er sollte bald schon weltweit eine starke Glut entzünden: Nochmals vergrößerte sich der Strom derer, die den Nachfolger Petri aus der Nähe erleben wollten. Nachfolgend einige Zahlen über die Besucher, die in den ersten Monaten bei der „Casa pontificia" Karten für die päpstliche Mittwochsaudienz erbaten.

- 15. Mai 2013 70.000 Personen
- 22. Mai 2013 50.000 Personen
- 29. Mai 2013 90.000 Personen
- 5. Juni 2013 70.000 Personen
- 12. Juni 2013 50.000 Personen
- 19. Juni 2013 50.000 Personen
- 26. Juni 2013 50.000 Personen

In seinen Worten und Gesten steckt Franziskus mit seiner warmen Menschlichkeit an. Spontane, in seine Verkündigung eingestreute Zwischenbemerkungen rücken ihn den Zuhörern nahe und gewinnen sie. Seine Liebenswürdigkeit macht ihn anziehend. Er erreicht unser Herz und bewegt es zum Wohlwollen. Für Rio de Janeiro, Lampedusa oder Assisi bekommt er in den Medien sachliche oder anerkennende Kommentare; das sonst übliche Salz bitterer Kritik wird nicht hineingestreut.

Verständlicherweise hatten wir Kurialen und auch die früheren Weggefährten den Wunsch, dem neuen Bischof von Rom bald in einer Audienz zu begegnen. Mir selbst war vom emeritierten Papst Benedikt ein persönlicher Auftrag verblieben, der dringend eine Intervention bei einer Abteilung des Vatikans erforderte. So bemühte ich mich rasch um eine Audienz und konnte Papst Franziskus bereits am 21. März sprechen. Beobachter waren verwundert, dass ich so bald vorgelassen wurde, einer – wie es hieß – „der ersten Kardinäle der Kurie und dazu noch ein bereits emeritierter …"

Im ersten Jahr seiner päpstlichen Verantwortung mehrten sich dann die Zeichen, dass der anfängliche Eindruck von Papst Franziskus nicht getäuscht hatte: Dieses Kirche und Welt gewinnende Echo bei Pontifikatsbeginn war kein Strohfeuer gewesen. Sein „Gefallen" bestätigte sich – um einmal mit allem Respekt die biblischen Worte für Jesus auf ihn anzuwenden – nicht nur „bei den Menschen", sondern offenbar auch „bei Gott" (Lk 2,52). Denn wie sonst könnte man deuten, dass er in einem dramatischen Moment offenbar sogar die Weltgeschichte beeinflusste?

Wir erinnern uns an die verzweifelten Versuche einiger westlicher Staaten, das Regime Syriens zu zwingen, von menschenverachtender Unterdrückung seiner Bewohner abzulassen. Schließlich schien ein militärisches Eingreifen der Westmächte unausweichlich. Da setzte Papst Franziskus am 1. September beim sonntäglichen Angelus einen Tag des Gebetes und der Buße für den Frieden in Syrien auf den folgenden Samstag fest: ein ungewöhnlicher Vorschlag – o deutlich hatte sich bislang noch nie ein Papst in die große Politik eingemischt – und ein sehr mutiger dazu. Würde nicht ein Scheitern dieses Anliegens Anlass zu mancherlei hämischer Kritik am Papst und am Beten überhaupt sein?

Der Widerhall des Appells drang in alle Kontinente. In Italien fanden sich am 7. September über 100.000 Gläubige auf dem Petersplatz ein. Und am 11. September verkündete Präsident Obama über das Fernsehen: „Ich habe die Führer des Kongresses gebeten, ein Votum zur Autorisierung eines Einsatzes aufzuschieben."

Gott hat seiner Kirche gerade in den letzten Jahrzehnten Männer von ungewöhnlicher Ausstrahlung als Päpste geschenkt. Sie überzeugen durch Authentizität und können denen neues Vertrauen geben, die sich vielleicht aus Enttäuschung gegen das geweihte Amt als solches stellen. Diese Nachfolger Petri sind ein Beleg dafür, dass Gott auch in einer „hinkenden Kirche" lebt. Und wem der persönliche Umgang mit solchen Persönlichkeiten vergönnt war, dem ist die Kirche nicht länger eine verkrustete Institution unumgänglicher Amtlichkeit. Ihm geht auf, dass es Menschen sind, die sie tragen, und dass das Beziehungsgeflecht der Kirche personale Qualität hat. Ihn bestimmt nicht länger möglicher Widerwillen gegen ihren Apparat, sondern er müht sich, sie in das Licht der Offenbarung zu tauchen.

Geschwisterliches Miteinander ist nämlich biblisches Urgestein. Kirche sein hat in Gottes Wort unleugbar menschlich-familiäre Wurzeln. Auswahl und Auftrag zur Sendung geschieht von einem Du zu einem Ich: „Kommt her, folgt mir nach!" (Mt 4,19). „Das hier sind meine Mutter und meine Brüder" (Mt 12,49), behauptet der Herr mit Blick auf die Seinen. „Was ihr einem von meinen geringsten Brüdern getan habt, das habt ihr mir getan" (Mt 15,40) – und er weitet die Zusammengehörigkeit gar über die Nahestehenden hinaus aus. Mit seinem Wort „Du bist Petrus, und auf diesen Felsen will ich meine Kirche bauen" (Mt 16,18) erwählt der Herr einen Vertrauten zu höchster Verantwortung. „Herr, du weißt, dass ich dich liebe. ... Weide meine Lämmer!" (Joh 21,15) gibt darauf die Antwort aus der Mitte des eigenen Herzens. Schließlich gründet der Völkerapostel den christlichen Lebensstil überhaupt auf die persönliche Nachfolge: „Ihr selbst wisst, wie man uns nachahmen soll" (2 Thess 3,7).

Nach der Wahl des Papstes aus Polen hatte mich der Gedanke nach Rom getrieben, es würde niemals wieder jemand zum Papst gewählt, mit dem ich mich persönlich verbunden fühlen dürfte. Diese Voraussicht hatte sich als irrig erwiesen. Inzwischen hatte ich nun schon drei Mal den Pontifikatsbeginn aus nächster Nähe erlebt. Wenige Tage persönlicher Nähe zu Kardinal Karol Wojtyla bei dessen Deutschlandbesuch waren der Grund gewesen, ins Zentrum der Weltkirche aufzubrechen, um mitzuarbeiten; schon am Tag selbst seiner Einführung zum Nachfolger Petri hatte ich ihm persönlich meine Freude und meine Segenswünsche sagen können. Unter Papst Benedikt war brüderliche Vertrautheit durch lange Jahre gewachsen und wurde nie beschädigt; bereits am Ende des Konklaves 2005 erlebte ich, dass auch ihm solche Nähe wichtig war. Als nach dessen Rücktritt dann sein Nachfolger Franziskus gewählt wurde, gewährte dieser mir wieder schon sehr bald die Chance einer freundschaftlichen Begegnung. Meine Biographie macht mich demnach zum Advokaten der Personalisierung von innerkirchlichem Miteinander. Institutionen oder Strukturen legitimieren sich heute mühelos. Die persönliche „Einfühlung“ hingegen braucht Befürworter. Ihr Wert darf nicht verfallen. Und das Organ ihrer Wahrnehmung ist auch nicht unbekannt. In seiner tiefsinnigen Geschichte vom „Kleinen Prinzen“, die bis heute viele bewegt, umkreist Antoine de Saint-Exupéry genau diese Einfühlung und den Zuwachs an Glück, den sie bereithält. Freilich fällt sie nicht in den Schoß. Bloßem Augenschein entgeht sie. Sie ist zu erlernen. In der Unterhaltung über die Rose und das Wasser sagt der kleine Prinz, dass die Außensicht auf etwas oder jemanden nicht die volle Wahrheit erschließt. „Die Augen sind blind. Man muss mit dem Herzen suchen.“

Namenregister

Anmerkungen

[1] Aurelius Augustinus, Bekenntnisse, Buch 10, in der Übersetzung von Joseph Bernhart, Frankfurt a. M. 1995, S. 207.

[2] Jörg Splett, Identität?, in: M. Spangenberger (Hg.), Charakter, Düsseldorf 2013, S. 89–105, hier S. 89 und S. 104.

[3] Vgl. Irenäus von Lyon, Adversus haereses, IV,39,1.

[4] Kardinal Lehmann war so liebenswürdig, sie in einem Rückblick auf das Vaticanum II nach mehr als 35 Jahren eine „auch heute noch ausgezeichnete Arbeit" zu nennen, in: Peter Hünermann (Hg.), Das Zweite Vatikanische Konzil und die Zeichen der Zeit heute, Freiburg 2006, hier: Karl Lehmann, Einleitung, S. 11–28, Anm. 12.

[5] Jürgen Habermas, Strukturwandel der Öffentlichkeit, Neuwied ^{4}1969, S. 199.

[6] Zur Diskussion und Beschlussfassung des Themas „Laienpredigt" vgl. Ludwig Bertsch u. a. (Hgg.): Gemeinsame Synode der Bistümer in der Bundesrepublik Deutschland. Offizielle Gesamtausgabe. Bd. 1: Beschlüsse der Vollversammlung, Freiburg 1976, darin besonders Karl Lehmann, Die Beteiligung der Laien an der Verkündigung, S. 153–185. Vgl. ferner Rolf Zerfaß, Der Streit um die Laienpredigt. Eine pastoraltheologische Untersuchung, Freiburg 1974, S. 362–369.

[7] Vgl. Paul Josef Cordes, Predigtvollmacht ohne Ordination?, in: Catholica, 27 (1973), S. 1–12.

[8] Vgl. etwa Rolf Zerfaß, Der Streit um die Laienpredigt, S. 396.

[9] Vgl. Karol Wojtyla, Quellen der Erneuerung, Freiburg 1981, S. 266 f.

[10] Enzyklika „Laborem exercens" vom 14. September 1981, Nr. 14.

[11] In: Werkhefte katholischer Laien, 13 (1959), S. 296–297.

[12] Siehe dazu: „Schelers ethisches System – Aufbau und Hauptprinzipien", in: Karol Wojtyla, Primat des Geistes, Stuttgart-Degerloch 1980, S. 40–84, hier S. 75 ff.

[13] Dass und wie dieser ihn formte, hat er später zu Papier gebracht in: Karol Wojtyla, I miei amici, Bologna 1980, S. 27–44, hier S. 30.

[14] Vgl. dazu Amitai Etzioni, Soziologie der Organisationen, München [4]1973, S. 20–27.

[15] John Henry Newman, An Essay on the Development of Christian Doctrine, Notre Dame, Indiana 1989, S. 39 f.

[16] In einem ausführlichen Interview hatte ich später Gelegenheit, seine Beweggründe und Anregungen genauer zu erfahren; vgl. Paul Josef Cordes, Nicht immer das alte Lied. Neue Glaubensanstöße der Kirche, Paderborn 1999, S. 128–142.

[17] Léon-Joseph Suenens, Souvenirs et Espérances, Paris 1991, S. 233 f.

[18] Paul Josef Cordes, Heiligung und Sendung. Zur charismatischen Erneuerung in der katholischen Kirche, Paderborn 1999.

[19] Vgl. hierzu die Erklärung verschiedener Sekretariate der vatikanischen Kurie, die solche Aspekte schon am 7. Mai 1986 offiziell angesprochen hatte.

[20] In: Kiko Argüello (Hg.), Il Cammino neocatecumenale nei discorsi di Paolo VI., Giovanni Paolo II. e Benedetto XVI., Rom 2011, S. 106.

[21] Andeutungen seines anfänglichen Lebens als Bohemien sind nachzulesen in einem Interview, das er mir nach langem Zögern gab; vgl. Paul Josef Cordes, Nicht immer das alte Lied, S. 75–94.

[22] Zu Chiara Lubichs Sicht der Erneuerung der Kirche vgl. Paul Josef Cordes, Nicht immer das alte Lied, S. 43–51.

[23] Hermann Diem (Hg.), Kierkegaard, Frankfurt am Main 1956, S. 144.

[24] Augustinus, Enarrationes in Psalmos, 94,2.

[25] Luigi Giussani, Un avvenimento di vita, cioè una storia, Rom 1993, S. 477 ff.

[26] Der vollständige Text ist nachzulesen in einem Artikel des Autors: Die Synode über die Laien als „Glaubensschule", in: Internationale Katholische Zeitschrift Communio, 17 (1988), S. 153–165.

[27] Die Zitate finden sich in Bruno Secondin, I nuovi Protagonisti. Movimenti, associazioni, gruppi nella Chiesa, Cinisello Balsamo 1991, S. 44 ff. (der übrigens die Chronologie der Wortmeldungen verdreht, um die Verteidigung der Bewegungen zu schwächen).

[28] Johannes Paul II., Nachsynodales Apostolisches Schreiben „Christifideles Laici" vom 30. Dezember 1988, S. 29 ff.

[29] Ricardo Blázquez, Die neokatechumenalen Gemeinschaften. Eine theologische Klarstellung, Wien 1988.

[30] Vgl. Paul Josef Cordes, Luther und Ignatius. Zum Problem des ein-

zelnen in der kirchlichen Gemeinschaft, in: Internationale Katholische Zeitschrift Communio, 19 (1990), S. 267–278.

31 Vgl. das monumentale Werk des in Deutschland viel zu wenig bekannten, deutschstämmigen Soziologen Werner Stark: The Sociology of Religion. A Story of Christendom, Bd. I–V, New York 1966–1972, hier Bd. III, S. 249–440.

32 Der Text ist neu verfügbar in Joseph Ratzinger, Gesammelte Schriften, Bd. 8/1, Freiburg 2010, S. 363–390, hier S. 364 f. und S. 389 f. – Eine detaillierte chronologische Analyse Ratzinger'scher Theologie der neuen geistlichen Gemeinschaften liegt vor in Paul Josef Cordes, Das Charisma der neuen geistlichen Bewegungen in der Sicht Joseph Ratzingers/Papst Benedikts XVI., Kevelaer 2012.

33 Eine Dokumentation wird in Englisch und Spanisch unter dem Titel „Acts of the World Congress on Charity" angeboten von Cor unum, Vatican City, ²2003.

34 So der Märtyrerbischof Ignatius von Antiochien (gest. um 117) zu Beginn seines Briefes an die Römer.

35 Platon, Apologie 18ab, 18c–19b, in: ders., Sämtliche Werke, Bd. I, in der Übersetzung von Friedrich Schleiermacher, hg. von Walter F. Otto, Ernesto Grassi und Gert Plamböck, Reinbek 1964, 9 f.

36 Martin Hengel, Die vier Evangelien und das eine Evangelium von Jesus Christus, Tübingen 2008, bes. S. 64 ff.

37 Die folgende Darstellung wertet die Dokumentation aus, die zum Prozess der Seligsprechung von der „Congregazione delle Cause dei Santi" vorgelegt wurde (Rom 1992). Sie umfasst in drei Bänden 2416 DIN-A4-Seiten mit 42 Fotos. In ihr sind auch ca. fünfzig allgemein zugängliche Titel angezeigt, die als Monographien oder wissenschaftliche Artikel veröffentlicht wurden.

38 Vgl. Ignace de la Potterie, Storia e mistero. Esegesi cristiana e teologia giovannea, Rom 1997, S. 43–48.

39 Für viele Daten seines Leidensweges stütze ich mich auf Adalbert Ludwig Balling, Eine Spur der Liebe hinterlassen. Pater Engelmar (Hubert) Unzeitig, 1911–1945, Mariannhiller Missionar, Würzburg/Reimlingen 1984.

40 Reimund Schnabel, Die Frommen in der Hölle. Geistliche in Dachau, Frankfurt am Main 1965.

41 Wenn nicht anders vermerkt, finden sich die Belege der nachfolgenden Darstellung in der Dokumentation, die von unserer Kongregation

für den Seligsprechungsprozess erstellt wurde (Roma 1996); sie umfasst 2510 DIN-A4-Seiten in zwei Bänden.

42 Vgl. zum Folgenden Ulrich von Hehl, Kirche, Katholizismus und das nationalsozialistische Deutschland. Ein Forschungsrückblick, in: Albrecht Dieter (Hg.), Katholische Kirche im Dritten Reich. Eine Aufsatzsammlung, Mainz 1976, S. 219–251.

43 Anton Koch, Vom Widerstand der Kirche, in: Stimmen der Zeit, 140 (1947), S. 468–472, 469.

44 Walter Dirks, Katholizismus und Nationalsozialismus, in: Die Arbeit, März 1932.

45 Vgl. zum Folgenden Joachim Kuropka, Clemens August Graf von Galen im politischen Umbruch der Jahre 1932 bis 1934, in: ders. (Hg.), Clemens August Graf von Galen. Neue Forschungen zum Leben und Wirken des Bischofs von Münster, Münster [2]1993, S. 61–99.

46 Zagubione Ojcostwo, Biblioteka Pastores, Warschau 2005.

47 Papst Johannes Paul II., Enzyklika „Redemptor hominis“, Nr. 15.

48 Joseph Kardinal Ratzinger, Aus meinem Leben. Erinnerungen (1927–1977), Stuttgart 1998, S. 138–152; die italienische Ausgabe erschien 1997 unter dem Titel „La mia vita“ bei Edizioni San Paolo in Cinisello Balsamo.

49 Zur Eröffnung der 4. Vollversammlung der Gemeinsamen Synode am 21. November 1973.

50 „Annuario Pontificio“ des Jahres 2011, „Note storiche“, S. 1849.

51 Vgl. Amitai Etzioni, Die Entwicklung des Gemeinwesens. Ansprüche, Verantwortlichkeiten und das Programm des Kommunitarismus, Stuttgart 1995, S. 171 ff.

52 Bezeichnend, wie der Spiegel-Redakteur Romain Leick in seinem Artikel über eine Jubiläums-Ausstellung zur Französischen Revolution den Gedanken zuspitzt: „Die christliche Nächstenliebe braucht folgerichtig nicht mehr die Krücke der Religion zu ihrer Begründung …“, in: Der Spiegel 20/2006.

53 Die Beiträge sind nachzulesen in: „Deus caritas est. Dokumentation des Internationalen Kongresses über die christliche Liebe“, hg. vom Pontificium Consilium Cor unum, Vatikan 2006.

54 Siehe etwa „Globalising Solidarity“: Caritas Internationalis Activities Report 2003–2007“, bes. S. 24 ff.

55 Lettera ai vescovi della Chiesa cattolica sulla collaborazione dell’ uomo e della donna nella Chiesa e nel mondo, vom 31. Mai 2004.

[56] Die heiligen Ambrosius, Gregor von Nyssa, Johannes Chrysostomus, Basilius und Augustinus verweisen immer wieder darauf.
[57] In: Franz Xaver Arnold u. a. (Hgg.), Handbuch der Pastoraltheologie, Bd. I, Freiburg 1964, S. 218.
[58] Max Weber, Wirtschaft und Gesellschaft, Tübingen, [5]1972, S. 822.
[59] Papst Johannes Paul II., Enzyklika „Redemptoris missio", Nr. 25.
[60] Papst Benedikt XVI., Enzyklika „Deus caritas est", Nr. 38.
[61] Pontificio Consiglio per i testi legislativi. La Legge Canonica nella Chiesa. Atti del convegno di studio tenutosi nel XXV anniversario della promulgazione del Codice di Diritto Canonico, Vaticano 2008, hier: Paul Josef Cordes, Spontaneità della carità: esigenze e limiti delle strutture normative, S. 103–112.
[62] Meister Eckhart, Deutsche Predigten und Traktate, hg. von J. Quint, München 1955, S. 60 f.
[63] In: Rocco Buttiglione/Michael Spangenberger (Hgg.), Getreu ist Gott. Festschrift für Paul Josef Kardinal Cordes, Augsburg 2010, S. 11–13.
[64] Interview mit BILD.de vom 6. März 2013.